법과 생명윤리 총서 1

Jus Vitae I
(생명의 법)

루멘 비테 · 크레도 編

세창출판사

머리말

생명은 인간의 기본적인 실존의 토대입니다. 또한 인격과 육체는 하나의 통일체로 존립하고 그 통일체 안에서 인간의 존엄성은 가치로서 보호받을 수 있습니다. 오늘날 통일적 인격체로서 인간의 실존 토대인 생명가치는 공리적 이익과 산술적 이해관계에 따라 상대화하고 있습니다. 문명사에서 건강한 사회공동체는 물질주의를 이성적 영성(靈性)으로 극복하면서 성장하였습니다. 그 사회에서 윤리와 법과 같은 성찰적 언어들은 중요한 역할을 합니다.

유스비테(Jus Vitae)는 "생명의 법"이라는 뜻으로 인간과 피조물의 생명 가치를 확보하기 위해 우리 시대 전문가들의 생각을 담기 위한 총서(叢書) 시리즈입니다. 윤리학과 법학, 의학, 정책학 등의 뛰어난 국내외 저자들의 의견을 통해 점차 약화되는 생명 가치의 소중함을 고양하고, 짧은 단문만 성행하는 디지털 글쓰기 시대에 사라지는 고전적 저술활동의 의미를 지원하는 취지로 출발했습니다.

그에 따라 유스비테의 모든 글들은 편집위원회의 엄정한 사전 필진 선정과 원고 청탁으로 기획되며, 형식과 내용의 제한 없이 오롯이 저자의 세계관을 나타낼 수 있도록 최선의 노력을 다한 결실입니다. 창간호가 발간될 수 있도록 귀한 글을 제공해 주신 저자들에게 감사의 말씀을 전하며, 이 책이 생명의 가치를 발견하게 하는 작은 밀알이 되기를 희망합니다.

2022년 11월

사단법인 크레도 대표 이은경

차 례

Jus Vitae I

(생명의 법)

법학의 관점에서 본 인간생명의 존엄성

—법철학 관점에서의 고찰—

김일수
고려대학교 명예교수

2022.5.14. 가톨릭생명윤리연구소 20주년 학술대회에서 발표한 논문을 약간 보완한 것임.

Ⅰ. 서 론

인간의 생명은 전체 법질서에서 가장 우위에 자리하고 있는 법익이다. 물론 우리헌법의 기본권조항에는 생명권에 관한 명문규정은 없다. 단지 개인의 신체자유가 모든 자유권에 앞서 명시되어 있을 뿐이다(헌법 제12조 제1항). 하지만 생명은 신체의 자유의 당연한 전제일 뿐 아니라 인간의 존엄성을 최고의 기본가치로 삼는 기본권질서에서(헌법 제10조) 인간의 실존적인 핵심가치이기 때문에, 어느 기본권보다 무게가 있는 법익이다. 비록 생명법익은 헌법기본권조항에 열거되어 있지 않아도, 이른바 '쓰여지지 않은 기본권'으로서 당연히 존중과 보호를 받을 만하다(헌법 제37조 제1항). 따라서 헌법질서 내에서 생명권은 명문규정 유무를 떠나 헌법상의 권리로 인정되어야 한다.[1]

헌법의 구체화규범인 형법이 이 정신과 논리를 따라야 함은 너무나 당연하다. 하여 형법의 모든 법익체계 중 최상위의 자리에 놓인 법익이 인간의 생명이다. 형법상 갖가지 법익은 각각 저마다의 고유성과 독자성을 갖고 있지만 하나의 가치체계하에서 피라미드구조물과 같은 위계질서를 이루고 있다. 이것을 우리는 법익질서라고 부른다. 이 법익질서의 대강을 우리는 먼저 헌법의 기본권질서에서 찾아 읽을 수 있다. 최상위의 기본권이요 모든 법가치의 최고봉은 인간의 존엄성(헌법 제10조)이다. 이것은 인간이 인간다울 수 있는 데 결할 수 없는 조건이기 때문에 인간의 주관적 실존조건이라고도 부른다. 이 주관적 실존조건의 실현을 위한 토대로서 가치적으로도 긴밀하게 작용하는 객관적 실존조건의 으뜸이 생명 내지 생명권이다. 이런 맥락에서 인간의 생명은 법익피라미드의 정점을 이룬다.[2]

종래 인간의 생명보호는 종교적 · 문화적인 영향 하에서 '생명의 거룩성' 주제와 밀접하게 짝지어져 있었기 때문에 절대적이고 불가침적인 영역으로 간주되어 왔다. 물론 오늘날 세속화된 법의 세계에서 어떤 철칙이나 절대적 가치를 주장하는 목소리는 많이 희석된 게 사실이다. 그럼에도 불구하고 경외의 대상으로 간주될 수 있는 한 가지를 굳이 꼽자면 존엄한 인간생명의 가치를 들 수 있다.[3]

사람은 각자 잉태되고 태어나서 자라고 마지막 숨을 거둘 때까지 그의 생명이 전체법질서에 의해 가능한 한 존중되고 보호되어야 한다. 즉 법은 의심스러울 때에는 생명에 유리하게 결정하고 실행해야 한다(in dubio pro vita). 이것은 법이 인간을 위해 존재한다는 규범적 요청으로부터 도출되는 당연한 귀결이기도 하다. 생명의 가치를 단지 공리적인 관점에서 비교교량의 대상으로 삼아 이리저리 처분할 수 있다거나 어떤 정책적인 필요성 때문에 그렇게 해야 한다는 주장에 대해서는 동의하기

---

1 허영, 한국헌법론, 박영사, 1998, 334면.
2 김일수 · 서보학, 형법각론 제9판, 박영사, 2018, 11면.
3 Il-Su Kim, Der Schutz des embryonalen Lebens in der pränidativen Phase, in: B. Schünemann/Il-Su Kim(Hrsg.), Lebensschutz im Strafrecht, 2013, S.20.

어렵다. 한 사람의 생명을 놓고 보호냐 박탈이냐를 결정해야 할 정책적인 과제가 현안으로 주어졌을 때, 매사에 높은 도덕성을 입증해 보여야 할 국가는 생명윤리적 관점에서도 우선적으로 생명을 사랑하고 존중하며 보호하는 방향으로 나아가야 할 것이다. 마찬가지로 법 윤리적인 측면에서 숭고한 도덕성을 지닌 선한 법, 바른 법은 사람의 생명을 다른 목적을 위한 단순한 수단으로 삼지 말고, 목적 그 자체로 존중하는(Kant) 법이어야 한다.

자연법적으로 각 사람이 향유하는 인간의 존엄성은 각자에게 고유한 절대성을 갖기 때문에 상호 비교교량의 대상이 될 수 없듯이, 인간의 존엄성의 실존적인 토대가 되는 각 사람의 생명도 상호 비교형량의 대상이 될 수 없다. 갓난아이의 생명과 청장년의 생명의 가치경중을 가릴 수 없는 것처럼, 건강한 사람의 생명과 노약자의 생명이나 사기(死期)에 임박한 사람의 생명 사이에 가치경중이 있을 수 없다. 극단적인 예로, 태아의 생명과 산모의 생명도 가치적인 경중으로 차별할 수는 없다. 꺼져가는 등불 같은 암 말기환자의 생명과 기관차처럼 활력 넘치게 달리는 청년의 생명을 저울질하여 어느 생명의 가치가 더 우월하다고 판단한다면, 헌법을 비롯한 모든 법질서는 이미 정당한 법질서이기를 포기한 것이나 다름 아닐 것이다.

이처럼 법질서에서 모든 법익 중 최상위의 법익, 즉 법익들 중의 법익은 인간의 생명이다. 인간의 생명이 전제되지 않은 신체의 완전성, 각종 자유, 명예, 사생활의 평온, 재산, 국가의 존립과 안전 등은 실로 공허할 뿐이다. 그러므로 생명의 박탈은 정당방위나 방어전쟁과 같은 정당화(위법성조각)사유가 있을 때만 예외적으로 인정될 수 있다.[4]

생명을 보호하는 형법상의 죄형법규는 이러한 목적을 실현하기 위해 법의 신호체계의 수신자인 모든 일반인에게 「타인을 살해하지 말라」는

---

4 김일수, 법 · 인간 · 인권, 박영사, 1996, 421면; 김일수, 좋은 나라 꿈꾸는 작은 소금이야기, 세창미디어, 2003, 193면 이하.

금지규범을 보낸다. 그러나 이 금지규범에 앞서 법질서는 보다 더 근원적으로 「타인의 생명을 존중하라」는 요구규범을 제시한다. 이 같은 요구규범은 다시 규범체계의 최고봉, 즉 고차의 법(law above the law)에 해당하는 근본규범이 말하는바, 「네 이웃을 네 자신과 같이 사랑하라」는 사랑의 계명에 잇닿아 있는 것이다.[5]

II. 인간생명의 시작 및 초기단계에서 생명존중 및 보호의 문제

법에서는 인간이 영위하는 일상의 삶에서보다 그 생명의 시작과 끝에서 뜨거운 논쟁거리가 끊임없이 용출한다. 생명과학, 생식의학, 유전공학 등의 과학기술이 발전하면서 전통적으로 이해해 오던 인간생명의 시기와 종기가 새로운 난제들과 부딪치면서 다양한 재해석의 각축장으로 변했기 때문이다.

인간의 생명은 정자와 난자의 접합, 즉 수정에서 시작한다. 이 수정란은 이미 한 사람의 유전인자를 모두 갖춘 하나의 개체로서의 성격을 띤다. 이것은 스스로 세포분열을 하면서 3일 후에 배상엽 형태를 이루며, 4~5일 만에 이 배상엽은 자궁에 도달한다. 그리고 1주일에서 2주일 사이에 자궁에 착상하게 된다. 수정 후 약 14일간은 원시선이 나타나고 세포형질이 이루어지는 시기이기도 하다. 독일 철학자 라이스트(A. Leist)는 수정 후 발달단계에 따라 첫 1~2주는 초기배아, 3주는 3엽배판, 4~8주는 배아(embryo), 3~9개월은 태아라고 분류하기도 한다.[6]

---

5 이에 관하여는 김일수, 형법질서에서 사랑의 의미, 세창출판사, 2013, 201면 참조 바람.

6 A. Leist, Eine Frage des Lebens. Ethik der Abtreibung und künstliche Befruchtung, 1990, S.24. 물론 초기배아라는 명칭분류는 배아연구의 자유로운 영역을 설정하기 위한 의도에서 비롯된 것이다.

오늘날 불임치료를 위한 시험관 아기가 생식의학의 중요한 부분을 차지한다. 시험관에서 배양한 수정란을 자궁에 착상시키는 불임치료술로 인하여 적어도 몇 가지 법적·윤리적인 문제가 생긴다. 첫째, 시험관에서 배양하여 불임시술에 사용하고 남은 잉여배아를 단순히 폐기처분하지 말고, 그의 만능줄기세포를 불치병치료를 위해 전용하여 소모시켜도 좋은가 하는 문제. 둘째, 처음부터 불치병치료를 위한 목적으로 초기배아를 시험관에서 배양하여 자유롭게 소모할 수 있는가 하는 문제. 셋째, 시험관에서 배양된 착상 전 초기배아에게 유전학적 관점에서 유전자진단 및 유전자수선 등의 조치를 자유롭게 취할 수 있는가의 문제이다.

1990년 제정된 독일 배아보호법은 이럴 가능성의 절차방법을 금지하고 있다. 반면 영국, 프랑스, 덴마크는 착상 전 유전자진단을 허용한다. 심지어 미국이나 스웨덴, 영국은 배아를 이용한 연구까지도 허용하고 있다. 우리나라는 2001년에 제정된 생명윤리기본법이 정한 절차와 범위 안에서 비교적 자유로운 연구 활동을 허용하고 있다.

여기서 우리는 어떻게 결정해야 할 것인가? 인간의 생명이 정자세포와 난자세포의 접합에 의해 시작되고 모든 유전적 소질이 이미 그 속에 담겨 있다고 한다면, 이 사실로부터 우리는 초기배아도 어느 정도까지 출생한 사람의 존엄과 그의 생명의 보호에 비견할 만한 존중의 몫을 향유할 수 있어야 한다는 결론을 도출할 수 있다. 같은 견지에서 애초부터 연구목적의 소모품으로 배아를 배양하는 일은 허용될 수 없을 것이다. 왜냐하면 인간의 존엄성의 법적·윤리적 요청의 핵심이기도 한 인간생명을 목적 그 자체로 존중하기는커녕 처음부터 단순한 수단이나 물건처럼 취급하는 꼴이 되기 때문이다. 독일의 배아보호법은 독일 국내에서는 연구목적을 위한 배아생산을 금지하지만, 국외에서 생산된 배아줄기세포를 수입해 들여오는 것을 허용하고 있는데, 이러한 이중모럴도 허용되어서는 안 될 것이다.

다만 불임치료용으로 시험관에서 생산되어 사용하고 남은 잉여배아는 인간의 발달과정에서 아직 미발달한 초기형태에 불과하고, 또한 모체 밖에서 한시적으로 존재할 수밖에 없는 한, 출생한 사람과 똑같은 정도의 법적 보호를 누려야 한다고 말하기는 어려울 것이다. 왜냐하면 배아보다 발달단계가 높은 태아의 생명도 여러 나라의 죄형법규가 한결같이 보여주듯, 사람의 생명보호보다는 낮은 단계에서 다루고 있기 때문이다.

심지어 우리형법은 분만 중 또는 분만직후의 영아(갓난아이)를 직계존속이 특별한 심리적 갈등상황 속에서 살해한 경우에(형법 제251조) 사람에 대한 보통살인죄(형법 제250조 제1항)보다 가볍게 취급하고 있다. 따라서 이런 입법상황을 종합적으로 고려할 때, 잉여배아의 생명보호문제가—생명가치의 절대적 보호라는 근본주의입장에서처럼—출생한 사람의 생명보호와 동등한 수준으로 법에서 보호받아야 한다고 주장하기에는 한계가 있어 보인다.

비판의 여지가 있음에도 오늘날 피임약을 사용하여 의도적으로 수정란의 착상을 방해하거나 초기 배아를 퇴출시키는 것이 대부분의 나라에서 널리 행해지는 실정임을 감안할 때 더욱 그렇다. 물론 윤리적으로 초기배아의 생명을 아무나 임의대로 처분해서는 안 되지만, 잉여배아의 생명을 생성 중에 있는 태아의 생명, 영아의 생명 내지사람의 생명과 똑같이 법적으로 동등한 보호를 받도록 해야 한다는 주장은 이미 오래된 기존의 법체계에 큰 혼란을 가중시키는 결과를 낳을 것이다.[7]

이와 같은 맥락에서 착상 전 초기배아진단과 편집(수선)문제도 비록 윤리적인 논쟁의 여지가 많이 남아 있지만, 허용되어야 할 것이라는 견해가 실용적인 법학의 영역에서는 우세한 경향이다. 우리나라 모자모건법에는 낙태죄의 위법성조각사유들이 열거되어 있는 중 우생학적 적응사유가 규정되어 있다(동법 제14조). 즉, "본인 또는 배우자가 우생학적 또는 유전학적 정신장애나 신체질환이 있는 경우(동조 제1호) 및 본인 또

7 C. Roxin, Lebensschutz im Strafrecht—Einführung und Überblick, in: B. Schünemann / Il-Su Kim (Hrsg), 2013, S.5f.

는 배우자가 전염성질환이 있는 경우(동조 제2호)"에 임신중절을 허용하고 있다. 물론 이 경우에 낙태의 정당화조건을 충족시키기 위해서는 해당 태아에 대한 유전자 검사 등이 필수적으로 따라야 할 것이다.[8]

만약 태아에게 위에서와 같은 결함이 발견되고, 그럼에도 불구하고 출산하여 아이를 양육하는 가족은 윤리적으로 높은 덕성을 지녔다고 칭송받을 만하고 또한 동시에 사회적·국가적으로 복지지원책을 통해, 그 가족의 선한 뜻이 이루어지도록 어려운 짐을 나누어지는 게 마땅하다. 하지만 그 태아를 반드시 낳아 기르라고 법적으로 강요할 수는 없는 노릇이다. 법질서는 개인에게 높은 종교적·윤리적 헌신과 희생 같은 영웅정신을 요구해서는 안 되기 때문이다. 그 대신 법은 '윤리의 최소한'(Jellineck)이라는 요구를 충족시키는 것만으로 만족해야 할 것이다.[9]

Ⅲ. 임신 중 낙태와 태아의 생명보호 문제

1. 낙태죄보완입법 공백사태의 장기화

헌법재판소(헌재)가 부녀의 자기낙태죄(형법 제269조 제1항)와 업무상 동의낙태죄(동 제270조 제1항)의 행위주체 중 '의사'인 경우에 한해 해당 규정이 과잉금지원칙 등의 사유로 헌법에 합치하지 않는다는 이유로 2021년 말까지 동 규정을 개정하지 않으면 그 효력을 상실한다고 일부 헌법불합치결정을 내렸다. 그런데 정부도 국회도 형법 낙태죄규정을 지

8 독일형법 제218조 제1, 2항에는 우리와 달리 분명하게 태아에게 이런 우생학적, 유전학적 결함이 있을 때 낙태가 허용된다고 규정하고 있다.

9 C. Roxin, a.a.O., S.6.

금까지 보완하지 않음으로써 임신 중의 태아생명보호에 대한 공백상태가 장기화할 조짐을 보이고 있다.

인간생명을 최상위의 보호법익으로 삼는 죄형법규로 형법은 살인의 죄(형법 제24장)와 낙태의 죄(동 제27장)를 **두 주축**으로 삼고 있다. 인간의 생명은 수정된 순간부터 시작되지만, 형법상 낙태죄의 객체인 태아는 수정 후 대략 13일이 경과할 즈음 수정란이 자궁에 착상한 때로부터 시작하여 태아배출을 위한 진통이 개시될 때까지 기간에 걸친다. 낙태죄의 주된 보호법익은 태아의 '생성 중에 있는 생명'이다. 살인죄보호법익은 분만개시(진통시)부터 사망에 이르기까지의 인간생명이다.

2. 각국의 입법동향[10]

(1) 극단적인 두 경향

1) 진보적인 경향(pro choice)

"내 배는 내 처분에 속한다."는 구호와 함께 낙태자유화를 주장하는 진영의 입장이다. 이 주장은 태아의 보호를 원칙적으로 인정하지만, 임부의 자기결정권이 태아의 생명법익보다 우선한다는 입장이다. 즉 태아를 정상적으로 분만할 것인가, 중절할 것인가는 여성의 자연법적 권리라 한다. 여성의 자기결정권이 태아의 생명권보다 우월한 자연법적 권리라는 주장은 허위의식(이데올로기)에 불과하다. 이런 사회적 허위의식 하에서는 양쪽의 이해관계가 대립할 때, 자기편의 입장을 절대시하고, 반쪽진리에 불과한 자기편 주장만을 전체의 진리인 양 가설화하는 경향이 나타난다.

태아는 어떤 경우에도 중절되어야 할 자기책임을 지고 있지 않다. 그러나 임부는 적어도 태아에 대한 관계에서는 임신부로서 특별한 사회적

---

10 김일수, "낙태죄 개정에 대한 소견: 태아의 생명권과 임신부의 자기결정권 사이에서", 2020.11.27. (긴급진단, 낙태법 개정 제대로 가고 있는가?), 바른 인권여성연합주관 토론회 자료집, 26면 이하.

지위에 놓인다. 이 둘은 이미 사회적인 관계에서 태아로서 그리고 산모로서 생명적인 연합관계에 놓여 있다. 사회적 · 신분적으로 임부는 태아에 대해 특별한 보증인지위에 있으므로 특별한 보증인의무를 진다. 스스로를 보호할 수 없는 태아는 임부의 이 보증인 의무에 의존하여 외부의 개입이나 공격 없이 독자적인 생명으로 발달해 갈 수 있는 것이다.

2) **보수적인 경향**(pro life)

"낙태는 살인이다."라는 구호를 내세우는 진영의 입장이다. 이 입장은 주로 정통적인 기독교생명윤리에서 주장된다. 즉, 수태순간부터 태아의 생명도 사람의 생명과 같이 보호돼야 한다는 입장이다. 또한 살해가 정당화될 수 있는 경우로 정당방위, 방어전쟁, 사형집행 세 가지 경우를 상정하기 때문에, 산모의 건강 · 생명을 보호하기 위해 의료적으로 낙태하는 경우를 위법성조각사유로 보지 않고, 단지 면책될 수 있을 뿐이라고 한다.

낙태를 허용하는 각종 적응사유 중 의료보건적인 적응사유, 범죄학적 적응사유, 윤리적 적응사유, 우생학적 적응사유와 최근의 낙태적응사유에 새롭게 편입되는 추세에 있는 이른바 사회 · 경제적 적응사유 등은 형법적으로 낙태를 허용하는 정당화사유(위법성조각사유)로 이해해서는 안 되며, 자연법적으로 불법범주에 속한다고 한다. 다만 임신을 지속하기 어려운 임부의 불가피한 개인적인 사정들을 감안하여 낙태회피에 대한 기대가 불가능한 경우에는, 법이 비록 허용은 하지 않지만, 부득이 관용할 수밖에 없는 면책사유로 이해하자고 한다.

그러나 이러한 입장은 현대사회의 세속화된 법의식과 거리가 멀 뿐만 아니라, 이미 생명의 신성성에 대한 확신이 희박해진 현실에 기초한 실정법적 규율과도 거리가 멀어 보인다는 점이다. 비교법적으로도 오늘날 많은 서방국가들의 낙태죄 규율은 전통적인 기독교계의 반발에도 불구하고 일정한 적응사유(indication)가 발생했을 때, 일정한 기간 안에 시행하는 낙태를 허용한다. 유감스럽지만 이게 현실이다.

(2) 절충적인 해결방식

태아의 생명보호를 일정한 범위 내에서 이와 갈등하는 임부의 현실적인 딱한 사정을 고려하여 문제를 해결하는 방식들이 이에 속한다. 이른바 주수를 한정하는 기간해결방식과 허용 내지 관용할 수밖에 없는 사정을 고려한 적응해결방식 그리고 상담모델방식이 있다.

기간해결방식은 일정한 기간 안에 행해진 낙태를 어떤 정당화사유나 면책사유가 있는지를 묻지 않고 허용하는 방식이다. 착상은 수정 후 늦어도 약 14일이 지나면 이루어지므로 이때부터 임신이 되어 태아가 발달하기 시작한다. 문제는 어느 기간을 허용기간으로 정할 것인가이다. 여러 입법례에서는 보통 3개월 이내, 즉 초기낙태를 허용하는 입장이다.

기간해결방식은 낙태를 쉽게 하는 방식이긴 하다. 그러나 스스로 방어할 힘이 없고, 더군다나 죄 없는 태아의 생명을 일정 기간 안에 제약 없이 낙태의 자유에 방임하는 것은 생명법익을 보호해야 할 국가의 헌법적 책임을 저버리는 결과가 된다. 또한 이 기간 경과 후에도 낙태를 허용해야 할 예외적인 사정은 도처에서 생겨날 수 있으므로, 별도로 적응해결방식을 혼용해야 할 필요가 있다는 점도 간과할 수 없다.

적응해결방식은 낙태의 허용기준을 임신중절에 적응하는 의학적 · 우생학적 · 형사학적 · 윤리적 이유 등에서 구하여 낙태의 자유를 제한하는 방식이다. 이 방식은 낙태의 전면금지가 아니라 제한된 범위 내에서 낙태자유화를 지향하는 입법태도에 속한다. 오늘날 북유럽 여러 나라와 유럽대륙 여러 나라들과 우리나라 모자보건법도 이 방식을 채택하거나 이에 기간제한(보통 12주)을 가미하기도 한다.

상담모델방식은 임부를 위한 조언과 도움을 제공할 수 있는 전문가의 상담을 필요적으로 거친 후, 임부가 자기결정하에 상담증명서를 받아 의사에게 제출하고 의사가 낙태시술을 한 때에 한해 낙태를 허용하는 방식이다.

오늘날 낙태에 관한 형법적 규율의 일반적 경향은 적응해결방식을 주로 하고 여기에다 일정한 기간상의 제한을 두거나 상담 및 숙려기간 모델을 가미하는 방식이라 말할 수 있다. 그럼에도 불구하고 세속적인 국가철학, 여성주의 이데올로기, 소수자인권 내지 그룹인권이 극성을 부리는 틈을 타, 이슬람국가와 가톨릭우세 지역의 일부국가를 제외하면 낙태의 규제완화 내지 자유화가 확산되고 있는 실정이다.

3. 입법론[11]

우리나라는 낙태통계에 잡히지 않는 높은 암수까지 고려한다면 현행 낙태죄처벌규정에도 불구하고 인구대비 낙태율이 높은 편이라고 전문가들은 말한다. 합법적인 인공유산, 임신중절 제도가 마련된 나라에서는 합법적인 낙태라는 이름 아래 불법낙태가 쉽게 행해지는 실정이다. 이러한 현상은 우리나라처럼 경제개발에 총력을 기울이던 시기에 산아제한을 국가정책으로 장려했던 사회적 분위기 속에서 수사·소추기관이나 사법기관이 태아생명보호라는 법질서의 근본적인 요구를 실현하는 데 소홀했던 이른바 사법소극주의의 결과로 빚어진 셈이다.

그러나 낙태죄의 규정은 아직도 유효하며, 오히려 합법적인 낙태를 가장한 불법적인 낙태를 막기 위해 형사사법기관들이 정신을 똑바로 차려야 할 때라고 생각한다. 두말할 것 없이 낙태죄규범의 보호법익은 태아의 생명이며, 생성 중에 있는 생명도 헌법상 인간의 존엄과 가치의 존중요구에 비추어 형법적으로 제대로 보호되어야 한다. 그러므로 낙태죄를 형법에서 전면 삭제하고, 임신부를 위한 사회보장적인 특별법적인 장치를 통해 이를 커버하려는 착상은 마치 법익질서의 피라미드구조물에서 그 기초석 하나를 빼내 버리는 것처럼 위험스럽고 엉뚱한 아이디어로 보인다.

태아의 생명권과 임신부의 생명권이 충돌하는 비극적인 한계상황에 처한 경우에 한해 임부의 생명을 위하여 태아의 생명을 희생시키는 것은

---

11 김일수, 전게 논문, 31면 이하.

자연법적으로 정당화될 수 있을 뿐만 아니라, 별도의 허용규정 없이도 현행형법상의 긴급피난이나 의무충돌을 내포하는 사회상규 규정(형법 제20조)에 의해 정당화될 수 있다. 이를 낙태의 죄의 장에 다른 적응사유들과 나란히 둘 필요가 없다.

이 비극적인 한계상황 이외의 적응사유, 즉 산모의 건강을 위해서라든가 우생학적 원인, 성범죄로 인한 원인, 사회윤리적인 원인(근친상간) 등은 태아의 고유한 생명권을 희생시킬 만큼 중대한 사유가 아니다. 그러므로 낙태의 허용규정으로 정당화 조치를 취할 경우가 아니라, 개인적인 딱한 사정들을 고려하여 적법행위에 대한 기대가능성이 없는 면책사유의 하나로 취급하는 것이 옳다.

특히 둘러대기 편하고 남용의 소지가 많은 소위 사회 · 경제적 적응사유에 대해서는 굳이 태아생명보호의 규범장치에 이것을 새삼 끌어들여 명시할 필요가 있겠는가 하는 의문이 든다. 입법자에게는 한때 선거선심용으로 쓰기에 매력적인 도구로 보일지 몰라도, 죄 없고 연약한 태아들에게는 불안하기 그지없는 흉기가 될 가능성이 높기 때문이다. 이를 제한하기 위한 가시적인 명확한 기준과 또 그를 담보하기 위한 절차들이 확보되어야만 한다.[12]

더 나아가 생명 대 생명의 갈등상황이 아닌 모든 적응사유에 대해서는 전문상담소 및 전문가상담시스템을 도입하는 것이 바람직하다. 통용되는 적응사유 중 신체적 · 정신적 건강사유와 관련된 것은 의사와의 상담이 불가피해 보이나, 나머지 사유들의 경우에는 사회상담사나 성직자 등과 같은 전문상담사 제도를 겸용할 수 있는 시스템이 더 적절해 보인다. 또한 적응사유의 확인과 상담을 의사가 담당하는 경우에는 사유확인 상담의사와 낙태시술 담당의사를 분리하는 것이 좋겠고, 그러기 위해서 상담 후 시술까지 일정한 숙려기간을 두는 게 불가피해 보인다.

---

12 김일수 · 서보학, 전게서, 39면.

4. 현 상황에 대한 소견

새 정부가 들어서서 서둘러 해야 할 일 중 하나가 헌재결정으로 입법 공백이 된 낙태죄부분을 새롭게 손질하는 일이다. 지난 연말까지 국회에 제출된 낙태죄 개정법률안은 정부안과 의원 발의안 등 총 4개에 이른다. 유감스러웠던 점은 이 문제를 주도해야 할 법무부가 책임감 있게 선도적으로 대처하지 못했다는 점이다. 낙태의 법적규율은 세계관과 가치관의 대립뿐만 아니라 전통과 현실, 현재의 일시적 안위냐 미래사회를 위한 지속가능한 발전이냐, 또한 국가 인구정책 등의 관점대립 같은 본질적으로 중요한 논점들이 집약된 문제이다. 생명경시의 홍수가 한꺼번에 밀어닥치기 전에 지금은 공론의 장에서 각계의 관심과 지혜들을 새롭게 모아야 할 때라고 생각한다.

Ⅳ. 인간생명의 종료단계에서 생명보호의 문제

1. 사람의 사망시기와 뇌사설의 대두

사람의 종기(終期), 즉 사망 시기에 관하여는 ① 호흡이 영구적으로 그친 단계라고 하는 호흡종지설, ② 심장의 고동이 영구적으로 정지한 단계라고 히는 맥박종지설(심장사설), ③ 생활현상이 전부 단절된 단계라고 하는 생활현상종지설, ④ 대뇌, 소뇌, 뇌간 등 모든 뇌기능의 불가역적인 소실상태라고 하는 뇌사설, ⑤ 호흡과 심장의 종지(終止) 또는 뇌사라고 하는 택일설 등이 제시되어 있다.

이 중에서 맥박종지설이 이제껏 통설의 위치를 점해 왔다. 심장사는 생물학적, 의학적 기준에 따라 심장의 고동이 영구적으로 정지한 단계를 사망 시기로 판단한다. 호흡정지에 이어 심장이 멎고 맥박이 정지되면 생명현상은 종지되고 객관적인 관찰자의 눈에 곧바로 시체가 드러나므로 의사가 아닌 보통사람들도 죽음의 시기를 어렵잖게 잘 판단할 수 있다는 장점이 있다. 그래서 종래 형법학자들도 대체로 맥박종지설을 따랐다.

1967년 남아공의 버나드 박사가 뇌사환자의 심장으로 심장이식 수술을 성공시킨 이래 맥박종지보다 앞선 시점으로 사망 시기를 판정해야 할 필요성이 대두되었다. 최근까지 인공심폐기를 포함한 연명치료술의 발달로 일단 정지된 심장도 전기 맛사지, 전기쇼크, 인공심폐기 부착으로써 다시 작동할 수 있게 할 뿐 아니라 사고 등으로 뇌기능이 정지된 사람의 호흡과 맥박도 소생시켜 일정 기간 연장할 가능성이 확보되었다. 따라서 심장사를 사망시기의 기준으로 삼는 데 근본적인 회의가 일어나게 되었고 이에 대한 대안으로 제시된 것이 바로 뇌사설이다.

뇌사설의 논거로 ① 뇌기능이 완전 소실된 때 사람의 생명보호를 위한 전제도 의미 없게 된다는 점, ② 호흡과 심장은 정지된 후 회복될 수 있고 인공장치로 당분간 계속 유지할 수 있지만, 뇌기능의 완전소실 후에는 더 이상 회복이 불가능하다는 점, ③ 뇌사에서 심장사에 이르기까지 소요되는 막대한 치료비를 감당하기 어려운 환자 보호자들의 입장도 고려해야 한다는 점, ④ 뇌사를 인정하면 뇌사상태에서 장기이식 수술이 원활할 수 있을 뿐 아니라, 장기의 신선도가 높아 이식수술 성공률을 높여, 어차피 소생할 가망이 없는 뇌사자의 장기로 치료 가능한 다른 환자의 생명을 구할 수 있다는 점 등이 열거된다.

이에 반해 종래의 임상적, 사회적 의미에서 사망시기로 간주해 온 맥박종지설을 지지하는 입장에서는 인간생명의 신성성을 중시하는 관점에서 죽음에 관한 순전히 의학적 판단만을 기초로 삼는 뇌사설에 다음과 같은 반론을 제기한다. ① 아직 뇌사판정을 확신할 수 있는 방법과 기준이 불비한 실정임에도 이를 인정하면 생명에 대한 처분을 허용하는 결과가 된다는 점, ② 인간의 오만과 이기심이 작동하여 뇌사를 경솔히 인정하거나 뇌사를 조작할 위험이 있다는 점, ③ 설령 의학적으로 뇌사 상태라 할지라도 심폐기능이 아직 작동하고 있는 한 사망자로 취급하는 것은 상식과 사리에 반한다는 점 등이 그것이다.

뇌사를 법적인 사망시기로 인정할지에 관하여는 나라마다 태도가 다르다. 우리나라는 뇌사를 이식의학적인 관점에서 다루고 있다. 1989년 대한의학협회가 심장과 호흡의 정지 또는 뇌간을 포함한 모든 뇌기능의 회복 불가능한 소실상태를 사망의 기준으로 제안한 바 있다. 이른바 택일설을 택한 것이다. 그 후 장기 등 이식에 관한 법률(1999. 2. 8.)이 제정되면서 뇌사자에 관한 정의가 내려졌다. 즉, 「살아있는 자라 함은 사람 중에서 뇌사자를 제외한 자를 말하며, 뇌사자라 함은 이 법에 의한 뇌사 판정기준 및 뇌사판정절차에 따라 뇌 전체의 기능이 되살아날 수 없는 상태로 정지되었다고 판정된 자를 말한다(동법 제4조 제5호)」고 하여 뇌사를 정의했고, 그 구체적인 판정절차(동법 제16조)까지 두었다. 외국에서는 1971년 핀란드가 최초로 뇌사를 합법화한 이후 영국, 미국, 프랑스, 이탈리아, 독일 등에서도 뇌사를 인정하고 있다.

이런 추세에 힘입어 최근 우리나라 형법학에서도 뇌사설이 다수설의 위치를 차지한 실정이다. 그러나 장기 등 이식에 관한 법률이 뇌사자의 장기이식을 법적으로 허용하고, 이때 환자는 사망한 것으로 간주한다고 해서 일반적으로 사람의 종기를 뇌사로 단정한 것은 아니라고 본다. 이 법률이 합헌성의 추정을 받는 한, 아주 제한된 범위에서 법적으로 허용하는 위법성조각사유 중 하나(형법 제20조의 정당행위 중 법령에 의한 행위)가 될 수 있을 뿐이다.[13]

뇌사는 의학적으로도 생명의 경계에 관한 단정일 수 없다. 회복적인 치료를 목적으로 하는 의료적인 개입이 더 이상 무의미하다는 일정 시점에 대한 단정일 뿐이다. 뇌사인정논의의 출발점이 애당초 장기이식의 필요성이라는 공리적 관점이었다면, 인간의 생명은 타인에 의해 수단화

---

13 김일수 · 서보학, 전게서, 15면.

해서는 안 된다는 요청과 충돌을 피하기 어렵다. 뇌사상태의 환자라도 인격주체의 고유가치인 생명은 처분 불가능한 가치로 존중되어야 한다. 결코 다른 목적을 위한 수단으로 처분되거나 물건취급을 해서는 안 된다. 형법에서 사망시기의 결정은 생명권의 최대보장, 사망의 최후 불가피적인 인정이라는 원칙과 합치해야 한다. 이런 점에서 뇌사의 유행과 그에 대한 열광적인 지지는 혹여 생명존중의 확고한 경계선을 신축성 있는 고무질빵으로 변질시킬까 우려된다.

결론적으로 뇌사합법화는 자연스러워야 할 죽음을 인위적으로 선택하고 결정하는 길을 우리들에게 열어줌으로써 생명가치를 최우선으로 삼는 법체계를 자기모순에 빠트릴 수 있다는 점이다. 뇌사가 진정한 죽음이라면 우리는 속절없이 시체 없는 죽음과 대면해야 한다. 정상적인 생활인이라면 이토록 현실과 괴리되어 관념화한, 실로 죽음 같지 않은 가족의 죽음을 받아들이기 어려울 것이다. 인간은 영과 육을 가진 전체적인 인격이지 뇌만 가진 정신적 인간이 아니다. 지난 2세기에 걸쳐 인간의 중심요소가 심장에서 뇌로 옮겨진 것은 눈부신 학문과 기술발달의 결과이지만, 그렇다고 해서 뇌로써 인간의 심장의 무게를 대신하려는 기도는 무모해 보일 뿐이다.[14] 이런 점에서 나는 일반인의 건전한 법 감정에 비추어, 시체와 함께하는 죽음을 염두에 둔 전통적인 맥박종지설이 생명가치를 우선시하는 법이념에 더 적합하다고 생각한다.[15]

2. 안락사 내지 자살방조의 문제

최근 뇌졸중 후유증에 시달리는 프랑스출신 인기배우 알랭 드롱이 안락사가 합법화된 스위스에서 미구에 자신은 안락사로 생을 마감할 계획임을 밝혀 세인의 주목을 받았다. 안락사는 죽음의 고통에 시달리는 불

---

14 김일수, 우리시대의 자화상, 세창미디어, 2004, 93면 이하(뇌사입법은 위험한 장난의 시작).

15 김일수, 좋은 나라 꿈꾸는 작은 소금이야기, 세창미디어, 2003, 212면 이하(뇌사, 무엇이 문제인가).

치 · 난치의 환자나 임종이 가까워 온 말기환자에게 고통을 제거하거나 덜어주는 방법으로 자연적인 사기(死期)를 앞당겨 생명을 단축시키는 의료적 조치를 말한다. 안락사가 합법화되면 살인죄가 성립되지 않는다. 법령에 의한 행위로 정당행위(형법 제20조)로서 위법성이 조각되기 때문이다.[16] 오늘날 안락사가 합법화된 나라는 일찍이 네덜란드를 필두로 스위스, 벨기에, 미국 일부 주, 호주 일부 주, 대만 등이다. 그러나 독일이나 우리나라처럼 안락사가 합법화되지 않은 나라에서는 안락사를 둘러싼 법적 문제가 다소 복잡한 양상을 띤다.[17]

첫째, 간접적 안락사의 경우다. 의사가 생명단축의 결과발생을 예상하면서도 고통을 완화시킬 목적으로 처치를 했던 결과 예상된 부작용으로 자연적인 사망 시기를 앞당기게 된 경우가 이에 해당한다. 간접적 안락사는 우리형법상 사회상규에 위배되지 않는 정당행위(형법 제20조)로 위법성이 조각된다. 의사가 사기에 임박한 환자의 극심한 고통제거와 그 잔여생명의 유지의무 사이에서 이익 및 의무를 저울질하여 전자의 이익이 우위에 있다고 판단될 때, 의사의 간접적 안락사는 업무로 인한 행위는 아니지만 의무충돌로 인한 '기타 사회상규에 위배되지 않는 행위'로서 정당화된다.[18]

둘째, 소극적 안락사의 경우다. 치료중단 등 생명연장을 위한 더 이상의 조치를 취하지 않음으로써 예상보다 빨리 죽음에 이르게 하는 경우가 이에 해당한다. 소극적 안락사는 사안에 따라 개별적으로 판단해야 한다. ① 환자가 죽음의 연기를 원했음에도 불구하고 의사가 생명연장 조치를 취하지 않았을 때 부작위에 의한 살인죄의 불법비난을 면할 수 없다.[19] ② 뇌사상태에 있는 환자에 대해서는 더 이상의 치료가 불필요

---

16 김일수 · 서보학, 전게서, 17면 이하.

17 이에 관하여는 전게 '우리시대의 자화상' 84면 이하(안락사, 합법적 살인인가 인권존중인가), 특히 89면을 참조하기 바람.

18 김일수, 한국형법 I 개정판, 박영사, 1996, 619면.

19 김일수, "안락사문제의 실정법적 연구", 현대사회 1984/봄호, 186면.

할 뿐만 아니라 반드시 요구되는 것도 아니기 때문에, 치료담당의사에게 보증인의무가 없다. 따라서 이러한 경우에 치료중단은 부작위에 의한 살인죄 구성요건에 해당하지 않는다. ③ 뇌사자와 달리 뇌간이 아직 살아 있어 자율호흡이 가능하나, 의식을 회복할 가능성이 희박한 식물인간상태의 환자에게 의료진이 가족의 요청에 따라 생명연장기구의 작동중지를 통해 사기를 결정지을 수 있는가 하는 문제이다. 미국의 Quinlan 양 사건이 그 적례이다.

독일의 다수설은 의료기기에 의한 연명이 환자에게 더 이상 의미가 없고 환자의 의식회복에 대한 기대가 완전히 소멸하여, 그 연명기구의 제거가 환자의 추정적 승낙에도 합치한다고 보여질 수 있는 경우에는 의사가 그 기기작동 중지를 결정할 수 있다고 한다.[20] 하지만 의료진의 치료에 의해 환자가 의식을 회복할 가능성이 남아 있는 한 비록 의식회복 후 얼마간 연명하지 못할 것이라는 확실한 예측과 과다한 진료비 부담이 예상된다 하더라도 의사는 생명연장기구의 작동을 선불리 중지시킬 수 없다. 이 경우에는 보증인 의무가 있기 때문이다. 오래전 영등포 보라매병원 사건 의사도 같은 이유로 유죄판결을 받은 적이 있다.

셋째, 적극적 안락사의 경우다. 사경의 고통을 제거하는 방법으로 자연적 사기에 앞서 아예 목숨을 끊어 버리는 경우가 이에 해당한다. 예컨대 중환자에게 치명적인 약을 투여함으로써 그를 살해하는 경우이다. 이 경우 눈 깜짝할 사이에 사망에 이르게 하는 안락사용 극약이 사용되기도 한다. 생명의 단축 그 자체를 목적으로 하는 적극적 안락사는 환자의 동의나 요청이 있건 없건, 수단이 직접적이건 조력에 그치는 정도로 간접적이건, 더 나아가 환자의 고통을 제거해 주려는 자비로운 동기가 있었더라도 형법적으로 살해금지규범을 침해한 경우가 된다.

---

20 Dreher/Tröndle, StGB, Vor §211Rn.14ff.; J. Laber, Der Schutz des Lebens im Strafrecht, 1997, S.231ff.; H. Menzel, Kriterien für einen Behandlungsabbau, in: A. Eser(Hrsg.), Suizid und Euthanasie, 1976, S.143ff.; H. W. Opderbecke, Grenzen der ärztlichen Behandlungspflicht, ibid, S.136ff.

넓은 의미의 적극적 안락사에는 자살을 교사하거나 방조하는 행위도 포함된다. 우리형법은 자살관여죄(형법 제252조 제2항)를 처벌하기 때문에 자살조력 등 관여행위가 형법으로부터 자유로울 수 없다. 오스트리아 형법도 우리와 같은 태도를 취한다. 다만 독일과 프랑스 형법전은 자살관여죄를 벌하지 않기 때문에 자살교사·방조를 통한 안락사는 원칙적으로 불가벌이다.

종래 우리나라의 다수설은 이미 오래된 일본 나고야 고등법원이 제시했던 6가지 조건, 즉 환자가 불치의 병에 걸려 그 죽음이 목전에 임박했고, 환자의 고통이 심하여 누구도 그것을 차마 보기 어려운 정도인 때, 환자의 고통을 완화할 목적으로 행해지는 안락사는 환자의 진지한 촉탁 또는 승낙이 있거나, 그와 같은 의사표시조차 할 수 없는 특별한 사정 아래에 있으며, 그 방법이 윤리적으로 타당할 수 있는 한 위법하지 않다는 입장이다.

대한의사협회도 이미 오래전부터 회복 불가능한 환자의 경우 환자나 그 가족의 요구 또는 의사의 판단에 따라 치료를 중단하고 죽음에 이를 수 있도록 하는 이른바 소극적 안락사를 허용하는 취지의 의사윤리지침안을 내놓았다. 건강보험공단의 누적된 적자증가를 논외로 하더라도 막대한 치료비부담을 감안하여 오늘날 연명치료를 포기할 의사표시를 미리 해두는 사람들이 많이 늘어나고 있는 추세가 아닌가 짐작된다. 전통적인 생사관의 변화가 급속히 일어나고, 무엇보다 우리나라 자살률은 선진국들의 예를 앞지르고 있는 실정이다.

문자 그대로 안락한 죽음이나 존엄한 죽음, 자비로운 죽음은 없다. 아주 짧은 시간 안에 도달할 죽음이라도 신경정신과적으로 죽음에 수반될 고통의 과정을 반드시 통과해야 하기 때문이다. 무엇보다도 어떤 사람이 진실로 죽고 싶은지의 여부는 그 사람의 촉탁승낙과 같은 언어에 의해 단정적으로 표현되는 것이 아니라, 오로지 자신의 행동에 의해서만 표현될 수 있다는 의미에서, 자살이 아닌 타살에 해당하는 안락사, 즉 넓은 의미의 적극적 안락사는 법적으로 허용될 수 없다. 이생의 마지막 길목에서 인간은 고통을 영원히 벗어던지기 위해 고통의 대가를 치러야 할 운명을 타고 난지 모른다. 그러므로 우리는 안락사보다 더 나은 고통 경감의 치료술 개발에 박차를 가하는 게 정도라고 생각한다. 만약 안락사의 합법적인 통로가 열리는 날이면 살해금지의 규범체계는 걷잡을 수 없는 해체소용돌이에 휩싸일게 불을 보듯 뻔하다.

비록 생명을 경시하고 죽음을 미화하는 풍조가 높은 오늘날이지만 그래도 법은 인간의 존엄성과 인간생명의 보호임무에서 무기력하게 물러서면 안 된다. 생명이 안락사라는 합법적인 출구를 통해 무너지도록 방치하는 일은 없어야 한다. "의심스러울 때는 생명에 유리하게, 죽음에 불리하게"라는 현명한 입법정책을 수립 · 추진해 나가야 할 때이다.[21]

3. 자 살

고대 희랍에서는 영예로운 동기에 의한 자살을 벌하기는커녕 오히려 칭송했다고 한다. 고대 로마에서도 자살이 널리 인정되었으나 로마법은 예외적으로 병사와 노예의 자살을 처벌하였다. 초기 게르만법에서는 형벌집행을 모면하기 위한 죄수의 자살에 대해 치욕적인 상징형으로 다스렸고, 후기에 들어와 자살을 마귀와 결부시켜 자살자의 시체를 불태우거나 늪 속에 빠뜨려 버림으로써 대응했다.

중세 유럽대륙에서는 기독교의 영향을 받아 자살을 살인죄의 일종으로 다루었다. 카롤리나 형법전은 자살에 대한 형을 명문으로 규정했고, 17 · 18세기경에 들어와 자살의 기수는 불명예스러운 매장에 의해, 그 미수는 임의적인 재단형(Arbitärstrafe)으로 처벌하였다. 그러나 18세기 중엽부터 계몽주의 영향으로 자살에 대한 처벌금지 운동이 일어났다.[22] 19

---

21 김일수, 우리시대의 자화상, 91면.

22 지금까지 형법의 고전으로 읽히는 1764년 익명으로 출판된 『범죄와 형벌』에서 저자 베카리아는 자살이 엄밀히 말해 형벌을 가할 만한 범죄가 안 된다는 의미에서 당대에 시행되었던 자살자의 시체훼손이나 그 남은 가족들에 대해 연대책임으로 죄값을 물리는 형사법을 쓸모없는 법률이라고 경멸했다. 이에

세기에 들어서자 유럽 대륙에서 자살은 더 이상 처벌의 대상이 아니었다. 이와는 대조적으로 영미법계에서는 자살미수를 최근까지도 처벌하는 입장을 취했으나 1961년 영국의 자살법제정과 함께 비범죄화되었다.

물론 자살을 처벌하는 경우에도 살인죄로서가 아니라 사회에 대한 특별한 의무침해로 간주되었다. 18세기의 자연법 및 실정형법에서도 자살자는 창조주와 국가와 자기 자신에 대한 의무를 저버리는 것이기 때문에 혐오와 비난의 대상이 되는 행위로 간주되었다.[23]

자살의 비범죄화로 오늘날 개인의 자유는 더욱 신장되었으나 생명공동체의 숲은 점차 생기를 잃어가고 있지 않은가 싶다. 자살의 비범죄화가 근대 합리적 이성주의의 산물이긴 하지만, 이로 인하여 자살의 자유화나 자신의 생명처분권을 인정하는 데까지 확대하는 것을 경계해야 한다.[24] 근자에 고소·고발로 수사를 앞두거나 수사 중에 있는 고위공직자나 유명정치인들, 인기연예인들이 자살을 선택하는 경우가 유행처럼 번지고 있는데, 개탄스러운 일이 아닐 수 없다. 이 죽음을 비난하기는커녕 오히려 미화하려 드는 시민사회의 일련의 풍조는 마치 불붙은 집에 기름을 붓는 것처럼 위험천만한 것임을 알아야 한다. 이런 일련의 자살행위들 이후 제동 없이 확산된 자살풍조가 우리나라를 유례없는 자살공화국으로 변질시켰다는 사실을 반성적으로 되돌아봐야 할 것이다.

각 사람의 생명은 고유한 개인의 생명이면서 동시에 공동체와 함께하는 보편적 생명이기도 하다. 자기 자신에 대한 생명보호가 법, 특히 형법의 목적은 아니지만, 각 사람은 서로서로 사회공동체 안에서 자기생명을 포기하지 말고 최선을 다해 지켜내야 할 의무를 지고 있음을 부인할 수 없다. 자살을 통해 법공동체로부터 탈출을 시도하는 것은 이기적

관해서는 한인섭 역, 범죄와 형벌, 2010, 139면 이하 참조 바람.

23 김일수, 좋은 나라 꿈꾸는 작은 소금이야기, 241면.

24 로널드 드워킨, 생명의 지배영역–낙태, 안락사 그리고 개인의 자유, 박경신·김지미 역, 2008, 190면 이하 참조; 또 이와 다른 관점에서 죽을 권리를 다룬 논저로는 James M. Hoefler/Brian M. Kamoie, Deathright–Culture, Medicine, Politics, and the Right to Die, 1994, p.125, p.223.

인 개인의 사회연대성 파괴행위에 다름 아니다. 그것은 마치 수형자가 자살을 통해 탈옥을 시도하는 것과 마찬가지로 비난받아 마땅한 행위인 것이다. 바로 이런 까닭에 유럽 인권선언 제2조는 법익향유자가 자신의 생명권을 포기할지라도 국가는 생명기본권을 보호해야 할 의무가 있다고 규정한다.

생명보호가 갖는 이런 객관적 법질서로서의 의미가 비록 자살을 범죄시하지 않으면서도 자살관여죄만은 금지하는 입법태도의 배경이다. 자살 그 자체를 범죄로 간주하지 않지만 자살을 교사 · 방조하는 타인의 행위에 대해서는 독립된 범죄로 처벌하는 입법례가 현재까지는 더 우세하다. 우리 형법도 다수의 입법례를 따라 자살관여죄를 처벌한다. 다만 자살관여죄(형법 제252조 제2항)는 개인의 생명을 본인의 의사에 반하여 침해하는 살인죄(형법 제250조)와 별개의 독립범죄라는 점에서, 또한 피해자 본인의 의사에 반하지 않는 생명법익 침해범죄라는 점에서 촉탁 · 승낙살인죄(형법 제252조 제1항)와 같은 조문에다 같은 형벌로 규정하고 있는 것이다.

V. 인간생명의 중간단계에서 생명보호의 문제

1. 인체실험

새로운 의학지식의 탐구와 의약품의 개발은 인체에 대한 임상실험적인 결과 없이는 불가능하다. 이것을 통해 진단적 · 치료적 · 예방적 방법과 질병의 원인과 질병발생의 경과를 더 잘 이해할 수 있게 됨은 두말할 것 없다. 종국적으로 인간을 괴롭히는 질병을 퇴치하고 이미 고통에 시달리는 환자들의 건강을 회복하며 인간의 건강한 삶 증진에 기여하게 될 것이다. 그러나 문제는 그것이 임상연구이건 비임상연구이건 인간을 실험대상으로 삼는다는 데 있다. 질병퇴치, 건강증진 같은 복지적인 이익 내지 학문연구의 자유와 인간의 존엄성 내지 인격적 가치 사이에서 일어나는 갈등을 어떻게 조정 · 해결할 수 있을까 하는 문제이다.

제2차 세계대전 종료 후 뉘른베르크 국제전범재판에서 나치에 부역하여 전쟁포로나 무고한 유대인, 집시 등을 대상으로 인체실험을 하고, 또한 안락사를 감행한 일단의 의사들에 대한 재판도 있었다. 이를 계기로 전문 의료인들의 참여하에 인체실험에 관련한 뉘른베르크규약이 만들어져 의료인의 윤리적 책임을 확인하는 계기가 되었다. 그 후 1964년에도 세계의학협회는 생의학연구와 관련한 윤리적 지침인 헬싱키선언을 채택했고, 1975년 도쿄대회에서 부분적인 수정이 있었다. 그 밖에 의약품 검사규정에 관해서는 WHO의 지도 아래 각국에 유사한 지침들이 있다.

인체실험에서는 실험대상자 자신의 자발적 동의가 기본적인 전제이다. 그러나 이 자발적인 동의의 범위와 한계가 문제될 수 있다. 특히 한계상황에 처해 있는 사람들에게 항시 진지하고 자발적인 의미에서의 동의를 기대할 수 있는지가 의문이다. 시험대상이 되는 사람들은 뉘른베르크 재판에서도 확인된 바와 같이 의사결정의 자유가 없는 어린이, 정신질환자, 경제적 · 신체적 곤궁상태에 처한 자들일 수 있기 때문이다.

단지 의료직업 윤리와 연구자의 개인적인 책임의식의 강조만으로 인간의 존엄과 가치가 존중되고 인체실험이 적절한 한계 내에 통제되거나 회피될 수 있다고 보기 어려운 게 사실이다. 이미 인체실험의 배후에는 이윤추구를 앞세우는 다국적 제약사들이나 기업화된 의료전문기관들의 손이 깊숙이 개입해 있고, 실제 막대한 연구비에 자금을 쏟아붓는 바이오산업 상업자본의 큰 손들은 의료직업 윤리의 한계를 무시하거나 일탈하도록 유혹할 가능성도 높다는 점을 직시할 필요가 있다.

여기에 일정한 법적 기준과 엄격한 통제장치들을 마련해야 할 필요성을 강조하는 견해들이 있는가 하면, 법적 규제보다는 자율적인 직업윤리에 의존해야 한다는 주장도 있다. 특히 실험대상자의 자발적인 승낙이 있다 하더라도 그것만으로는 인체실험을 정당화시킬 수 없다는 견해도 있다. 왜냐하면 인체실험이 대상자의 진지한 동의에 기초한 경우에도 다시금 유용성과 위험성 간의 이익교량도 필요하기 때문이다.

2. 장기이식

장기이식은 생명의 종기에 관하여 전통적인 맥박종지설에 반대해 뇌사설이 내세우는 실용적 근거 중의 하나다. 그러나 사자(死者)의 장기이식에서도 유족의 망자에 대한 애모감정과 장기이식수술을 애타게 기다리는 환자의 생명 내지 건강 법익 사이의 갈등은 불가피해 보인다.

오늘날 수요가 급증하는 장기공급문제를 해결하기 위해서는 이웃사랑에 기초한 기증자들의 기증만으로 불충분한 게 사실이다. 따라서 장기수요·공급문제를 해결하기 위해 입법적 조치를 취한 나라들이 많다. 그 입법적 조치들은 크게 세 가지 유형으로 분류할 수 있다.

첫째, 승낙모델이다. 이것은 뇌사자와 그 유족들의 입장에 친화적으로 가까이 서 있는 해결방안이다. 장기이식의 관점에서 보면 허용범위가 좁은 유형에 속한다. 즉, 뇌사자가 생전에 장기기증에 명시적으로 승낙했을 때에만 장기이식수술이 허용된다. 미국, 캐나다, 호주, 뉴질랜드, 영국이 이 유형에 따른다. 일본의 경우는 이보다 좀 더 좁게 더 엄격한 기준을 요한다. 즉, 사자의 명시적인 승낙 외에 사자의 유족도 이에 동의했으며, 장기이식 시술의사에게 사자의 생전승낙과 모순되는 다른 의견이 알려지지 않은 상태에서만 장기이식이 가능한 유형이다.

둘째, 확장된 승낙모델이다. 앞의 승낙모델과 다음에 볼 거부모델의 중간쯤에서 절충적인 스탠스를 취하는 입장이다. 즉, 우선 뇌사자의 장기기증에 대한 동의가 있어야 한다. 하지만 뇌사자가 생전에 미처 뇌사 후에 생길지도 모를 장기이식에 동의를 표하지 않은 경우라도, 뇌사자의 장기이식에 관한 추정적 의사를 고려하여, 가까운 친족이 동의한 때, 장기적출이 가능해지는 경우이다. 독일의 장기이식법이 이에 속한다.

셋째, 거부모델이다. 이것은 장기이식에 가장 유리하도록 조건의 폭을 넓힌 유형이다. 즉, 뇌사자가 생전에 명시적으로 자신의 장기적출·이식을 거부하지 않은 때에는 장기이식이 허용되는 경우이다. 프랑스, 벨기에, 스페인, 오스트리아, 덴마크, 폴란드, 스웨덴이 이 유형에 속한다. 독일의 장기이식법초안도 처음에 이 유형을 따랐으나 기증자의 자기결정권에 반한다는 여론에 따라 확장된 승낙모델을 취했던 것이다.[25]

2000년부터 시행된 우리나라 장기이식법은 뇌사자의 생전동의와 가족·유족이 장기 등의 기증을 명시적으로 거부하지 않은 경우, 또한 본인의 의사가 불분명한 때에는 가족·유족이 동의하는 경우에 한해 장기적출을 허용한다. 유형별로 볼 때 독일법의 유형에 가까우나, 독일법보다 특이한 점은 뇌사자의 명시적인 생전동의가 있었더라도 일본처럼 유가족들이 그 장기기증을 명시적으로 거부할 때는 허용되지 않는 점이다. 그러나 뇌사자의 의사가 불분명할 경우는 독일법과 같은 입장이다.

생각건대 본인의 생전동의는 현재의 의사가 아니라는 점(과거는 망각과 기억의 대상일 뿐 현재를 구속할 위력을 갖고 있지 않다), 현재의 의사는 본인이 의사표시를 할 수 있었더라면 변경 가능하다는 점, 유가족들이 생사에 대한 본인의 진정한 의사를 대신할 수 없는 노릇이라는 점에서, 앞서 본 해결책들은 이론의 여지가 없지 않아 보인다. 더구나 생명가치보다는 치료비 부담을 더 심각하게 생각하는 가족들의 의사란 대부분 이해타산적 사고의 결과일 수 있다는 점이다.[26] 인간은 다른 피조물과 달리 인격적·사회적·정신적 존재로서 사후까지도 법적으로 그 존엄한 인격과 명예를 보호받는 유일한 존재이다. 따라서 뇌사자의 장기를 단지 유용성에 기초하여 처분대상물처럼 사고하고 취급하는 데는 좀 더 깊은 성찰과 제도적인 개선책이 필요해 보인다.[27]

---

25 C. Roxin, a.a.O., S.16.

26 김일수, 우리시대의 자화상(뇌사입법은 위험한 장난의 시작), 95면 이하.

27 김일수, 좋은 나라 꿈꾸는 작은 소금이야기(생명윤리와 법), 245면.

3. 동물에 관한 최근 민법개정논의가 생명법익에 미칠 영향

법무부의 민법개정 법률안이 2021. 10. 1 국회에 제출되었다. 이 개정안은 민법 제98조의2를 신설하되 그 내용은 「① 동물은 물건이 아니다, ② 동물에 대해서는 법률에 특별한 규정이 있는 경우를 제외하고는 물건에 관한 규정을 준용한다.」로 되어 있다. 입법취지로는 오늘날 1인 가구 증가 등 사회변화에 따라 반려동물 양육인구수가 늘어나고 있고, 반려동물문화가 자리를 잡으면서, 인간 못지않은 대우를 받는 반려동물들이 있는 반면, 유기행위, 학대행위 등 반사회적 행위도 늘어나고 있어, 이 같은 사회변화를 새로운 법제도에 반영하여 사람과 동물을 막론하고, 생명이 존중받는 사회를 견인하기 위함이라 한다.

종래 우리 법에서는 권리주체로 사람(자연인과 법인 포함)만이 유일하게 자리매김 되어 있고, 나머지는 다 물건으로 취급하여 온 게 사실이다. 그 결과 일반법질서를 통틀어 반려동물도 물건의 일종으로 취급해 왔던 것이다. 이제 "동물은 물건이 아니다"라고 선언하는 민법총칙상 이 신설규정이 발효되면 앞으로 동물을 더 이상 법적으로 물건 취급할 수 없을 것이다. 왜냐하면 이 규정에 의해 동물은 그 자체로서 법적 지위를 차지하게 되고, 이른바 동물권도 인정될 것이다.

물론 이 선언규정엔 많은 문제점들이 따를 것으로 예상된다. 동물권이 인정되지만 이제 그 권리주체가 동물인지, 그 동물을 소유한 사람인지, 아니면 사람과 동물 모두에게 연대적으로 속한 것인지가 문제될 것이다. 또한 생명법익을 보호받아야 할 동물은 반려동물에 국한되는가 아니면 일반가축까지 포함하는가, 아니면 산과 들, 강물과 바다에 사는 동물들, 공중을 나는 야생의 동물들을 포함하는가 하는 문제이다. 동물학대죄에서 문제되는 것처럼 고통을 느끼고 표현할 줄 아는 척추동물들을 대상으로 삼는 것인지 그 종류와 보호범위를 정하는 문제도 난제거리가 될 것이다.

법무부는 이 민법개정을 계기로 앞으로 전문가 및 각계각층의 의견들을 수렴하여 민법상 반려동물개념도 신설하고 반려동물에 대한 압류를 금지하는 법안 등, 후속입법을 더 추진해 나갈 계획이라 한다. 더 상세한 입법조치들이 이어진다면 동물학대에 대한 처벌, 동물유기에 대한 처벌규정들도 등장할 것으로 보인다. 더 나아가 동물피해에 대한 배상의 수위가 높아지면 피조물의 자연질서에서 차별취급을 받던 동물들의 보호도 강화될 것이고, 생명존중의식을 중심으로 한 생태계에 대한 사람들의 안목이 근본적으로 바뀌어, 생명과 살림의 문화가 죽임의 문화를 삼키게 되는 멋진 날이 가까이 도래할지도 모를 일이다.

민법의 이런 변화는 법질서의 일체성·통일성(Einheit der Rechtsordnung) 관점에서 형법이나 그 밖의 법 분야에도 파장을 불러일으킬 것이다. 동물생명권보호를 선언하는 법조항은 체계상 환경·생태계보호 선언과 같은 맥락에서 헌법 속에 두는 것이 좋으리라는 생각이 든다. 왜냐하면 민법개정안(제98조의2)의 제1항에서 규정한 선언적 의미의 중요성은 제2항에서 법률에 특별한 규정이 있는 경우를 제외하고 물건에 관한 규정을 준용한다고 함으로써 당초의 큰 나팔소리를 스스로 잠식하고 말았기 때문이다. 그러므로 입법형식과 구체화될 핵심내용들에 관한 상세한 논의는 더 넓은 공론의 장에서 다루어져야 할 것으로 기대한다.

다만 민법상의 이런 변화는 법체계 전체와 특히 형법상의 법익체계에도 심대한 변화를 가져오리라 예상된다. 지금까지 동물은 형법상 물건에 불과했기 때문에 특별법상 동물학대죄를 일단 논외로 하면, 타인의 동물에게 사상을 입히는 행위는 재물손괴죄(형법 제366조)에 해당할 수 있으나 자기소유의 동물사상행위는 형법으로부터 자유로운 영역에 놓인다. 따라서 동물 생명권이 확립되고 동물생명이 인간생명과 물건 사이 어디쯤에 자리할 가치라면 형법체계 안에서 법익 체계적으로 적합한 위치와 새로운 자리매김이 필요할 것이다.

물건보다 동물생명의 위가(位價)가 몇 단계 높아지게 되면 사유논리상 필연적으로 인간의 생명에 대한 법적 평가와 그에 상응한 배려도 기존법 상태보다 상승되어야 할 것이다. 이런 맥락에서 볼 때 뇌사자, 식물

인간, 말기환자, 사형수의 생명, 영아살인죄의 영아, 낙태죄에서 태아, 인공수정에서 잉여수정란 내지 초기배아 등등의 생명에 대한 종래의 공리주의적 저울질들에 대한 새로운 성찰과 반성적인 논의들이 활발해지지 않을까 예상된다. 생명법익보호의 관점에서 보면 자기방어능력이 전혀 없거나 미미한 단계에서 지금까지 아무 말도 못하고 소리 없이 죽임당한 인간생명에 대해 법은 앞으로 자기방어능력을 갖춘 인간생명들보다 좀 더 두터운 방호막을 마련해 주는 방향으로 나가야 하지 않을까 사료된다. 인간생명의 존엄성과 가치관점에서 나오는 당연한 요청이기 때문이다.

이런 흐름과 관련하여 여기에서 간략히 거론하고 싶은 사안은 형법에서 낙태와 살인의 한계, 즉 태아와 사람의 한계에 관한 종전 통설과 판례의 입장인 진통시설(분만개시설)을 태아생명보호 이념에 맞추어 업그레이드할 필요성은 없는가 하는 점이다. 수태 후 20주 내지 22주가 지난 조산아라도 모체 밖에서 발육 · 성장할 수 있는 현대의학기술의 발달에 비추어 볼 때, 과연 진통시설이 사리에 합당한지 그리고 인간의 생명보호요청에 합치하는지 의문이 들기 때문이다. 더욱 심각한 의문점은 우리나라 모자보건법시행령 제15조 제①항이 모자보건법 제14조 각 사유에 따른 인공임신중절수술은 임신 24주일(개정 전엔 임신 28주일 이내) 이내까지 할 수 있다고 규정한 것이다.

위의 조건하에서 임신 24주를 지난 태아를 자연적인 분만기에 앞서 고의로 모체 안에서 살해하거나 부주의로 사망에 이르게 하여 사산시킨 경우를 어떻게 취급할 것인가? 전통적인 해석론에 따르면 고의가 있는 경우에 한해 낙태죄만 성립하고 그 밖에 살인이나 과실낙태가 문제될 것 없다는 결론에 이른다. 임신 24주가 지나 생존능력을 다 갖춘 태아를 모체 안에서 살해하면 낙태죄요, 모체 밖으로 이끌어 내어 살해하면 살인죄가 된다는 해석론이 과연 헌법적인 생명보호의 취지에 합치하며 또한 생명에 대한 일반인의 현실인식과 사리에 합당한지 의문이 아닐 수 없다.[28]

낙태문제의 비교법적 연구로 유명한 독일남부 Freiburg 소재 Max Planck 국제형법연구소가 2000년에 내놓은 연구결과에 따르면 전통 윤리적 · 종교적 관점에서 이미 태어난 사람의 생명과 아직 태어나지 않은 태아의 생명을 동등한 가치로 인식해온 폭넓은 일반인의 의식에 비추어 볼 때, 태아가 모체 안에 있었느냐 모체 밖에 있었느냐에 따라 낙태와 살인을 구별하는 형법해석론이 낡은 개념법학 사고의 산물일 뿐 경험실재적인 현실인식에 반한다는 점을 잘 지적해 주고 있다.[29] 만약 약 9개월된 태아를 모체 안에서 살해하여 사산시킨 행위를 단지 낙태죄라고만 한다면, 6개월이 지나 출산된 미숙아를 살해한 경우 살인죄로 취급해야 하는 법현실과 너무 동떨어진 괴이한 형법해석이라 하지 않을 수 없다.

동물생명가치를 물건의 범주로부터 평가 절상시키는 최근의 입법동향과 사회인식의 변화추세에 비추어 볼 때, 이제는 생명보호 전반에 관한 형법정책의 변화가 필요한 시점이라고 사료된다. 특히 낙태와 살인의 한계지음에 관한 통설의 고정관념을 근본적으로 수정할 필요가 있다.

첫째, 태아가 모체 안에 있건 모체 밖에 있건 의료적인 도움만 제공된다면 의료적으로 생존가능한 단계에 있는 한, 낙태를 전면 금지시키고, 그 단계이후에 일어난 낙태를 살인의 범주로 취급하는 방안이다. 오늘날 산부인과 의료기술의 발달수준에 비추어 태아의 모체 밖에서의 생존능력을 임신 후 약 20주 이후로 잡는 견해에 주목할 필요가 있다.[30] 그 결과 낙태죄 적용범위에 속한 낙태는 늦어도 임신 20주가 종료되기 전 시점까지라고 해야 할 것이다. 이 관점에서 보면 우리나라 모자보건법 시행령 제15조 제1항(임신 24주 이내의 낙태허용)은 낙태허용규정이 아니

---

28 김일수, "낙태와 살인의 한계—모자보건법개정안의 모색", 유일당 오선주교수 정년기념논집, 2001, 279면 이하 참조.

29 Eser/Koch, Schwangerschaftsabbruch im internationalen Vergleich, in: Forschung actuell, 2000, S.21ff.

30 W. Gropp, Der Embryo als Mensch: Überlegungen zum pränatalen Schutz des Menschen und der körperlichen Unversehrtheit, in: GA(2000.1), S.13: 독일의사협회도 임신 약 20주 내지 22주 이후의 조산아는 의료적으로 생존 가능한 것으로 보고 있다.

라 실제로 살인허용규정이라는 비난을 면키 어려워 보인다. 더구나 법률도 아닌 시행령으로 살인을 허용하는 조치를 취한다는 것은 법단계의 논리로 볼 때 그 자리매김이 잘못된 것이라 판단된다.

둘째, 모체 내에서 임신 20주를 지난 태아를 법적으로 사람과 동등하게 대우할 수 있다면, 모자보건법 제14조(인공임신중절수술의 허용한계)와 제28조(형법적용배제)에 대한 개정도 불가피해 보인다. 현행법상 낙태가 허용되는 임신 24주 이내인 태아라도 임신 20주가 넘은 경우에는 모자보건법상 낙태적응사유가 적용될 수 없기 때문이다. 이 경우에 허용될 수 있는 적응사유는 단지 긴급피난사유에 해당하는 의료적 적응사유, 즉 산모의 생명 · 건강이냐, 태아의 생명 · 건강이냐가 양자택일적으로 충돌할 경우에만 국한될 것이다. 이 경우의 낙태는 실제 살인과 같고, 이 단계에서 충돌하는 생명은 가치적으로 우열을 가릴 수 없기 때문에, 법적으로 정당화될 수 있는 사안이 아니라 면책적 긴급피난에 의해 면책될 사안으로 귀속될 것이다.

셋째, 낙태죄 구성요건에 "의료적으로 생존능력이 있는 임신 20주 안의 태아를 낙태한 경우"라고 명확히 명시해 둘 필요가 있다. 살인과 낙태의 구별은 형법적으로 중요한 규범의 보호영역인 반면, 그 한계설정이 보통사람의 눈에 가시적으로 명료한 것이 아니기 때문에, 종래의 낙태죄와 살인죄의 해석론만 가지고, 후기낙태를 살인죄로 규율하려면, 우리 헌법상의 원칙이기도 한 죄형법정원칙상 법률 명확성의 요구와 유추적용금지의 요구를 벗어날 위험이 크다.

넷째, 임신 20주 이후단계의 인간생명을 출산 이후의 사람생명법익과 가치적으로 동등하게 취급해야 하지만, 그 보호 정도와 그에 따른 법정형의 경중은 합리적으로 구별하여 규율할 필요가 있다. 현행 우리형법은 살인죄(형법 제2편 제24장)와 낙태죄(형법 제2편 제27장) 두 축으로써 인간생명을 직접 보호한다. 태아와 사람의 구별시점은 진통시(분만개시)이다. 그러나 형법은 보통살인죄(제250조 제1항)와 존속살인죄(제250조 제2항) 외에 영아살해죄(제251조)를 두고 있다. 영아는 "분만 중 또는 분만직후"의 사람으로 규정한다. 그리고 보통살인은 사형, 무기 또는 5년 이상의 징역형에 처하지만, 영아살해는 10년 이하의 징역에 처한다.

영아도 사람이라면 이와 같은 법정형의 차이가 비록 "직계존속이 치욕을 은폐하기 위하거나 양육할 수 없음을 예상하거나 특히 참작할 만한 동기"같은 책임비난 감경사유를 참작사유로 열거하고 있음에도 불구하고, 영아를 차별대우한다는 비판에서 자유롭지 못하다. 그래서 전통적으로 이것을 별도의 죄로 규정했던 독일도 그 규정을 삭제하여 차별을 철폐했고, 구체적인 재판절차에서 양형참작사항으로 고려할 수 있게 법관의 처분에 맡겼다. 헌법의 구체화 규범인 형법의 이러한 조치가 헌법의 이념에 더욱 합치하는 것으로 사료된다. 형법 정책적으로 우리형법도 후기낙태를 영아살해죄 법정형의 보호 정도 아래 두고, 영아살해죄규정은 삭제하고 영아살해를 보통살인죄의 보호영역에 포함시키는 방안도 고려해 볼 일이라 생각한다.

이렇게 함으로써 우리는 비로소 불법적인 낙태(Abtreibung)와 합법적인 임신중절(Schwangerschaftsabbruch)의 구별, 불법적인 낙태와 불법적인 살인 사이의 구별 및 합법적인 임신중절과 불법적인 살인 사이의 한계를 보다 더 합리적으로 정할 수 있을 것이다. 이런 세분화가 이뤄질 때 우리는 형법이 전통적으로 마련해 둔 생명보호 장치들을 가치합리적 · 목적합리적으로 적절하게 활용할 수 있을 것이다.

VI. 결 론

현대사회를 복합위험사회라고 지칭하듯 우리의 생명과 신체적 · 정신적 건강도 예측하기 힘든 대량위험에 노출되어 있다. 법이 사회통제와 사회통합의 수단이라면 또한 법은 위험사회를 통제할 수 있는 실효성 있는 제도가 되어야 한다.[31] 그러려면 법을 통한 생명보호의 관점들도 현실의 생명위험상황에 적절히 대처할 수 있는 기동성 있는 법정책의 수행을 필요로 한다. 개인의 윤리의식과 책임의식만으로써 생명보호가 이루어지리라 기대하는 것은 이미 세속화하고 이기적으로 변질된 지 오랜 현대사회에서 낭만적인 꿈일지 모를 일이기 때문이다.

하지만 법은 윤리의 최소한이며, 또한 사회통제와 규율의 최후수단이란 점을 잊어서는 안 된다. 최근 들어 공론의 절차과정을 충분히 거치지 않은 채, 군사적인 번개작전식으로 졸속 양산되는 법률들을 우리는 근심스러운 눈으로 지켜보고 있다. 어떤 정파적 이익을 위해 다수의 힘으로 밀어붙여 만들어내지만, 다수국민의 공감을 받지 못할 입법들은 국민의 건전한 법의식으로부터 퇴짜를 맞아 곧 실효성 없는 법률로 추락할 가능성이 높다. 국민 다수로부터 쓸모없는 법률, 집단이기적인 법률, 설익은 졸속법률로 경멸받는 법률이 자꾸 쌓여만 가면 최소한 윤리원칙에 맞는 탁월한 법률에도 오물을 끼얹어 좋은 법률 일반에 대한 신뢰까지 실추시키고 만다. 이런 불신이 만연한 사회는 통합은 고사하고 갈기갈기 찢기어 정글로 변하고 말 것이다. 이 같은 경솔한 일을 주저하지 않는 의회는 머리를 쓸 필요 없는 통법부일지언정 헌법적 의미에서 진지하고 진정한 입법부라고 말하기 어렵다.

법은 양날의 칼과 같아서 법을 통해 생명을 보호하기도 하지만 법이 생명을 파괴시키기도 한다. 무엇이 좋은 법이고 무엇이 나쁜 법인지는 여기에서 판가름 난다. 더 나아가 법은 평화로운 공동생활을 유지 · 발전시키는 데 결할 수 없는 도구이지만, 절대로 과용되거나 남용되어서는 안 된다. 사회의 공동생활에 필요한 최소한의 외부적 조건들을 보장하는 데 그쳐야 좋은 법이 될 수 있다. 사회의 평화로운 공존이라는 근본상황을 유지하고 보호하는 울타리가 법이지, 윤리장전처럼 사람의 내면까지 파고들어가 일일이 간섭하고 잔소리하는 것이 법이 아니다.

---

31 울리히 지버, 전세계적 위험사회에서 복합적 범죄성과 형법, 2011, 한국형사정책연구원, 153면 이하.

그러므로 특히 생명가치가 가볍게 업신여김 받는 위기의 현대사회에서도 법을 통한 생명보호에서 법은 될 수 있는 대로 절제되고 겸손해야 한다. 인격의 주체인 인간의 자율적인 자기실현과 자기완성의 가능성을 법은 미리 전제하고 보충성의 원칙 안에서 출발해야 하는 때문이다. 특히 형법은 종교와 윤리 및 교육이 스스로 그 역할을 담당하도록 그 자리를 양보해야 한다. 보충적인 법익보호수단답게 인내하며 뒤따라가다가 참지 못할 지경에 이르렀을 때, 비로소 필요한 만큼 발을 벗고 나서는 게 상책이다. 형사정책은 사회정책의 최후수단(von Liszt)이기 때문이다.

참고문헌

김일수, "안락사문제의 실정법적 연구", 『현대사회』 1984/봄호, 현대사회연구소.

______, 법 · 인간 · 인권, 박영사, 1996.

______, 한국형법 I 개정판, 박영사, 1996.

______, "낙태와 살인의 한계－모자보건법개정안의 모색", 유일당 오선주교수 정년기념 논집, 2001.

______, 좋은 나라 꿈꾸는 작은 소금이야기, 세창미디어, 2003.

______, 우리시대의 자화상, 세창미디어, 2004.

______, 형법질서에서 사랑의 의미, 세창출판사, 2013.

______, "낙태죄 개정에 대한 소견－태아의 생명권과 임신부의 자기결정권 사이에서", 2020.11.27.(긴급진단, 낙태법 개정 제대로 가고 있는가?), 바른 인권여성연합주관 토론회 자료집, 26면.

김일수 · 서보학, 형법각론 제9판, 박영사, 2018.

로널드 드워킨, 생명의 지배영역－낙태, 안락사 그리고 개인의 자유, 박경신 · 김지미 역, 이화여대 생명의료법연구소, 2008.

울리히 지버, 전세계적 위험사회에서 복합적 범죄성과 형법, 한국형사정책연구원, 2011.

체사레 베카리아, 범죄와 형벌, 한인섭 역, 박영사, 2010.

허영, 한국헌법론, 박영사, 1998.

Eser/Koch, Schwangerschaftsabbruch im internationalen Vergleich, in: Forschung actuell, 2000.

Gropp, W., Der Embryo als Mensch: Überlegungen zum pränatalen Schutz des Menschen und der körperlichen Unversehrtheit, in: GA(2000.1).

Hoefler, James M./Brian M. Kamoie, Deathright-Culture, Medicine, Politics, and the Right to Die, 1994.

Kim, Il-Su, Der Schutz des embryonalen Lebens in der pränidativen Phase, in: B. Schünemann/Il-Su Kim(Hrsg.), Lebensschutz im Strafrecht, KIC, 2013.

Laber, J., Der Schutz des Lebens im Strafrecht, 1997.

Leist, A., Eine Frage des Lebens. Ethik der Abtreibung und künstliche Befruchtung, 1990.

Menzel, H., Kriterien für einen einen Behandlungsabbau, in: A. Eser(Hrsg), Suizid und Euthanasie, 1976.

Opderbecke, H. W., Grenzen der ärztlichen Behandlungspflicht, in: ibid

Roxin, C., Lebensschutz im Strafrecht-Einführung und Überblick, in:B.Schünemann/ Il-Su Kim(Hrsg), KIC, 2013.

Der Wert menschlichen Lebens in Zeiten der Pandemie

Gunnar Duttge

I. Das Abwägungsdogma und seine blinden Flecken

Eine zentrale wie fundamentale These aus dem Opus magnum *Eberhard Schockenhoffs*, seiner „Ethik des Lebens", beschreibt eindrücklich die leib-seelische Einheit des Menschen in der Fremd- wie Selbsterfahrung und streitet — aus philosophischer Warte — entschieden für eine untrennbare „Zusammengehörigkeit von Personalität und Leiblichkeit, Personsein und Menschsein".[1] Auf dieser Grundlage müssen — so *Schockenhoff* — auch die Fundamentalnorm der Menschenwürdegarantie (als „unverzichtbarer Kern eines menschenrechtlichen Vernunftethos"[2]) und ihre „vitale Basis" zwangsläufig

1 *Schockenhoff*, Ethik des Lebens. Grundlagen und neue Herausforderungen, 2009, insbes. S. 137.

2 *Schockenhoff* (Fn 1), S. 233.

zusammenrücken in dem Sinne, dass „die Personwürde des Menschen auch die Dimension seines leiblichen Daseins einschließt".[3] Dies gilt selbst dann, wenn — in christlich-theologischem Verständnishorizont — das menschliche Leben auf ein eschatologisches Heil des Jenseitigen bezogen wird, weil auch hierbei die Einzigartigkeit und „Einmaligkeit des irdischen Lebens"[4] nicht übersehen, sondern vielmehr vorausgesetzt ist. Weil die irdische Existenz eines Menschen die unerlässliche Grundbedingung für die Inanspruchnahme aller Formen individueller Freiheit bildet, weil sich der Mensch auch in seinem Vermögen zur „moralischen Selbstbestimmung nicht anders als in seinem Leib und durch seinen Leib gegeben ist"[5], muss das Leben eines Jeden als „das schlechthin fundamentale Gut"[6] jeder Normen- und daher auch der Rechtsordnung aufgefasst werden.

In einem Podcast seiner Freiburger Universität[7] kurz vor seinem viel zu frühen Ableben griff er diesen Zentralgedanken mit Blick auf die aktuelle Debatte zu den rechtlichen und ethischen Zweifelsfragen rund um die sog. „Corona-Krise" ebenso wie zuvor bereits in einem Interview für die Katholische Nachrichtenagentur[8] auf, indem er die physische Existenz des Menschen als schlechterdings fundamental werthaltig und die damit normativ verknüpfte Rechtsbefugnis („Recht auf Leben") als exzeptionelles, gegenüber allen anderen Berechtigungen unvergleichliches „Alles-oder-Nichts-Recht" bezeichnete. Dennoch gab er dem Bundestagspräsidenten *Schäuble* recht, der bereits

---

3 *Schockenhoff* (Fn 1), S. 147.

4 *Schockenhoff* (Fn 1), S. 179.

5 *Schockenhoff*, Härle/Vogel (Hrsg.), "Vom Rechte, das mit uns geboren ist". Aktuelle Probleme des Naturrechts, 2007, S. 248, 257.

6 *Schockenhoff* (Fn 1), S. 242.

7 https://videoportal.vm.uni-freiburg.de/video/Corona-und-Ethik-Eberhard-Schockenhoff/73234db0cb98379723214c2bb45d37ae.

8 https://www.domradio.de/themen/ethik-und-moral/2020-04-30/leben-nicht-gegeneinan-aufrechnen-theologe-schockenhoff-zu-abwaegungen-von-grundrechten.

frühzeitig kundtat, dass im Kampf gegen den Virus dem Schutz des Lebens nicht alle anderen Wertbelange und Grundrechte untergeordnet werden dürften.[9] Es komme vielmehr auf eine „Abwägung“ unter Beachtung insbesondere der Verhältnismäßigkeit aller Freiheitsbegrenzungen an, weil „die als Schutz beabsichtigten Maßnahmen [ihrerseits, *G.D.*] mittelbar negative Folgen haben und damit selbst wieder Leben gefährden können“.[10] Zudem lassen sich die Grundfreiheiten des freiheitlichen Verfassungsstaates wie etwa Versammlungs- oder Religionsfreiheit auch generell allenfalls vorübergehend einschränken, nicht aber dauerhaft suspendieren.[11] Wo dabei allerdings des Näheren die Grenze verlaufe, könne nicht in abstracto markiert werden, sondern sei letztlich dem (weitreichenden) „Gestaltungsspielraum der Politik“ (*Schockenhoff*) in ihrem „vorsichtigen Herantasten“ (*Schäuble*) überantwortet.

Die Vagheit, ja konzeptionelle Schlicht- und realitätsferne Abstraktheit dieser so gar nicht praktisch operationablen Konkordanz-Vorstellung ist geradezu mit Händen zu greifen, wenn sie doch gewährleisten soll, dass Lebens- und Gesundheitsschutz wie auch ökonomische und soziale Dimensionen der Kollisionslage gleichermaßen „möglichst weit zur effektiven Geltung kommen.“[12] Ihr dürfte es auch wesentlich zu verdanken sein, dass über die Angemessenheit von Freiheitsbeschränkungen innerhalb unserer Gesellschaft ein anhaltend tiefgreifender Dissens besteht — mit der Perspektive fortwährender konflikt-

---

9 *Schäuble*, Der Tagesspiegel v. 26.4.2020; s. auch ders., Die Zeit v. 1.1.2021: „Wir können nicht um jeden Preis jedes Leben schützen, und alles andere muss dahinter zurücktreten“.

10 *Schockenhoff*, Interview v. 30.4.2020 (Fn 8); s.a. Battis, Die Welt v. 29.3.2020: "Die Medizin darf nicht gefährlicher sein als die Krankheit"; ähnlich *Mukerji/Mannino*, Covid-19: Was in der Krise zählt, 2020, S. 76.

11 Z.B. *Kersten/Rixen*, Der Verfassungsstaat in der Corona-Krise, 2020, S. 58 ff.; s. auch *Schmitz/Neubert*, NVwZ 2020, 666 ff.

12 *Kersten/Rixen* (Fn 11) S. 143: „kein mathematisches Kalkül“; s.a. *Thielbörger/Behlert*, https://verfassungsblog.de/covid-19-und-das-grundgesetz-neue-gedanken-vor-dem-hintergrund-neuer-gesetze/: „ausgewogenes Verhältnis“.

trächtiger Auseinandersetzungen im Lebensalltag. Hieran gemessen wird das Recht also seiner „friedenstiftenden Funktion"[13] (jenseits der willkürlich anmutenden Detailregelungen) ganz evident nicht gerecht, und rein lebenspraktisch mehren sich die Anzeichen, dass der bisherige Versuch einer politischen Steuerung mittels dosierter (und fortlaufend angepasster) regulativer „Power" (die dennoch vielen übermäßig erscheint) die gesundheitliche Krisenlage nicht beseitigt, sondern eher noch verschlimmert hat. Das BVerfG fand hingegen selbst eine Ausgangssperre – im Rahmen eines Eilverfahrens – nicht als offensichtlich verfassungswidrig, weil die damit einhergehende – durchaus gewichtige – Einschränkung der persönlichen Freiheit „gegenüber den Gefahren für Leib und Leben ··· weniger schwer [wiege]."[14]

Nun ist es gewiss keine sinnhafte Aufgabe einer rechts- wie medizinethischen Analyse, der Politik ihr anfängliches Bemühen um eine ad-hoc-Steuerung nach Maßgabe von „trial and error" vorzuhalten.[15] Bedeutsam ist vielmehr, dass bis heute ein spezifisch normwissenschaftliches Defizit an konzeptioneller Klarheit zu beklagen ist, die mit dem hehren Schlagwort vom „Pragmatismus *nach Plan*"[16] ernst macht und die (jedenfalls empfundene) Willkürlichkeit der Maßnahmen – schlaglichtartig anhand der Debatte um den „richtigen" Inzidenzwert („35 ist die neue 50")[17] augenfällig geworden[18] – durch rational

---

13 Grdl. *Jellinek*, Allgemeine Staatslehre, 3. Aufl. 1921 (Neudruck 1960), S. 454 ff.; *Kimminich*, in: Böhme (Hrsg.), Gewalt oder Recht?, 1982, S. 9 ff.

14 BVerfG NJW 2020, 1429, 1430 (m. krit. Bspr. *Katzenmeier*, MedR 2020, 461 ff.).

15 Nachdrücklich zur Notwendigkeit eines „Lernens aus der Praxis" *Windhöfel*, JZ 2020, 455, 457.

16 *Lübbe-Wolff*, FAZ v. 24.3.2020, S. 11.

17 https://www1.wdr.de/nachrichten/corona-inzidenzwert-lockerungen-100.html.

18 Z.B. *Schrappe/Glaser* u.a., Ad-hoc-Stellungnahme: Die Pandemie durch SARS-CoV-2/ COVID-19 – Gleichgewicht und Augenmaß behalten, 18.10.2020, S. 6: „hermeneutischer Tunnelblick ···, der keine anderen Informationen mehr zulässt"; gegen eine Verabsolutierung des Inzidenzwertes (7-Tages-Inzidenz pro 100.000 Einwohner) kürzlich auch das *RKI*, Strategiepapier zur Entwicklung von Stufenkonzepten, Stand. 18.2.2021, S. 3 (https://www.rki.de/DE/Content/InfAZ/N/Neuartiges_Coronavirus/Downloads/Stufenplan.pdf?__blob=publicationFile).

begründete ersetzt. Die zentrale Aufgabe lautet daher: Wie lässt sich die verfassungsrechtlich wie moralphilosophisch in abstracto unbestreitbare Idee ganzheitlicher „Harmonisierung“ — und damit ad principium wechselseitiger Limitierung — der hehren „Werte“ unter maßgeblicher Einbeziehung ihrer realen Erzeugungs- und Geltungsbedingungen sachgerecht — nicht zuletzt auch methodisch-wissensbasiert — konkretisieren?[19] So gefragt versteht sich geradezu von selbst, dass am Anfang eine zuverlässige Ermittlung der relevanten rechtstatsächlichen Gegebenheiten stehen muss.

II. Die virologischen und epidemiologischen Fakten

Nach einem Bonmot *Josef Isensee*s bedürfen nicht nur Normen, sondern auch die tatsächlichen Umstände einer Interpretation;[20] in Bezug auf die Risikolage durch den SARS-CoV-2-Virus (Covid-19) gilt die Expertise des *Robert-Koch-Instituts* (RKI) weithin als seriös und verlässlich. Danach[21] — Stand Februar 2021 — ist dem neuen Beta-Coronavirus das Potential eigen, nach seiner respiratorischen Aufnahme (Atmen, Husten, Sprechen, Singen, Niesen) nicht lediglich milde Erkältungskrankheiten, sondern schwere Lungenentzündungen bis hin zum tödlichen Versagen des Gesamtorganismus hervorzurufen. Weil der

---

19 Ähnlich bereits *Hase*, JZ 2020, 697, 698, wonach „ein Verfassungsdenken, das sich mit einem Abwägen allgemeiner Werte begnügt“, die gesellschaftlich relevanten Sach- und Regelungsstrukturen immer weniger erreiche.

20 *Isensee*, FAZ v. 5.6.2020.

21 Zum Folgenden *RKI*, Steckbrief zu SARS-CoV-2 und COVID-19, Stand: 25.2.2021, https://www.rki.de/DE/Content/InfAZ/N/Neuartiges_Coronavirus/Steckbrief.html;jsessionid=8C0268CD4B8E00977AF6A62BB3D4521B.internet051.

SARS-CoV-2-Erreger zu seiner Einnistung in die Wirtszellen das Enzym ACE-2 als Rezeptor verwendet, das in höherer Dichte in vielen Organen des Menschen (nicht bloß im Atemwegstrakt und in der Lunge) anzutreffen ist, kann der Virus nicht nur (wie häufig) pulmonale Erkrankungen hervorrufen, sondern auch das neuronale System, den Magen-Darm-Trakt und die Leber-sowie Nierenfunktion angreifen und ebenso kardiovaskuläre Erkrankungen (wie insbesondere Myokarditis, Herzrhythmusstörungen) sowie (bei schwer erkrankten COVID-19-Patienten) Co-Infektionen (Bakterien und Pilze) verursachen oder jedenfalls beschleunigen. Zunehmend werden – auch bei leichteren Erkrankungsverläufen – Langzeitfolgen (insbesondere neurologische Beeinträchtigungen) registriert; repräsentative Daten zum quantitativen Aufkommen gibt es bislang keine.

Epidemiologisch sind von dieser Virusinfektion vor allem ältere (ab ca. 50 Jahren mit stetig steigendem Risiko bei Zunahme des Lebensalters) und adipöse Personen sowie Menschen mit Vorerkrankungen (u.a. auch schon infolge eines geschwächten Immunsystems bei regelmäßiger Medikamenteneinnahme) betroffen. Bekannt ist zudem eine auffällige Betroffenheit von Pflege- und Seniorenheimbewohnern/Innen sowie von Betreuten in Hospizeinrichtungen. Diese konstitutionell und/oder räumlich bedingten „Risikogruppen" schließen jedoch die Erkrankung und selbst schwere Krankheitsverläufe bei anderen Personen nicht aus: Kinder und Jugendliche scheinen zwar grundsätzlich weniger infektiös als Erwachsene zu sein, doch sind sie vom Infektionsgeschehen keineswegs ausgeschlossen und ist das Aufkommen von Magen-Darm-Erkrankungen womöglich sogar häufiger; zudem sind insbesondere bei Säuglingen und Kleinkindern auch schwere Verläufe beschrieben. Von den Erkrankten müssen in Deutschland ca. 10% stationär versorgt werden; hiervon bedurften nach Maßgabe von Auswertungen der ersten Welle ca. 14% einer intensivmedizinischen Betreuung. In diesem Zeitraum betraf die Letalität beinahe die Hälfte der Intensivpatienten (47%); gemessen an der Gesamtzahl der

Hospitalisierten wird für Deutschland die Letalitätsrate mit gut 20% angegeben.

Eine zweifelsohne auch normativ relevante Besonderheit besteht darin, dass die Infektionsgefahr nicht erst mit Ausbruch der Erkrankung beim „Spreader" einsetzt, sondern es sich um ein (wesentlich auch) asymptomatisches Infektionsgeschehen handelt. Zwar liegt die Kontagiosität in der Zeit um den Symptombeginn am höchsten, doch erfolgt allem Anschein nach ein bedeutsamer Teil der Transmissionen bereits vor dem Auftreten erster klinischer Symptome. Ein weiterer relevanter Faktor ist die Dynamik des Erkrankungsgeschehens: Bezogen auf die erste Welle lag der statistische Mittelwert zwischen Symptomausbruch und stationärer Aufnahme bei ca. vier Tagen, häufig mit zeitnaher Verlegung auf die Intensivstation. Bei den schweren Verläufen betrug die Zeitdauer von Ausbruch der Erkrankung bis zum Todeseintritt lediglich 11 Tage; in multinationalen Studien wurde ein statistischer Mittelwert von 16-18 Tagen ermittelt. Ein dritter Umstand ist die fortbestehende Unsicherheit, wo genau sich die bisher Infizierten tatsächlich angesteckt haben: Zwar lassen sich die (individuellen, räumlichen und situativen) Risikofaktoren benennen, aber es fehlt jedwede Datenbasis über die tatsächlichen Infektionsereignisse: In einem "Lagebericht" hat das *RKI* Ende Oktober 2020 in Bezug auf die gemeldeten Fälle neben den Pflege- und Seniorenheimen vor allem auch „private Haushalte", „Flüchtlingsheime" und ebenso „Krankenhäuser" / „Arztpraxen", weniger dagegen „Kitas" und „Ausbildungsstätten" (u.a. Schulen) und noch viel weniger „Verkehrsmittel" ausgemacht, zugleich jedoch eine zurückhaltende Interpretation der Daten angemahnt.[22] In einer aktuellen Einschätzung finden sich auf Basis eines dreistufigen Klassifizierungsschemas der Öffentliche Nahverkehr mit einer mittleren Risikoträchtigkeit („moderat") versehen, ebenso wie Kitas und Schulen,

---

22 https://www.rki.de/DE/Content/InfAZ/N/Neuartiges_Coronavirus/Situationsberichte/Okt_2020/2020-10-20-de.pdf?__blob=publicationFile.

Universitäten, die Gastronomie sowie „religiöse Zusammenkünfte."[23] Dies alles macht jedoch augenfällig, dass eher überschlägige Plausibilisierung denn fundiertes konkretes Wissen vorherrscht. Und auch das „Sozialprofil des Infektionsgeschehens" ist — so etwa der Göttinger *Soziologe Berthold Vogel* — noch immer weitgehend unbekannt.[24]

Zuletzt haben noch zwei spezifische „known unknowns"[25] die Komplexität und Unkalkulierbarkeit der lebensbedrohlichen Risikolage wesentlich erhöht: Zum einen sind inzwischen (mindestens) drei Virus-Mutationen im Umlauf, von denen die britische Variante (B.B.1.7.) eine deutlich erhöhte Übertragbarkeit aufweist und womöglich mit einer erhöhten Fall-Sterblichkeit einhergeht.[26] Für die südafrikanische (B.1.351) und die brasilianische (P.1) SARS-CoV- 2-Variante wird ebenfalls eine erhöhte Transmissibilität diskutiert, vor allem aber angenommen, dass sie eine Verminderung der Sensibilität gegen neutralisierende Antikörper bewirken könnten, was eine reduzierte Wirksamkeit der körpereigenen Immunantwort bzw. von Impfstoffen erwarten ließe. Ohnehin sind deren Effektivität und Sicherheit allein auf Basis des „Wildtyps" (Ausgangserregers) getestet, und erste Laborstudien legen nahe, dass insbesondere die bereits zugelassenen Impfstoffe möglicherweise nur abgeschwächt vor Infektionen mit einer der Mutationen schützen.[27] Weiterhin ist auch der zeitliche

---

23 *RKI*, Strategiepapier (Fn 18), S. 6 („Toolbox").

24 *Vogel*, Expertenanhörung vor dem „Sonderausschuss Pandemie" des Niedersächsischen Landtages v. 8.2.2021 (Thesenpapier, Vorlage 14 zu LT-Drs. 18/7603).

25 *Kraft/Rott*, in: Duttge/Lenk (Hrsg.), Das sogenannte Recht auf Nichtwissen. Normative Fundamente und anwendungspraktische Geltungskraft, 2019, S. 21, 35 ff.; *Wilkesmann*, in: dies./Steden (Hrsg.), Nichtwissen stört mich (nicht), 2019, S. 9, 20 ff.

26 *RKI*, Sars-CoV-2: Virologische Basisdaten sowie Virusvarianten, Stand: 23.2.2021, https://www.rki.de/DE/Content/InfAZ/N/Neuartiges_Coronavirus/Virologische_Basisdaten.html;jsessionid=1994C4FEEFB3D3E65139D7554CF17D50.internet051?nn=2386228; die aktuellste Studie von *Challen/Pollok* et al (British Medical Journal, 10.3.2021, doi:) hat eine höhere Infektiösität im Ausmaß von 59-74 & und eine höhere Sterblichkeit um 64 & ermittelt.

27 Ärzteblatt v. 21.1.2021 und v. 24.2.2021.

Effekt einer Impfung unsicher und nicht einmal ausgeschlossen, dass geimpfte Personen — jedenfalls vorübergehend — auch bei Ausbleiben von Krankheitssymptomen dennoch den Virus weitertragen.[28] Das *RKI* schätzt daher die aktuelle Risikolage weiterhin als „sehr hoch“ ein: „Die anhaltende Virkuszirkulation in der Bevölkerung (…) erfordert die konsequente Umsetzung kontaktreduzierender Schutzmaßnahmen sowie massive Anstrengungen zur Eindämmung von Ausbrüchen und Infektionsketten.“[29]

III. Das Bewertungsproblem

Die Komplexität und Unkalkulierbarkeit des infektionsbezogenen „Realgeschehens“ stellt daher jeden verfassungsgebundenen Normgeber vor eine „Herkules“-Aufgabe: wie Leben und Gesundheit der Bevölkerung so geschützt werden können, dass zugleich der für jedweden Grundrechtseingriff maßgebliche Verhältnismäßigkeitsgrundsatz gewahrt bleibt. Weil in der grundrechtsdogmatischen Theoriebildung allerdings der Lebens- und Gesundheitsschutz nicht die klassische abwehrrechtliche Dimension betrifft, sondern eine sog. „objektivrechtliche Schutzverpflichtung“, verbindet sich hiermit kategorial eine weitreichende Relativierung zugunsten der primär berufenen rechtssetzenden Instanzen (Gesetz- und Verordnungsgeber) und lässt im Vergleich dazu die

---

28 So auch die Annahme des *Deutschen Ethikrates*, Ad-hoc-Empfehlung: Besondere Regeln für Geimpfte?, 2021, S. 2 f.

29 *RKI*, Täglicher Lagebericht zur Corona-Virus-Krankheit (COVID-19), Stand: 27.2.2021, S. 10, https://www.rki.de/DE/Content/InfAZ/N/Neuartiges_Coronavirus/Situationsberichte/Feb_2021/2021-02-27-de.pdf?__blob=publicationFile.

verfassungsrechtliche Normprüfung anhand des Übermaßverbotes weit schärfer ausfallen als bei der Frage des Untermaßverbotes.[30] Wie sich etwa im Kontext des Umwelt- und Klimaschutzes zeigt, hat diese grundrechtsdogmatische Klassifizierung — jedenfalls in der Grundtendenz — eine substantielle Schwächung jener nur einer „unbestimmten Handlungsaufforderung"[31] unterliegenden „Schutz-Werte" zur Folge.[32] Von hier aus war es wohl vorprogrammiert, dass die Kritik des verfassungsrechtlichen Schrifttums nahezu ausschließlich um das Entstehen eines freiheitsrechtlichen „Ausnahmezustandes",[33] gar eines „faschistoid-hysterischen Hygienestaates"[34] — noch dazu als nicht bloß vorübergehendes Phänomen[35] — oder um ein — notabene: durch die Normgeber geschaffenes (!) — „Klima der Angst"[36] besorgt war, gerne mit Verweis auf den verfassungsrechtlichen Gesetzesvorbehalt beim Lebensgrundrecht im Unterschied zu Art. 1 Abs. 1 GG.[37] Dass die Maßnahmen dem Katastrophenszenario massenhaft und heimtückisch bedrohter Menschenleben geschuldet waren (und sind), trat dabei groteskerweise eher als „Krankheitsvermeidungsabsolutismus"[38] in Erscheinung. Vereinzelt wurde gar ein gänzliches „Unterlassen auf eingreifende Maßnahmen"

---

30 Hiergegen verstößt der Normgeber nur, wenn er gänzlich untätig bleibt oder Maßnahmen ergreift, die „offensichtlich ungeeignet" oder „völlig unzulänglich" sind: z.B. BVerfGE 125, 39, 78 f.; 142, 313, 337.

31 *Hofmann/Lukosek/Schulte-Rudzio*, GSZ 2020, 233, 236.

32 Zu den fraglichen Erfolgsaussichten einer Verfassungsbeschwerde zur Durchsetzung verstärkter Klimaschutzmaßnahmen z.B. *Groß*, NVwZ 2020, 337 ff.: bisher ist noch kein einziges Mal ein Versäumnis des Gesetzgebers bei der Erfüllung grundrechtlicher Schutzpflichten im Bereich des Umweltschutzes festgestellt worden!

33 *Fuchs*, DÖV 2020, 653 ff.: „Legiszid"; *Kotzur*, in: v. Münch/Kunig (Hrsg.), Grundgesetz-Kommentar, 7. Aufl. 2021, Art. 20 Rn 176: „Ausnahmezustandsszenario".

34 *Heinig*, Verfassungsblog 2020/3/17; s.a. *Fuchs*, DOV 2020, 653, 654: „Corona-Gesundheitsdiktatur".

35 *Papier*, FAZ v. 2.4.2020; *Wißmann*, FAZ v. 20.3.2020; ähnlich *Kingreen*, FAZ v. 25.2.2021, S: 6: „Sonderregime ohne Ende".

36 *Lepsius*, FAZ v. 25.4.2020.

37 *Goldhammer/Neuhöfer*, JuS 2021, 212, 213: *Kingreen*, FAZ v. 25.2.2021, S: 6: kein „Leben und Gesundheit über alles".

38 *Volkmann*, Gespräch mit Michael Köhler im Deutschlandfunk v. 10.4.2020.

im „Vertrauen auf die Selbstbestimmung [gemeint wohl: Selbstverantwortung] der Bevölkerung“ als „gute Lösung“ empfohlen.[39] Verantwortungsloses Untätigbleiben statt rechtzeitiger Krisenintervention kann aber nun wirklich keine ernstzunehmende Devise sein, denn die Pandemie erzwingt den „Ernstfall des grundrechtlichen Schutzes“[40]: Wenn sich staatliches Reagieren dann als untauglich und unzulänglich erweist, „erledigt sich die Frage des Abwehrrechts von selbst.“[41] Vor diesem Hintergrund konstatiert der Bremer Verfassungs- und Gesundheitsrechtler *Hase* mit großem Recht eine veritable „Krise des Verfassungsdenkens“ und mahnt „neue Konzepte und Formen des Argumentierens, Regelbildens und Entscheidens“ an.[42]

Nun liegt es geradezu auf der Hand, dass die abstrakte Wertigkeit der betroffenen Rechtsgüter – wiewohl selbstredend ein gewichtiger Umstand – das Feld möglicher Bewertungsfaktoren nicht erschöpft:[43] Ohne jeden Zweifel ist auch die Nähe/Wahrscheinlichkeit oder Ferne/Unwahrscheinlichkeit der Risikoverwirklichung normativ bedeutsam, so wie im Rechtsdiskurs meist (begrifflich unscharf) zwischen konkreter und abstrakter Gefahr differenziert wird. Bei akuter Lebensgefahr zeigt sich aber wiederum die einzigartige normative Qualität dessen, was auf dem Spiele steht: Nach der in moralischer Alltags- wie professioneller Rechtspraxis (vgl. z.B. § 323c StGB, RettungsdienstG) fest verankerten „Rule of Rescue“[44] beansprucht die Erhaltung unmittelbar gefährdeter Überlebensinteressen von Mitmenschen unbedingten Vorrang vor

---

39 *Dumbs*, NJOZ 2021, 65, 72 f.

40 *Isensee*, FAZ v. 5.6.2020.

41 Treffend *Isensee*, ebd.

42 *Hase*, JZ 2020, 697, 703 f.; auch *Kingreen* (FAZ v. 25.2.2021, S. 6) konstatiert „methodische Probleme und Defizite bei der Abwägung“.

43 Insoweit zutr. *Katzenmeier*, MedR 2020, 461, 463: sonst drohte der normative Diskurs über Notwendigkeit und Angemessenheit der Maßnahmen „bereits im Keime zu ersticken“.

44 Soweit ersichtlich wohl erstmals auch begrifflich *Jonsen*, Law, Medicine and Health Care 1986, 172 ff.

allen anderen (individuellen wie kollektiven) Pflichten und Interessen, selbst wenn dies erhebliche „Kosten“ abverlangt. Dies zeigt sich beispielsweise gerade mit Blick auf die im hiesigen Kontext hochrelevante Frage der Impfpriorisierung (vgl. §§ 2 ff. CoronaImpfV),[45] die zwar im Detail (z.B. bzgl. der Klassifizierung von Lehrern/Innen und Erziehern/Innen in Kitas) kontrovers diskutiert worden ist, nicht aber in der grundsätzlichen Ausrichtung zugunsten der besonders „Bedürftigen“. Das gemeinsame Positionspapier der *STIKO* (Ständige Impfkommission), des *Deutschen Ethikrates* und der *Nationalen Akademie der Wissenschaften Leopoldina* stellt hierzu überzeugend fest: „Gleiche Gefährdungslage begründet gleichen Versorgungsanspruch (…), ungleiche Gefährdungslage rechtfertigt und erfordert ungleiche Versorgung – Wenn eine Person (…) deutlich höher gefährdet ist als die Allgemeinbevölkerung, selbst schwerwiegend oder sogar tödlich zu erkranken (…), dann ist es aus Gründen der Gerechtigkeit angemessen, diese Person bevorzugt zu behandeln.“[46]

Der Grund hierfür speist sich ganz offensichtlich aus der besonderen Qualität der jeweils individuellen menschlichen Existenz, wie sie innerhalb der bestehenden normativen Ordnung Anerkennung gefunden hat: Auf dem Boden der Menschenwürdegarantie darf der Einzelne gegenüber jedermann beanspruchen, als nicht verrechenbares „Subjekt“, klassisch: als unhintergehbarer „Zweck an sich selbst“ respektiert zu werden.[47] Diese besondere Auszeichnung

---

45 Bundesministeriums für Gesundheit, Verordnung zum Anspruch auf Schutzimpfung gegen das Coronavirus SARS-CoV-2 v. 18.12.2020 (BAnz AT 21.12.2020 V3) i.d.F. der VO v. 8.2.2021 (BAnz AT 08.02.2021 V1).

46 Gemeinsames Positionspapier: Wie soll der Zugang zu einem COVID-19-Impfstoff geregelt werden?, Stand: 9.11.2020, S. 3 (https://www.ethikrat.org/fileadmin/ Publikationen/Ad-hoc-Empfehlungen/deutsch/gemeinsames-positionspapier-stiko-der-leopoldina-impfstoffpriorisierung.pdf).

47 *Schockenhoff* (Fn 1, S. 273 f.) hat mit Recht darauf hingewiesen, dass selbst bei Bestreiten der intrinsischen Werthaftigkeit das Leben dennoch – dann als notwendige Bedingung für die individuelle Verfolgung von Lebenszielen – hochgeschätzt werden muss.

des Menschen – mit *Joas* mag man auch von einer „Sakralität“ als Person sprechen[48] – verleiht nicht nur dem Tötungsverbot seinen exzeptionellen Rang innerhalb einer jeden (rechtlichen) Gemeinschaftsordnung, sondern nimmt angesichts der drohenden „unendlichen Verletzung des Daseins“ (Hegel)[49] als Emanation der fundamentalen interpersonalen Respektpflicht die anderen Mitglieder der Rechtsgemeinschaft und letztlich diese selbst zugleich (nach *Habermas*: als „das Andere der Gerechtigkeit“)[50] in eine (jedenfalls minimale, auf die Existenzerhaltung gerichtete) Fürsorgeverantwortung. Denn bei Gefährdung menschlichen Lebens ist nicht lediglich ein punktueller Aspekt der Freiheit,[51] sondern die Freiheitsbasis schlechthin betroffen. Dies aber lässt die von anderen wie von der Gesamtheit abverlangten Aufwendungen und Freiheitsbegrenzungen grundsätzlich als zumutbar erscheinen – beispielhaft: Der Rettungswagen darf auf dem Weg zum Krankenhaus, wenn „höchste Eile geboten ist, um Menschenleben zu retten oder schwere gesundheitliche Schäden abzuwenden“ (§ 35 Abs. 5a StVO), innerhalb des ansonsten von strikter Gleichordnung geprägten Systems der Fortbewegung im Straßenverkehr selbstverständlich ein prioritäres (sog. Sonder-)Recht beanspruchen.

Was daher einem simplifizierenden Abwägungsmodus von vornherein aus dem Blick gerät, ist der deontologische Charakter der „Rule of Rescue“, die deshalb – man denke etwa an das „Lengede-Szenario“ (Rettung verschütteter Bergarbeiter) – auch ein Vielfaches an „Kosten“ jenseits eines rein konsequentialistischen Kalküls rechtfertigt. Dies gilt sogar dann, wenn bei alternativem Einsatz der Mittel statistisch betrachtet mehr Menschen gerettet werden könnten. Denn es macht es in der moralischen Bewertung offensichtlich einen erheblichen

48 *Joas*, Die Sakralität der Person: Eine neue Genealogie der Menschenrechte, 2011.

49 Grundlinien der Philosophie des Rechts, 1821, § 127 (und damit die „totale Rechtlosigkeit“).

50 In: Edelstein/Nunner-Winkler (Hrsg.), Zur Bestimmung der Moral, 1986, S. 291 ff.

51 Vgl. *Hegel* (Fn 49): „nur die Verletzung eines einzelnen beschränkten Daseins der Freiheit“.

Unterschied, ob „statistisches Leben“ oder ein akut gefährdetes „identifiable victim“ in Frage steht.[52] Mit *Weyma Lübbe*: „Wer eine Rettung in akuter Not unterlässt, dem ist (…) der Tod dieses Menschen zurechenbar; wer es unterlässt, ein sehr kleines Todesrisiko für Zigtausende noch um ein Weniges zu senken, woraufhin ein Mensch stirbt, (…) der lässt niemanden sterben“[53]. Angesichts der divergierenden Zurechnungsstrukturen geht daher die populäre Warnung vor der „Medizin, die nicht gefährlicher sein dürfe als die Krankheit“ (s.o.), jenseits einer utilitaristischen (allein output-orientierten) Verkürzung der moralischen Bewertung ins Leere: Die durchaus plausiblen Gesundheits- und u.U. sogar existentiellen Risiken infolge der freiheitsbeschränkenden Schutzmaßnahmen stehen am Ende einer weit komplexeren und verdünnten Kausalkette verglichen mit einer Untätigkeit bei allgegenwärtiger Infektionsgefahr mit fehlenden Optionen rechtzeitiger therapeutischer Abwehr. Wie etwa die Einbeziehung der „gemeinen Gefahr“ in die allgemeine (sogar strafbewehrte) Hilfeleistungspflicht (§ 323c StGB), aber auch die seit mehr als einem Jahrhundert bestehende Sondergesetzgebung zum „Seuchenschutz“[54] zeigt, werden gesamtgesellschaftlich relevante Infektionsrisiken als Gesundheits- und Lebensbedrohung von weit größerer Unmittelbarkeit und Nähe begriffen, die überhaupt erst die besonderen Überwachungsbefugnisse des öffentlichen Gesundheitsdienstes rechtfertigt. Dass die Institutionen des Gesundheitsschutzes ihre Aufgaben auch — und zwar effektiv — wahrnehmen, hierauf gründet sich wiederum das berechtigte Vertrauen der Allgemeinheit.

Daraus folgt nun keineswegs, dass die verständlicherweise vielfach beklagten

---

52 Dazu im Einzelnen *W. Lübbe*, Das Gesundheitswesen 2017, 877 ff.

53 *W. Lübbe*, Das Gesundheitswesen 2017, 877, 879; s.a. *Schöne-Seifert*, in: Baurmann/ Lahno (Hrsg.), Perspectvies in Moral Sciences, 2009, S. 421 ff.; *Zimmermann*, AmosInternational 2017, 10 ff.

54 Siehe dazu bereits das Reichsseuchengesetz v. 30.6.1900 (RGBl. 1900, 306).

Einbußen an Lebensqualität, an psychischer Gesundheit im Spagat zwischen „Homeoffice" und Kindererziehung, an Bildungs- und kindlichen Entwicklungschancen, an häuslichem Familienfrieden, kulturellen Bedürfnissen und der Verfolgung ökonomischer Interessen ohne Wertigkeit seien. Sie sind es unbestritten, und jede auch nur mittelbar bewirkte Einbuße aufgrund der hoheitlichen Interventionen nach Ausrufung der „epidemischen Lage von nationaler Tragweite" (§ 5 IfSG) verlangt ohne jeden Zweifel nach einer triftigen Rechtfertigung. Die offene Frage ist allein, wie diese Folgewirkungen mit der Corona-bedingten Gesundheits- und Lebensgefahr (unter Einschluss des befürchtetes „Triage"-Szenarios, aber auch der mittelbaren Schädigungen infolge der limitierten Ressourcen in Krankenhäusern und Arztpraxen für „Nicht-Covid-Patienten")[55] ins rechte Verhältnis zu setzen sind. Dabei sollte nicht ernstlich zweifelhaft sein, dass die Angemessenheit eines vergleichenden Ins-Verhältnis-Setzens nur im Wege hinreichender Differenzierung[56] auf Basis verlässlicher Fakten und deren adäquaten Interpretation zu erreichen ist. So mag die verunmöglichte Haarpflege beim Friseur zwar im sozialen Verkehr wie individualpsychologisch durchaus gewisse Unannehmlichkeiten nach sich gezogen haben, doch dürfte es dem Ernst der Sache kaum gerecht werden, die äußerlichen Folgen solcher unterbliebener „Körperhygiene"[57] (alternative Optionen zum gewohnten Friseurbesuch einmal außer Betracht gelassen) in ihrem

---

55 Dass selbst Universitätskliniken der Maximalversorgung ihr „elektives Programm" wegen der notwendig gewordenen Umorganisation zugunsten von Covid-Patienten nicht mehr in vollem Umfang realisieren konnten (dazu die Expertenanhörung vor dem „Sonderausschuss Pandemie" des Niedersächsischen Landtages v. 8.2.2021), dürfte nicht für alle betroffenen Patienten folgenlos geblieben sein.

56 Dazu rechtsgrundsätzlich und entwicklungsgeschichtlich näher *Lübbe-Wolff*, Das Dilemma des Rechts. Über Strenge, Milde und Fortschritt im Recht, 2017, insbes. S. 21 ff.

57 Beschluss der Bundeskanzlerin mit den Landesregierungschefs/Innen in ihrer Video-schaltkon-ferenz v. 10.2.2021, Ziff. 5 (https://www.bundesregierung.de/resource/blob/975226/ 1860078/7bc8372d6b 3ade8c99ea832c45119185/2021-02-10-mpk-barrierefrei-data. pdf?download=1).

normativen Gewicht als Frage der menschlichen „Würde“ hochzustilisieren.[58]

Wie schnell der Versuch einer „differenzierenden Gesamtbewertung in Echtzeit“ (d.h. unter erheblichem Entscheidungsdruck) intrikate Bewertungsfragen aufwerfen kann, lässt sich anhand des kürzlich verhängten Moratoriums zum Impfstoff „Astra-Zeneca“ veranschaulichen: Die vom Paul-Ehrlich-Institut verhängte Aussetzung der weiteren Impfung wurde mit einer „auffälligen Häufung einer speziellen Form von sehr seltenen Hirnvenenthrombosen (···) in zeitlicher Nähe zu Impfungen mit dem ··· Impfstoff“ begründet.[59] Danach scheint ein kausaler Zusammenhang prima vista nahezuliegen, obgleich es ein – durch den Sars-CoV-2-Erreger sogar erhöhtes – statistisches Thromboserisiko auch unabhängig von einer Impfung gibt (einer australischen Studie zufolge liegt die „Hintergrundinzidenz“ für venöse Thrombosen bei 15,7 pro einer Million Menschen)[60] und Erkrankungen bzw. Auffälligkeiten in zeitlichem Zusammenhang mit einer Impfung stets erhöhte Aufmerksamkeit erfahren, selbst wenn es sich bloß um ein zufälliges Zusammentreffen handelt. Das statistische Thromboserisiko einer Impfung mit „Astra-Zeneca“ wird bislang mit einer Wahrscheinlichkeit von 1:250.000 angegeben,[61] was nicht nur unterhalb des (mutmaßlich) allgemeinen Risikos liegt, sondern deutlich niedriger, als es etwa bei Gabe der weithin

---

58 So bspw. *Söder*, Pressekonferenz v. 11.2.2021 (https://friseurebayern.com/tag/markus- soder/); nach Auffassung des VG Bremen (Beschl. v. 11.11.2020 – 5 V 2472/20, BeckRS 2020, 30882) ist es „keineswegs rechtlich zwingend, dass Friseurbetriebe privilegiert werden“ (das allerdings „bei summarischer Prüfung“ dennoch keinen Gleichheitsverstoß feststellen mag, weil „der überwiegende Anteil der Bevölkerung im Land Bremen nicht auf einen Haarschnitt, aber auf Dienstleistungen eines Kosmetikstudios verzichten kann“).

59 Presseerklärung v. 15.3.2021, https://www.pei.de.

60 *Devasagayam* et al., Stroke 47 (2016), 2180 ff. (online: https://www.ahajournals.org/doi/10.1161/STROKEAHA.116.013617?url_ver=Z39.88-2003&rfr_id=ori%3Arid%3Acrossref.org&rfr_dat=cr_pub++0pubmed&=&).

61 Z.B. der Chefarzt für Infektiologie an der Münchener Klinik Schwabing *Wendtner*, https://www.sciencemediacenter.de/alle-angebote/rapid-reaction/details/news/thrombosen-als-verdachtsfaelle-auf-impfnebenwirkungen/.

akzeptierten Anti-Baby-Pille an Nicht-Schwangere erwartet wird (2:10.000).[62] Insoweit macht es normativ auch keinen Unterschied, dass es sich in beiden Fällen nicht um das Schädigungsrisiko eines Therapeutikums bei schon bestehender (u.U. schwerwiegender) Erkrankung, sondern um die ärztliche Verordnung bei an sich Gesunden handelt (die zweifelsohne eine gesteigerte „Sicherheit" erwarten dürfen). In beiden Fällen ist das jeweilige Schadensrisiko auch nicht alternativlos, weil das jeweilige Präparat gleichermaßen verweigert werden darf. Die Folge einer Impfverweigerung ist jedoch mit Blick auf die allgemeine Bedrohungslage durch einen potentiell tödlichen Virus eine wesentlich andere als im Fall der Anti-Baby-Pille, was die Betroffenen in eine deutlich höhere Zwangslage bringt, weil die Gesunderhaltung in ungeimpftem Zustand selbst bei Einhaltung aller Abstandsregeln nicht verlässlich sichergestellt werden kann. Von normativer Relevanz dürfte schließlich auch der Umstand sein, dass selbst bei Hinnahme des Schadensrisikos das mit einer Impfung intendierte Ziel — Verschontbleiben von einer Corona-Infektion oder wenigstens von einem schwereren Krankheitsverlauf — nur mit einer gewissen Wahrscheinlichkeit erreicht werden kann (bei „Astra-Zeneca" selbst bei optimiertem 12-Wochen-Abstand zwischen erster und zweiter Impfung nur mit ca. 81 %).[63] Die entscheidende Frage ist damit aber noch immer ganz und gar unbeantwortet: Wo verläuft nun die entscheidende Grenzlinie zwischen „noch akzeptabel" und „nicht mehr akzeptabel?"

---

62 So der Rote-Hand-Brief des *BfArM* v. 30.1.2014, https://www.bfarm.de/SharedDocs/Risikoinformationen/Pharmakovigilanz/DE/RHB/2014/rhb-khk.pdf;jsessionid=258D23-4BF242B0C09D967A2FDF23CCB5.2_cid354?__blob=publicationFile&v=15.

63 Vgl. *Voysey/Clemens* et al., The Lancet Vol. 397 (2021), P881-891 (DOI: https://doi.org/10.1016/S0140-6736(21)00432-3): nur 55 % bei 6-Wochen-Abstand.

IV. Jenseits des Irrationalismus

Das grundlegende Methodenproblem der allseits gepriesenen „Abwägung" liegt in dem Umstand begründet, dass ihr jenseits der nur vagen Priorisierungsvorgabe nach Maßgabe des jeweils „höheren Gewichts"[64] ein weitreichendes dezisionistisches Potential inhärent ist, das die Rationalität des Verfahrens und die Akzeptabilität seiner Resultate von Grund auf in Frage stellt.[65] Gewiss geht es dabei im Kern um ein reflektierendes Erwägen der normativen Gründe und Gegengründe, doch bleibt der Beurteilungsmaßstab für das notwendige Gewichten und In-Beziehung-Setzen ebenso im Dunkeln[66] wie die Bindung an die bestehende Normenordnung, mehr noch: Mit ihrem Streben nach „Billigkeit" und „Einzelfallgerechtigkeit" steht das Abwägungspostulat, das gerade auch bei der Bewertung der pandemiebedingten Freiheitsbegrenzungen gebetsmühlenartig bemüht wird, einer „normenstrengen" Rechtsanwendung im Grunde diametral entgegen.[67] Ohne festes Wertmaß gewinnt aber die Frage zentrale Bedeutung, welcher Instanz die faktische Macht zur – allenfalls auf Plausibilität hin überprüfbaren[68] – Entscheidung überantwortet ist, die eher nach

---

64 Eine Mathematisierung dieser „Gewichtsformel" findet sich bekanntlich von *Alexy* ausformuliert, siehe *ders.*, in: Sonnenschein-GS 2003, S. 771 ff.

65 Hierzu bereits grdl. *Alexy*, Ratio Juris 16 (2003), 131 ff.; *Sieckmann*, Rechtstheorie 1995, 45, 53 ff.

66 Siehe bereits *Habermas*, Faktizität und Geltung, 2. Aufl. 1992, S. 315 f.: „ … Werte müssen von Fall zu Fall mit anderen Werten in eine transitive Ordnung gebracht werden; weil dafür rationale Maßstäbe fehlen, vollzieht sich die Abwägung entweder willkürlich oder unreflektiert nach eingewöhnten Standards … ".

67 Grundlegend *Leisner*, Der Abwägungsstaat. Verhältnismäßigkeit als Gerechtigkeit?, 1997, z.B. S. 44: „Diktator des Einzelfalls" und Begründer des „Ausnahmezustands", S. 220: „Vorgang in Distanz zur Norm" et passim; rechtshistorisch *Rückert*, JZ 2011, 913 ff.

68 Näher *Leisner* (o. Fn 66), S. 114 ff.: „Ende der Kontrollen".

Art eines „Glaubensakts“[69] getroffen wird. Die schöne Idee von einem „harmonisierenden“ Ausgleich[70] bringt das eigentliche Sachproblem durch gnädiges Hinwegsehen (vordergründig) zum Verschwinden, und das schöne Bild von jener „gerechte“ Urteile ermöglichenden Waage täuscht dabei, wie *Rückert* nachdrücklich betont hat, eine Sicherheit des Verfahrens lediglich vor, „die in Wahrheit gar nicht gegeben ist“.[71] Für den hiesigen Kontext: „Geld oder Leben?, Freiheit oder Gesundheitsschutz?, Eigenverantwortung oder vormundschaftlicher Staat?“[72] — wer könnte darauf ohne Weiteres eine differenziert begründete, nicht vom eigenen „Bauchgefühl“(Intuition)[73] bestimmte und auf dieser Basis intersubjektiv zustimmungsfähige Antwort formulieren?

Um dem Irrationalismus-Verdacht zu entgehen, bedarf es daher zweierlei: einer stringenten normativen Orientierung an der geltenden Rechtsordnung und einer „formalisierten Grundstruktur“,[74] auf deren Basis in Anwendung verallgemeinerbarer Abwägungsregeln[75] für die jeweilige Sachkonstellation willkürfrei das konkrete „Gewicht“ im Kontext kollidierender Wertprinzipien ermittelt werden kann. Anders als die positiv-rechtlichen Regeln, die sich als Konkretisierung eines Wertprinzips bei dessen isolierter Betrachtung zeigen und in diesem Lichte „lediglich“ im Wege der Subsumtion zur Anwendung gebracht werden müssen,[76] sind die gesuchten „relationalen Anordnungen“[77] in der Regel

---

69 *E. Hofmann*, Abwägung im Recht, 2006, S. 545.

70 *Scheuner*, VVDStRL 20 (1963), 125.

71 *Rückert*, JZ 2011, 913, 921.

72 *Wingert*, Deutsche Zeitschrift für Philosophie (DZPh) 69 (2021), 29, 30.

73 Treffend *Windisch*, in: Müller/Mastronardi (Hrsg.), „Abwägung“. Herausforderung für eine Theorie der Praxis, 2014, S. 19, 27: „Schiebt sich die Intuition vor das Recht, dann fehlt es der Entscheidung schon von vornherein an der nötigen Rechtsgebundenheit. (···) Dass das eine oder andere Interesse überwiege, besagt nämlich nur, dass man sich für das eine oder andere entschieden hat···“.

74 *Voßkuhle*, Das Kompensationsprinzip, 1999, S. 48.

75 *Somek*, in: Hiebaum/Koller (Hrsg.), Politische Ziele und juristische Argumentation, ARSP-Beiheft Nr. 92 (2003), S. 113, 115.

nicht expliziert und müssen daher aus der bestehenden Normenordnung und den ihr inhärenten Wertzuschreibungen erst rekonstruiert werden. Diese Wertzuschreibungen speisen sich somit aus dem generellen normativen Gewicht innerhalb der bestehenden (hier: verfassungsrechtlich imprägnierten) Normenordnung,[78] aber ebenso aus dem Ausmaß jener Beeinträchtigung, die der jeweilige Wertbelang im Kollisionsfall mit größerer oder geringerer Wahrscheinlichkeit hinzunehmen hätte. Wie bereits *Alexy* betont hat, ist bei der damit notwendigen Skalierung eine gewisse Schematisierung und Vergröberung unumgänglich; häufig wird deshalb ein triadisches Modell[79] präferiert, das also etwa die Intensität der Beeinträchtigung in „schwer", „mittel" und „leicht" sowie die Erwartbarkeit ihrer praktischen Relevanz mit „sehr wahrscheinlich", „ernstlich möglich/wahrscheinlich" und „unwahrscheinlich" zu klassifizieren erlaubt. In entsprechender Weise wird man nach Maßgabe der Art. 1 ff. GG auch die abstrakte Wertigkeit unterscheiden können nach solchen Wertprinzipien, die hinsichtlich ihrer Persönlichkeitsnähe „schlechterdings unantastbar" bzw. nur „ausnahmsweise einschränkbar" sind und solchen, deren Begrenzung bereits bei Vorliegen eines triftigen Sachgrundes (Wahrung des Verhältnismäßigkeitsgrundsatzes) möglich ist. Die Anzahl an Betroffenen kann jedoch allenfalls insoweit von Belang sein, wie nicht existentielle Ansprüche des Einzelnen berührt sind, für die eine größere Zahl kein höheres moralisches Recht zu reklamieren erlaubt;[80] jenseits dessen erscheint es jedoch durchaus bedeutsam, ob die Limitationen des Freiheitsgebrauchs die Allgemeinheit, eine gesamt-

---

76 Zur Komplexität der „Subsumtion" jenseits des Syllogismus aber z.B. *Duttge*, in: Wolf-FS 2018, S. 135 ff.

77 *Windisch* (o. Fn 73), S. 42, 52: „Relationsnormen".

78 Treffend *Windisch* (o. Fn 73), S. 64: „Das Recht muss die Konkordanztabelle sein …".

79 *Alexy*, in: Sonnenschein-GS 2003, S. 771, 783: „Juristische Skalierungen können nur mit relativ groben Schwellen arbeiten…"; zust. *Windisch* (o. Fn 73), S. 62.

80 Zu deren „Unverrechenbarkeit" bereits o. bei Fn 47.

gesellschaftliche Minderheit oder aber nur wenige bzw. einen Einzelnen betrifft.

In der auf diese Weise bereits in Konturen hervorscheinenden Matrix manifestiert sich rechtstheoretisch ein sog. „Bewegliches System“[81]: Zentrale Prämisse ist hierfür die Erkenntnis, dass die jeweiligen Wertzuschreibungen in typisierten Sachkonstellationen selten von einem einzigen Wertprinzip bestimmt sind, sondern sich hierin häufig mehrere Grundwertungen bzw. Leitzwecke manifestieren (Pluralitätsthese).[82] Dementsprechend hilft im Rahmen einer „Abwägung“ die Bezugnahme auf die abstrakte Wertigkeit eines Grundwerts von vornherein nicht weiter; es bedarf vielmehr der vergleichenden Spezifizierung, welches konkrete Gewicht den jeweils kollidierenden Wertprinzipien in der jeweils typisierten sozialen Konstellation zukommt. Dies impliziert unweigerlich eine Quantifizierbarkeit der Wertzuschreibungen nach Maßgabe der jeweiligen normativen „Ausprägung“ des abstrakten Wertprinzips im konkreten (typisierten) Kollisionsfall, d.h. im Rahmen einer Mehr- oder Weniger-Struktur“[83] (Abstufbarkeitsthese), dem notwendig eine – freilich normgebundene – Differenzierung der Sachgestaltungen in klassifizierbare „Falldimensionen“ korrespondiert. Wertzuschreibung und Sachstruktur werden auf diese Weise komparativ:[84] So kann etwa eine Gefahr je nach Wertigkeit des bedrohten Gutes größer oder kleiner, je nach Eintrittswahrscheinlichkeit naheliegender oder ferner sein, vom „Beinah-Unglück“ bis zur bloß noch theoretischen Gefährlichkeit als die jeweiligen Endpunkte der Typenreihe. Im Unterschied zur „Abwägung aller Umstände des Einzelfalls“ werden also gerade nicht beliebige, u.U. normativ gänzlich irrelevante Aspekte in die Beurteilung einbezogen, sondern sichert die typologische[85] Ausdifferenzierung den strikten Bezug zu den auch innerhalb der

---

81 Grdl. *Wilburg*, Entwicklung eines beweglichen Systems im bürgerlichen Recht, 1950.

82 Z.B. *Bydlinski*, AcP 204 (2004), 309, 332.

83 *Bydlinski*, AcP 204 (2004), 309, 333.

84 Statt vieler nur *Koziol*, ALJ (Austrian Law Journal) 3/2017, 160, 166 f.

Rechtsordnung anerkannten Wertprinzipien.

Zugleich wird der jeweilige Grund dafür, warum die „abwägende“ Bewertung in diesem oder jenem Sinne ausfällt, auf Basis der ausdifferenzierten Matrix nachvollziehbar und sichert nicht zuletzt – fern vom „juristischen Schreibtisch“ – erst deren Sachrichtigkeit mit Rücksicht auf die jeweiligen sozialen Gegebenheiten. Die letztendliche Grenzziehung, der sog. „klassifikatorische Schnitt“,[86] kann selbstredend nicht frei vom „Auge des Betrachters“ sein; sie bleibt jedoch durch ihre Normbindung und durch den Zwang zur differenzierten vergleichenden Begründung frei von Willkür und ist intersubjektiv weit „verstehbarer“.[87] Dies erfordert aber, die „Elemente“ innerhalb des „beweglichen Zusammenspiels der Kräfte“[88] vollständig herauszupräparieren, so dass die wertende Beurteilung nicht relevante Gesichtspunkte übersieht. Die „Beweglichkeit“ des „Beweglichen Systems“ meint also mitnichten eine diffuse „Billigkeit“, sondern erschöpft sich darin, dass die nach Zahl und Inhalt *generell bestimmten* Wertbelange „in ihrem Mischungsverhältnis variabel gestaltet“ sind, indem sie „von den Umständen des Falles [notabene: soweit eben normativ relevant][89] abhängen“.[90] Hervorhebung verdient, dass einer der profiliertesten Rechtstheoretiker des „Beweglichen Systems“, *Franz Bydlinski*, dezidiert auf dessen besondere Bedeutung für die Gesetzgebung hingewiesen hat: „Vom

---

85 Allgemein zur typologischen Begriffsbildung u.a. *Duttge*, Jahrbuch für Recht und Ethik Bd. 11 (2003), 103 ff.

86 *Kuhlen*, in: Herberger/Neumann/Rüßmann (Hrsg.), Generalisierung und Individualisierung im Rechtsdenken, ARSP-Beiheft Nr. 45 (1992), S. 101, 120.

87 Siehe z.B. *Fischer*, AcP 197 (1997), 589, 604 und *Westerhoff*, Die Elemente des Beweglichen Systems, 1991, S. 39: „Verdeutlichung … der Wertungselemente“; ähnlich *Otte*, Jahrbuch für Rechtssoziologie und Rechtstheorie II, 1972, 318 f.

88 *Wilburg*, AcP 164 (1964), 346.

89 Zusatz durch den *Verf.*

90 *Canaris*, Systemdenken und Systembegriff in der Jurisprudenz, 2. Aufl. 1983, S. 82; nachdrücklich auch *Bydlinski*, AcP 204 (2004), 309, 332.

rationalen Standpunkt aus umso wichtiger ist, dass der Gesetzgeber [···] sich — schon aus Gründen des Gerechtigkeitsgleichmaßes [···] — an die nicht vom Veränderungsanstoß betroffenen Grundstrukturen des Rechts gebunden fühlt, statt in zusammenhanglosen, zufälligen Willensakten zu legiferieren."[91]

Genau hier liegt das Problem der infektiologischen Schutzmaßnahmen, nicht minder aber der Positionierung ihrer Kritiker: Kitas und Schulen wieder zu öffnen, letztere wenigstens für Abschlussklassen (§ 13 Abs. 1 S. 1 der Niedersächsischen Corona-Verordnung),[92] Universitäten dagegen auf die digitale Lehre zu verweisen (ergänzt um das „Prinzip Hoffnung" für die Zukunft); Baumärkte zu öffnen, Theater und Museen jedoch geschlossen zu halten; Wochenmärkte zu gestatten, sofern hier „Handel mit Lebensmitteln und mit Schnittblumen, Topfblumen und Topfpflanzen sowie Blumengestecken und Grabschmuck" betrieben wird (so § 10 Abs. 1b S. 1 Nr. 2 Nds. Corona-VO), nicht aber „Spezialmärkte, Jahrmärkte und ähnliche Veranstaltungen" (§ 10 Abs. 1 S. 1 Nr. 3) — der Beispiele könnten zahlreiche hinzugefügt werden: All dies lässt keine leitende Maxime erkennen, sondern ein Maximum an intuitionsgesteuertem Pragmatismus in politischer Rücksichtnahme auf die gemutmaßte vox populi. Das Fehlen einer transparenten, begründete Differenzierungen erlaubenden Bewertungsmatrix verleitet den Regelungsgeber überdies dazu, im Bestreben nach Rechtssicherheit ein schier undurchschaubares Labyrinth an Detailvorgaben (in fortlaufend wechselnder Gestalt) zu setzen (gerne die eigene Bewertungsaufgabe unter Verweis auf „die epidemiologische Lage" verschleiernd), was sich gar nicht anders als eine Form absolut-dezisionistischer Herrschaftsausübung begreifen lässt. Dass dies die soziale Akzeptanz des Rechts nachhaltig

91 *Bydlinsky*, AcP 204 (2004), 309, 336 f.

92 I.d.F. v. 12.3.2021, https://www.niedersachsen.de/Coronavirus/vorschriften-der-lan-desregierung-185856.html.

beschädigt, liegt geradezu auf der Hand. Zur Veranschaulichung mag wiederum ein beliebiges Beispiel dienen, stellvertretend für viele: „Eine Zusammenkunft von Personen ist mit höchstens fünf Personen zulässig, die insgesamt höchstens zwei Haushalten angehören dürfen, wobei Kinder dieser Personen bis zu einem Alter von einschließlich 14 Jahren nicht einzurechnen sind und nicht zusammenlebende Paare als ein Haushalt gelten. Begleitpersonen oder Betreuungskräfte, die erforderlich sind (···). Eine weitere Person ist zulässig, (···). Abweichend von Satz 1 dürfen die Landkreise und kreisfreien Städte (···) Zusammenkünfte von höchstens zehn Personen zulassen, die insgesamt höchstens drei Haushalten angehören dürfen···“ (§ 2 Abs. 1 S. 1, 4).

Die freiheitstheoretisch argumentierenden Kritiker ziehen hieraus allerdings einen fragwürdigen (Kurz-)Schluss: Weil sich die Fülle an (z.T. erheblich) freiheitsbegrenzenden Einzelvorgaben nicht ohne Weiteres konsistent begründen lassen, sollen sie — „in dubio pro libertate“ — so rasch wie möglich wieder zurückgenommen werden.[93] Ausgeblendet bleibt dabei nicht nur die Frage nach besseren Alternativen, sondern generell die Wertigkeit der beklagten Freiheitsverluste im Verhältnis zur Wertigkeit von Gesundheit und menschlichem Leben. In der ökonomischen Welt mag es dabei angemessen erscheinen, das Lebensjahr eines Menschen nach Maßgabe seiner „gesamtwirtschaftlichen wertschöpfenden Kapazität“ zu quantifizieren und die wirtschaftlichen Schäden infolge der pandemiebedingten staatlichen Interventionen hiermit aufzurechnen: Die Welt von Recht und Ethik verlangt jedoch — mit *Lutz Wingert* — nach einer rechtlich bzw. moralisch „fairen maßstabsbildenden Hinsicht“: Dieser normative Bezugspunkt wird bei Betroffenheit von Rechts-/Moral*subjekten* — vgl. Art. 1 ff. GG — „nicht von quantifizierbaren Größen, sondern von elementaren moralischen Pflichten und Rechten geliefert.“[94] Die „Grundstruktur des geltenden

---

93 Dazu bereits o. bei Fn 33 ff.

Rechts“[95] attestiert aber der Bewahrung menschlichen Lebens und seinem Schutz vor schwerwiegenden gesundheitlichen Beeinträchtigungen jenseits der rein selbstreferentiellen Umgangsweisen („Selbstbestimmungsrecht“)[96] eine „Höchstwertigkeit“: Hieraus leitet sich beispielsweise ein verfassungsunmittelbarer Leistungsanspruch des lebensbedrohlich Gefährdeten gegen die gesetzliche Krankenversicherung auf Erhalt lebenserhaltender Medizin bereits dann ab, wenn (lediglich) eine „nicht ganz fernliegende Aussicht auf Heilung oder wenigstens auf eine spürbare Einwirkung auf den Krankheitsverlauf“ besteht (§ 2 Abs. 1a S. 1 SGB V).[97] Das krankenversicherungsrechtliche „Wirtschaftlichkeitsgebot“ (§ 12 SGB V) tritt also zurück, sofern lebensbedrohliche Erkrankungen in Frage stehen, die eine „nahe Lebensgefahr“ begründen und den Einzelnen infolgedessen in eine „notstandsähnliche Situation“ zwingen.[98]

Nun mag man ungeachtet des tödlichen Risikopotentials bei Ansteckung mit dem SARS-CoV-2-Virus gleichwohl noch nicht wie etwa bei unmittelbar bedrohlichen Naturkatastrophen (z.B. Tsunami, Vulkanausbruch u.a.m.) von einer „erhöhten Wahrscheinlichkeit“ der existentiellen Bedrohung, sondern lediglich von einer „ernstlichen Möglichkeit“ sprechen.[99] Dies gilt um so mehr, als das

---

94 *Wingert*, DZPh 59 (2021), 29, 41 f.

95 Oben Fn 91.

96 Inzwischen selbst bei zielgerichteter Beendigung des eigenen Lebens mitsamt der Anspruchnahme von Unterstützungsleistungen Dritter („assistierter Suizid“), dazu BVerfG NJW 2020, 905 ff. („Grundrecht auf Suizid“).

97 BVerfGE 115, 15, 45 und 49; zur nachfolgenden Rspr. von BVerfG und BSG näher *Bockholdt*, NZS 2017, 569 ff. (m.w.N.); nach st. Rspr. sind die Anforderungen an jene Mindesterfolgsaussicht um so geringer, je schwerwiegender sich die Erkrankung und je hoffnungsloser sich die Erkrankungssituation erweist: BSGE 96, 170 = NZS 2007, 144, 148; VGH München BeckRS 2018, 9470 (Rz 39).

98 BVerfG NJW 2017, 2096, 2097; s. auch BSG BeckRS 2018, 9913 (Rz 21): Realisierung des tödlichen Krankheitsverslaufs „innerhalb eines kürzeren, überschaubaren Zeitraums mit großer Wahrscheinlichkeit“.

99 Zur Skalierung bereits o. bei Fn 79.

Infektionsgeschehen für sich allein „statistisches Leben" und noch nicht konkrete Menschenleben akut[100] gefährdet. Wenn die Betroffenheit „statistischen Lebens" infolge etwa von wirtschaftlichen Notlagen, psychischen Belastungen usw. nicht mit solchen Akutgefährdungen gleichgesetzt werden kann, die gegenüber dem konkreten Einzelnen unbedingte Rettungs- und Schutzmaßnahmen gleichsam „um jeden Preis" rechtfertigen („Rule of Rescue"),[101] so vermag auch das infektiologische statistische Lebensrisiko nicht alle anderen schutzwürdigen Belange normativ per se zu übertrumpfen. Die Irreversibilität des Verlustes bei Unabwendbarkeit des tödlichen Krankheitsverlaufs, die zweifelsohne ernste Möglichkeit einer Infektion und Unkalkulierbarkeit der Krankheitsfolgen unabhängig von der (Nicht-)Zugehörigkeit zu einer „Risikogruppe"(was bei weiterem Ausbreiten der Mutationen und bei weiterem Fortschreiten der Impfungen ohnehin nicht unverändert bleiben dürfte), und dies als Sterberisiko flächendeckend für die Gesamtbevölkerung, lässt selbst gravierende freiheitsbegrenzende Schutzmaßnahmen nicht nur grundsätzlich als angemessen, sondern sogar als unausweichlich erscheinen. Denn es kann auch in einer auf die Sicherung individueller Freiheiten fokussierten Rechtsordnung, will diese nicht ihren Anspruch auf proportionale Gleichordnung zum Wohle aller zu Grabe tragen, kein Recht auf Arbeit, auf wirtschaftlichen Gewinn, auf Freizeitgestaltung und selbst auf Bildung und Kultur auf Kosten des Lebens anderer Anerkennung finden. Unter dem „Schleier des Nichtwissens"(*Rawls*) dürfte sich niemand, der nicht mit dem Schicksal eine riskante Wette eingehen wollte, finden, der es tatsächlich akzeptabel fände, die Freiheitsausübung aller ggf. mit dem eigenen Leben bezahlen zu müssen.

---

100 Im Kontext des sozialversicherungsrechtlichen Leistungsanspruchs verlangt das BSG in st. Rspr. eine „akute Behandlungsbedürftigkeit" (s. Fn 98).

101 Dazu näher o. bei Fn 52 f.

Diese normative Ausrichtung steht allerdings unter einem dreifachen Vorbehalt: Erstens sind sämtliche generellen (regulativen) wie konkret-situativen (exekutiven) Freiheitsbeeinträchtigungen nur insoweit gerechtfertigt, als mit ihnen auch tatsächlich ein substanzieller Beitrag zum allgemeinen Lebensschutz erbracht werden kann. Erforderlich ist daher eine empirische Mindestbasis für die unverzichtbare Zweckrationalität der abverlangten Beschränkungen — woran es etwa bei der Vorgabe, nur im Uhrzeigersinn an einem See spazierzugehen,[102] nicht aber bei den etablierten AHA-Maßnahmen (Abstand, Hygiene, Alltagsmaske) fehlen dürfte. In vielen Bereichen sind allerdings die Möglichkeiten einer differenzierten empirischen Aufklärung bislang sträflich versäumt worden; wenn beispielsweise Kinder in Gemeinschaftseinrichtungen wirklich nicht als Infektionstreiber ernstlich in Betracht kommen sollten[103] (was Kohortenstudien längst hätten klären können), dann wäre eine vorsichtige, in Kleingruppen organisierte und mit Eingangstestungen abgesicherte Präsenz sehr wohl verantwortbar. Daher müssen zweitens die Beschränkungen zur Zielerreichung alternativlos sein, d.h. es dürfen keine milderen, möglicherweise ebenso gesundheitsbewahrende Alternativen in Betracht kommen. Dies gilt im Besonderen für Freiheitsrechte, die einen gesteigerten Persönlichkeitsbezug (wie die Glaubensfreiheit) aufweisen oder für die politische Meinungsbildung und demokratische Teilhabe von besonderer Bedeutung sind (wie die Versammlungsfreiheit).[104] Hier bedarf es somit besonderer Anstrengungen bei der Suche nach ermöglichenden Wegen und Konzepten vor einem „Totalverbot"(z.B. von Gottesdiensten oder Versammlungen), soweit die Einhaltung der dafür vorgesehenen Regeln erwartet werden darf.

---

102 *Stadt Dortmund*, Bekanntgabe v. 3.4.2020, https://www.dortmund.de.

103 So zuletzt *Heudorf/Steul/Walczok/Gottschalk*, Monatszeitschrift für Kinderheilkunde 2021, published: 2.3.2021, https://doi.org/10.1007/s00112-021-01134-8.

104 Dazu auch *Wingert*, DZPh 69 (2021), 29, 48: „rohes Ei".

Nach gestarteter Impfkampagne wird dabei zunehmend das Faktum der bereits Geimpften, aber auch die damit längst nicht vollständig beseitigten (z.B. hinsichtlich der Immunitätsdauer) und durch die neuen Mutationen wieder erhöhten Unsicherheiten einbezogen werden müssen. Es geht also nicht an, Corona-Schutzmaßnahmen und Impfgeschehen — weil in unterschiedlicher gesetzgeberischer Zuständigkeit liegend — als getrennte Verläufe zu betrachten. Solange jedoch keine Bevölkerungsgruppe als Infektionsträger und potentiell Betroffene und keine Regionen als potentielle „Hotspots" von vornherein ausscheiden, verbietet sich eine dahingehende Vorablimitierung der Sicherungsvorkehrungen.[105] Drittens können schließlich selbst alternativlose, effektive lebensschützende Vorkehrungen keine menschenwürdewidrigen Zustände rechtfertigen: Auch wenn die Konkretisierung dessen, was als Verstoß gegen die schlechthin unverfügbare Menschenwürdegarantie gelten darf, einige Schwierigkeiten bereitet: Bei einer dauerhaften Einsperrung alter und hilfsbedürftiger Menschen mitsamt dem Zwang zum „einsamen Sterben" wird man wohl kaum noch umhinkönnen, dies nicht als Teil des schlechthin Inhumanen zu beklagen.[106]

V. Ausblick

Im Ganzen wäre es daher verfehlt, dem interventionistischen Lebens — und

105 In diesem Sinne aber *Nida-Rümelin*, SZ v. 24.5.2020, S. 19.

106 So auch *Hufen*, Zur verfassungsrechtlichen Beurteilung von Besuchs- und Ausgangsbeschränkungen in Alten- und Pflegeheimen aus Anlass der COVID-19-Pandemie, 2020, S. 30.

Gesundheitsschutz eine „totalitäre" Beurteilung unter Missachtung des Verhältnismäßigkeitsgebots anzudichten: Es geht ihm keineswegs um eine verabsolutierende Unterordnung der Freiheitsrechte, sondern vielmehr um das Memento, dass bei den „Grundgütern"[107] Leben und Gesundheit besondere Vorsicht nicht allein aus Klugheit, sondern auch normativ angeraten ist. Es handelt sich daher um nichts anderes denn um eine tutioristische Position, die in Zeiten der weitreichenden Unsicherheit und der arg limitierten Möglichkeit einer „rationalen Wahl" den Weg der größeren Sicherheit empfiehlt. Kein Geringerer als *Eberhard Schockenhoff* war es, der dezidiert darauf hinwies, dass der Tutiorismus keineswegs mit Ängstlichkeit, Zaghaftigkeit oder gar einer prinzipiellen Unfähigkeit zu rationalem Abwägung verwechselt werden sollte.[108] Gewiss sind generelle Risikoscheu und ein übersteigertes Gefahrenbewusstsein keine verlässlichen Ratgeber: Wo dagegen moralische Güter auf dem Spiel stehen, deren Verletzung nicht mehr rückgängig gemacht werden kann, ist vor definitiven Entscheidungen mit unkalkulierbarem Ausgang zu warnen.[109]

Was die aktuelle gesamtgesellschaftliche Situation wirklich bedrückend macht, ist nicht etwa die oberflächliche Einbuße an gewohnter Geselligkeit, die tägliche Erfahrung einer Begrenzung der bisherigen Entfaltungsmöglichkeiten und die neuen Erschwernisse des Alltags, auch wenn das Offenbarwerden der vielfältigen strukturellen Missstände – von baufälligen Schulen über instabile Internetverbindungen (soweit überhaupt vorhanden) bis hin zum personellen Mangel in vielen wichtigen Einrichtungen – zweifelsohne schmerzt. Noch weit substantieller ist jedoch die weitverbreitete Bereitschaft – nicht zuletzt auch auf Seiten der politisch Verantwortlichen –, die erforderliche langfristige, auf

107 *Rawls*, Politischer Liberalismus, 1998/2003, S. 276 et passim.

108 *Schockenhoff* (o. Fn 1), S. 287 f.

109 Zum „Vorrang der schlechten vor der guten Prognose" auch schon *Jonas*, Das Prinzip Verantwortung, 1984, S. 70 ff.

Konsequenz und Selbstdisziplin setzende Strategie[110] populären kurzfristigen — und kurzsichtigen — Effekten zu opfern. Dass dadurch — „im Blindflug" — auch per saldo die Lage nicht besser, sondern mit Rücksicht auf den Faktor Zeit eher schlimmer wird, können eigentlich selbst die glühendsten Verfechter einer „Befreiung von der harten Fron" nicht gutheißen. Wo es keine langfristige Strategie gibt, kann es selbstredend auch keine konsistente, klare und prägnante Gesundheitskommunikation geben. Statt somit über die fundamentale Relation der Grundwerte mit Rücksicht auf des (gemutmaßten) „Volkes Stimme" zu irritieren, sollte jenseits aller Oberflächlichkeiten bedacht werden, dass die aktuellen Corona-Krise ein Moment „menschlicher Zeitlichkeit" ist, die der praktischen Selbstbejahung gerade Anlass und Antrieb gibt. Mit dem Philosophen *Rainer Marten*: „Werden die Corona-Zeiten von nicht wenigen Menschen ··· als ernste Zeiten erfahren, dann liegt darin die Chance, (···) auf das Wunder aufmerksam zu werden, das das Menschsein ist; die Anstrengungen, der Bedrohung ··· Herr zu werden, gelten keiner Ewigkeit und Unsterblichkeit, sondern der schöpferischen, ja feierlichen Gestaltung der eigenen Endlichkeit".[111]

---

110 Lehrreicher Ost-West-Kulturvergleich bei *Krüger*, DZPh 69 (2021), 69 ff.

111 Marten, Die Pandemie. Eine philosophische Perspektive, 2021, S. 105.

팬데믹 시대 속 인간 생명의 가치

군나 두트게 / 신동일 역

(저자) 괴팅엔대학교 교수 / (역자) 국립한경대학교 교수

Ⅰ. 가치교량 기준과 그 맹목성

에버하르트 쇼켄호프 교수는 저서 『생명의 윤리(Ethik des Lebens)』에서 타인과 자기 경험 안에서 인간의 육체-정신의 통일성을 설명하는 것을 중심테마로 한다. 그는 이 유명한 글에서 "인격성과 육체성, 인격적 존재와 인간적 존재성은 —철학적인 의미에서— 결코 분리될 수 없는 통일체"라고 정의하였다.[1] 이러한 원칙은 —쇼켄호프 견해에 따르면— 인간의 존엄성을 보장하는("인권에 대한 이성적 윤리의 포기할 수 없는 핵심"으로서[2]) 근본 규범이다. 인간의 "생명적 근원"(vitale Basis)은 필수적이다. "인격적으로 존엄하기 위하여는 육체적인 현존재성이 반드시 보

---

1 Schockenhoff, Ethik des Lebens. Grundlagen und neue Herausforderungen, 2009, 특히 137.

2 Schockenhoff (주 1), 233.

장되어야 한다."[3]는 의미로 고려되어야 한다. 이 원리는 —기독교 신학적인 이해에서— 인간 생명을 내세의 영적인 신성함과 결합하여 생각해봐야 이해할 수 있다. 왜냐하면 유일성과 "생명의 일회성"[4]을 소홀하지 않게, 오히려 중심으로 전제할 수 있기 때문이다. 인간의 실존은 개인이 모든 형식적 자유를 누리기 위한 중요한 기본 조건이며, 인간은 자신의 "도덕적 자기결정권을 자신의 몸 안에서 그리고 자신의 몸을 통해"[5] 실현할 수 밖에 없기 때문에 모든 사람의 생명은 규범 질서와 법질서의 "근본적 토대"[6](das schlechthin fundamentale Gut)이다.

그가 사망하기 전 녹화한 프라이부르크대학 팟 캐스트[7]와 그 이전 가톨릭 방송기자와 "코로나 사태"에 대해 나눈 대담[8]은 코로나 사태에 발생되는 법적-윤리적 관점을 잘 말해주고 있다. 대담에서 인간의 육체적 실존은 근본적인 가치를 포함하는 것으로, 규범적인 법적 권한(생명권, Recht auf Leben)은 특히 중요한 것으로서 설명한다. 그는 생명권은 다른 법익과 비교를 통해 "전부 인정하거나 전부 부정당하는 권리"(Alles-oder-Nichts-Recht)는 아니라고 한다. 그럼에도 불구하고 그는 연방하원의장 쇼이블레의 견해에는 동의할 수 있다고 한다. 생명을 보호하기 위한 바이러스와의 전쟁은 모든 가치 서열과 기본권들을 그대로 준수하면서 치르기 어렵다고 했기 때문이다.[9] 이러한 시기는 비례성 원리에 따라 제한되는 자유권을 "비교"하는 것이 무엇보다 중요하다. "보호를 위

---

3 Schockenhoff (주 1), 147.

4 Schockenhoff (주 1), 179.

5 Schockenhoff, Härle/Vogel (Hrsg.), "Vom Rechte, das mit uns geboren ist." Aktuelle Probleme des Naturrechts, 2007, 248, 257.

6 Schockenhoff (주 1), S. 242.

7 https://videoportal.vm.uni-freiburg.de/video/Corona-und-Ethik-Eberhard-Schockenhoff/73234db0cb98379723214c2bb45d37ae. (더 쉽게 찾을 수 있는 파일은 https://www.you-tube.com/watch?v=QtCq0K8MY2c 역자).

8 https://www.domradio.de/themen/ethik-und-moral/2020-04-30/leben-nicht-gegeneinander-aufrechnen-theologe-schockenhoff-zu-abwaegungen-von-grundrechten.

9 Schäuble, Der Tagesspiegel 2020년 4월 26일자; 또한 그의 Die Zeit 2021년 1월 1일 인터뷰: "우리는 모든 수단을 다하여 모든 생명을 보호해야 하고, 모든 것이 이 목적을 위해 투여되어야 한다."

해 동원되는 특별 명령(Gesundheitsdirektion: G.D.)은 간접적으로 부정적 효과를 낼 수 있고, 그 때문에 이 조치들이 오히려 생명을 위태롭게 할 수도 있기"[10] 때문이다. 게다가 현재 이 목적을 위해 집회와 종교적 자유권처럼 자유적 헌법국가의 기본적 자유권을 제한하고 있고, 일정 기간 중지시킬 수도 있다.[11] 자유 제한을 위한 경계선이 추상적으로 정해지면 안 된다. 경계선은 "그 금지의 예견되는 범위"(쇼이블레) 안에서 (영향력이 미치는) "정치적 효력범위"(쇼켄호프) 내로 정해져야 할 것이다.

이러한 모호함, 즉 개념상 단편적이고 현실과 떨어진 추상성 때문에 실질적인 합의를 하는 데 어렵다. 경제-사회적 갈등을 조절하듯이 "최대한 가능한 자유 범위에서 허용"[12]하는 방식은 생명과 건강 보호에 대한 강제 명령에 적용할 수 없다. 또한 우리 사회에는 적당한 자유제한에 대해 뿌리 깊은 의견상 차이가 있다는 점도 명심해야 한다. 관념상 차이는 일상생활의 전반에 걸쳐 나타나고 있다. 여기서 법이 가진 (자의적으로 세부적 규율을 만들지 못하게 하는) "평화 유지 기능"[13]은 급격히 약화된다. 현실적인 삶을 반영하는 특성들만 강조되어 최근 발생하는 정치적 저항만 불러온다. 결국 신속하고 (그리고 지속적으로 적용될) 규율된 (그럼에도 불구하고 지나친 것으로 보이는) "권력"에 기대를 하게 된다. 그러나 이러한 명령들은 건강에 초래된 위기상황을 해결할 수 없을 뿐 아니라, 오히려 더 나쁘게 만들고 있다. 연방헌법재판소는 —특히 일방적인— 신속

---

10 Schockenhoff, 2020년 4월 30일 인터뷰 (주 8); 유사하게 Battis, Die Welt 2020년 3월 29일자: "의료가 질병보다 더 위험할 수는 없다."; 비슷한 주장은 Mukerji/Mannino, Covid-19: Was in der Krise zählt, 2020, 76.

11 예를 들어 Kersten/Rixen, Der Verfassungsstaat in der Corona-Krise, 2020, 58 이하; 또한 Schmitz/Neubert, NVwZ 2020, 666 이하.

12 Kersten/Rixen (Fn 11) 143: "수학적인 계산의 대상이 아니다."; 유사한 주장은 Thielbörger/Behlert, https://verfassungsblog.de/covid-19-und-das-grundgesetz-neue-gedanken-vor-dem-hintergrund-neuer-gesetze /: "불특정한 관계성".

13 근본적으로는 Jellinek, Allgemeine Staatslehre, 3. Aufl. 1921 (Neudruck 1960), 454 이하; Kimminich, in: Böhme (Hrsg.), Gewalt oder Recht?, 1982, 9 이하.

명령에 대해 —그를 통해 중요한— 자유 제한이 "신체와 생명의 위험성을 방어하기 위한 개인의 자유 제한으로 … 비교적 덜 심각한 것이어서" 위헌은 아니라고 선언한 바 있다.[14]

사실 임시적 방편으로 "이런저런 테스트"를 하고 있는 정치적 통제 방식을 법윤리 내지 의료윤리적으로 평가하는 것은 적절하지 않다.[15] 오늘날 규범이론이 이와 같은 정치적 행동을 개념적으로 명확하게 설명하지 못하는 이유는 대체로 지금까지의 조치들이 "실용주의 계획"[16]이라는 표현과 (모두가 경험하듯) 자의적인 정책 —"적정" 감염률(35에서 새로운 50으로 기준 변경)[17] 논란에서 확인하듯이[18]— 때문이다. 중요한 것은 추상적일 수밖에 없는 헌법적-도덕철학적 일반적인 이념 간 "조화"를 —그리고 원칙 간 상호적으로 조정될 수 있게— 중요 "가치들"과 실제 시민들이 승인할 수 있고 효력을 인정할 수 있는 —단순히 방법론에 불과한 지식을 기반으로 하지 않고— 효율적 정책 안에서 구체화시킬 수 있는가?[19] 이다. 우선 전제해야 할 원칙은 모든 강제 명령들이 법치국가적 요구에 따라야 한다는 점이다.

---

14 BVerfG NJW 2020, 1429, 1430 (결정에 대한 비판적인 입장은 Katzenmeier, MedR 2020, 461 이하).

15 Nachdrücklich zur Notwendigkeit eines "Lernens aus der Praxis" Windhöfel, JZ 2020, 455, 457.

16 Lübbe-Wolff, FAZ 2020년 3월 24일자, 11.

17 https://www1.wdr.de/nachrichten/corona-inzidenzwert-lockerungen-100.html [코로나 급증으로 인한 봉쇄(록다운) 기준을 정치적으로 쉽게 변경하는 현상에 대한 보도자료-역자].

18 예를 들어 Schrappe/Glaser u.a., Ad-hoc-Stellungnahme: Die Pandemie durch SARS-CoV-2/ COVID-19-Gleichgewicht und Augenmaß behalten, 2020년 10월 18일, 6: "더 이상 다른 정보를 허용하지 않는 해석학적인 관념 … "; 확정된 감염률 기준 (7일 기준으로 10만 명당 감염자 수)는 로베르트 코흐 연구소의 전략보고서에서 제안되어 확정되었다. 보고서. 2021년 2월 18일, 3 (https://www. rki.de/DE/Content/InfAZ/N/Neuartiges_Coro-navirus/Downloads/Stufenplan.pdf?__blob= publicationFile)

19 유사한 지적은 Hase, JZ 2020, 697, 698, 이 글에서 그는 "모든 일반적인 가치들에 충족되는 헌법이념"은 사회적으로 중요한 사태와 규범구조에서는 쉽게 발견되지 못한다고 말한다.

II. 바이러스와 전염병학 문제

SARS-CoV-2-Virus(Covid-19)에 대한 전문가 그룹인 로베르트 코흐 연구소(Robert-Koch-Instituts: RKI)의 위험관리와 관련된 언급에서 요셉 이젠제스는 규범 자체가 아니라 실질적 해석이 중요하다는 말을[20] 한 바 있다. 그 언급 이후[21] —2021년 2월— 새로운 베타 코로나변이 바이러스의 위험성이 시작되면서 호흡기 증상(호흡장애, 목 통증, 대화 어려움, 콧물 증상 등)이 단순 감기 증상과 다르고 심각한 폐질환으로 전개되어 전체 장기를 손상시켜 사망에 이르게 될 수 있다는 보고가 나왔다. 코로나 바이러스는 인간의 다양한 장기에 있는 ACE-2 효소를 수용체로 삼아 (단지 호흡장애와 폐질환만이 아니라) 영향을 미치는 것이 아니어서 바이러스는 단순히 폐와 관련된 질환을 야기하기보다는 신경조직과 위장-대장과 연계되고 간기능이나 신장을 위협하여 결국 심장병과 관련되는 (특히 심근경색이나 부정맥 등) 질환과 (코로나 19 환자들에게서 나타나는) 관련 질환(박테리아 감염 등)의 영향을 받거나, 그러한 질환들이 빠르게 전개한다. 점차 —또한 질병의 속도를 빠르게 하여— 지속적인 질병 결과(특히 신경학적인 장애)가 초래된다. 이에 대한 정보는 아직도 정리되지 못했다.

감염병학적으로 바이러스는 모든 연령층(대략 50세 이상부터는 치명률이 증가)을 대상으로 하고 (특히 면역관련 약물을 복용하고 있던) 기저 질환자와 같은 사람들이 고위험군으로 분류된다. 그리고 요양원에서 근무하는 자나 시설 내 입소자들, 호스피스 병동은 특별 "위험 집단"으로 판단되었다. 구조적 또는/그리고 공간적인 "고위험군"은 다른 사람들과 엄격

---

20 Isensee, FAZ 2020년 6월 5일자.

21 RKI, Steckbrief zu SARS-CoV-2 und COVID-19, Stand: 2021년 2월 25일, https://www.rki.de/E/Content/InfAZ/N/Neuartiges_Coronavirus/Steckbrief.html;jsessionid=8C0268CD4B8E00977AF6A62BB3D4521B.internet051.

하게 분리하여 관리되었다. 아동과 청소년들은 비록 성인들보다 덜 감염되기는 했지만, 그들도 감염에서 예외는 아니었고 소화기 계통의 질환의 발생은 오히려 많이 발생하기도 했다. 그러한 증상은 유아나 아동 연령에서 심각한 상태로 전개되기도 했다. 독일에서는 대략 환자의 10%가 입원한 것으로 알려져 있으며, 첫번째 집단 감염 발생 시 14% 정도의 환자들이 집중 치료를 경험하였다. 이 시기 전체 집중 치료 경험자 중 절반가량(47%)이 사망하였다. 병원치료를 받은 독일인들 중 사망률은 20% 정도로 보고된다.

규범적으로 중요한 사항은 감염 위험이 바이러스 감염된 "확진자"에 의해서 발생하는 것이 아니라, (본질적으로는) 무증상 감염이 더 많다는 사실이다. 비록 초기 증상이 발생하였을 때 감염력이 높기는 하지만 의학적인 증상이 발생하기 전부터 감염 확산이 시작되는 사실이 주목되었다. 그리고 더욱 중요한 사실은 감염이 급격히 넓고 빠르게 전파된다는 점이다. 첫 번째 확산이 일어났을 때 초기 감염 증상과 증상의 악화 단계는 평균 4일 정도였다. 그 시기에 벌써 집중 치료시설에 입원한 사람들도 다수이다. 감염 후 심각한 상태로 발전해 사망한 환자들의 평균 기간은 11일 정도였다. 다른 나라들에 대한 조사결과를 비교해도 같은 경우 16일에서 18일 정도의 기간이 소요된 것을 알 수 있다. 1/3 정도의 경우는 지속적으로 불안정한 상태를 보였다. 비록 (개인적이고 장소적, 상황적) 위험 요소를 구분할 수 있기는 하지만, 감염 경과에 대한 모든 정보들은 여전히 명확하지 않다. 2020년 10월 말 발표된 RKI(로베르트 코흐 연구소)의 "보고서"(Lagebericht)에 따르면 요양원이나 양로원을 제외하고 "개인 주거지", "집단시설", 그리고 "병원"/ "개인의료센터", 드물게는 "어린이 집"과 "학교", 더 희박한 경우로 "단순 접촉" 등으로 감염이 확산되었다. 그러나 이러한 자료들은 명확한 근거로 보기는 어렵다.[22] 실제로

22 https://www.rki.de/DE/Content/InfAZ/N/Neuartiges_Coronavirus/Situationsberichte/Okt_2020/2020-10-20-de.pdf?_blob=publicationFile.

보면 세 단계로 구분되는 접촉 양식이 감염위험도를 형성하는 것을 알 수 있다. 어린이 집과 학교, 대학, 그리고 식당이나 "종교적 집회" 등이다.[23] 이 경우도 사실 분명한 것은 아니어서 이 정보를 통해 구체적인 내용을 확인하기 쉽지 않다. 그리고 "감염경과에 대한 집단 정보"는 —괴팅엔 대학교 사회학자 포겔 Berthold Vogel의 말처럼— 언제나 구체적인 사실이 아니다.[24]

구체적으로 "우리가 알고 있는 모르는 사실들"[25](known Unknowns)은 생명을 위협하는 위기상황의 복잡성과 예측 불가능성뿐이다. 그동안(최소한) 세 개의 바이러스 변이가 발생했다. 영국에서 발견된 변이(B.B,1.7)은 명확히 전염성이 높아진 것으로 알려졌고 치명률도 높다고 평가되었다.[26] 남아프리카에서 발견된 변이(B.1.351)과 브라질 변이(P.1) 코로나바이러스 19 병원체는 높은 감염률에 대해 논란의 여지가 있지만 인간의 기본 면역체를 약화시키는 것으로 여겨져서, 면역반응 내지 백신효과를 저하시키는 것으로 알려져 있다. 이러한 효과와 안전성은 모두 "자연(야생)형질"(Wildtyp: 하나 이상의 돌연변이를 가진 형질로 normal과 parental type으로 구분 - 역자)을 토대로 실험되었다. 최초 실험 결과는 변이된 바이러스들이 승인된 백신을 약화시키기는 하지만 백신효과로 인한 면역반응은 유지된다는 결론을 얻었다.[27] 그러나 백신 효과는 적용기간이 짧아서 분명하지 않으며, 1차 접종만으로 효과가 나타나는 것이

---

23 RKI, Strategiepapier (주 18), 6 ("Toolbox").

24 Vogel, Expertenanhörung vor dem "Sonderausschuss Pandemie" des Niedersächsischen Landtages v. 8.2.2021 (Thesenpapier, Vorlage 14 zu LT-Drs. 18/7603).

25 Kraft/Rott, in: Duttge/Lenk (Hrsg.), Das sogenannte Recht auf Nichtwissen. Normative Fundamente und anwendungspraktische Geltungskraft, 2019, 21, 35 이하; Wilkesmann, in: dies./Steden (Hrsg.), Nichtwissen stört mich (nicht), 2019, 9, 20 이하.

26 RKI, Sars-CoV-2: Virologische Basisdaten sowie Virusvarianten, Stand: 2021년 2월 23일 공개, https://www.rki.de/DE/Content/InfAZ/N/Neuartiges_Coronavirus/Virologische_Basis-daten.html;jsessionid=1994C4FEEFB3D3E65139D7554CF17D50.internet051?nn=2386228; Challen/Pollok et al (British Medical Journal, 10.3.2021, doi: https://doi.org/10.1136/ bmj.n579)에 따르면 높은 감염률은 59세에서 74세까지에서 증가하고 64세 정도의 연령에서 사망률이 가장 높았다.

27 Ärzteblatt 2021년 1월 21일과 2021년 2월 24일 판.

아니어서 백신을 접종한 사람이 —모든 경우 특정 단계— 다른 질병 증상과 뒤섞여 코로나 바이러스의 결과가 합산되는 문제도 발견되었다.[28] 그렇기 때문에 로베르트 코흐 연구소(RKI)는 실제 위험상태를 "매우 높은 수준"으로 보고 있다. "전체 바이러스 감염비율이 낮아지려면 … 결국 발병과 감염조건을 확실하게 방지시키는 등 감염 확산 제한을 위한 대응책이 필요하다."[29]

Ⅲ. 평가의 문제

"실제 감염"이 어떻게 진행되는지 불분명하고 예측하기 어렵기 때문에 헌법에 기반한 규범을 직접 적용하는 것은 소위 "매우 어려운" 과제로 보인다. 어떻게든 시민들의 생명과 건강을 보호하기 위한 기본권 제한은 모두 적절하고 비례성 원칙에 부합하는지 평가해야만 한다. 그러나 기본권 도그마틱과 관련되는 해석 이론들은 사실 전통적 보호영역과 다른 생명과 건강보호를 위한 현재 사항에서는 적합하지 않다. 오히려 소위 "객관적-법적 보호의무"만 중요하게 여겨질 것이다. 사실 객관적-법적 보호의무란 초기 법형성 단계(입법과 행정명령)에서 고려될 사태의 중요성을 판단하는 원리이다. 현재와 같은 상황에서는 행정 명령이 과잉금지 원칙에 반하지 않는지 판단할 헌법적 규범심사는 오히려 약화되어, 어떤 면에서 그에 반하여 아예 최소금지 원칙이 권장될 수도 있다.[30]

---

28 이에 대한 내용은 Deutschen Ethikrates, Ad-hoc-Empfehlung: Besondere Regeln für Geimpfte?, 2021, 2 이하.

29 RKI, Täglicher Lagebericht zur Corona-Virus-Krankheit (COVID-19), Stand: 2021년 2월 27일, 10, https://www.rki.de/DE/Content/InfAZ/N/Neuartiges_Coronavirus/Situations-berichte/Feb_2021/2021-02-27-de.pdf?__blob=publicationFile.

환경과 기후보호에 대한 논의에서 볼 수 있듯이 기본권 도그마틱의 등급화는 —어떤 경우도 기본적 방향성은— "불명확한 행위"[31]로 다룰 "보호 가치"들로만 선정되어 환경이나 기후 변화 등의 가치는 근본적으로 적극적인 보호 대상이 안 될 수 있기 때문이다.[32] 이러한 이유로 헌법학자의 글들은 우선 자유권의 "예외 상황"이 만들어지는 것만 비판[33]하고 있으며, —일시적인 현상은 아닌 듯한[34]— "파쇼적 히스테리에 빠진 위생국가"[35]의 출현만을 우려하고 있다. 또한 —선한 목적으로 입법자(!)들이 구성한— "공포 분위기"[36] 때문에 기본법 제1조 제1문의 규범과 다르게 헌법적 생명권에 대한 법률 유보가 다루어지고 있다는 사실[37] 역시 비판의 대상이다. 비극적인 시나리오에 기반한 정책은 전격적이고 은밀하게 인간의 삶을 위태롭게 한다.(그리고 결국 그렇기 만들기 때문에) "오직 질병만 피하자는 이념"[38](Krankheitsvermeidungsabsolutismus)의 영향으로 이미 기괴한 현상들이 나타나고 있다. 자기결정권을 근거로 [물론 그에 대한 책임을 통해] 시민들에게 "자유 제한을 위한 가능한 조치들 금지"가 점차 완화되고, 이러한 자유 제한이 오히려 "적절한 해결책"으로 권고되고 있다.[39] 그러나 물론 무책임한 방관이 적절한 위기관리보다 현실적으

---

30 규범에 반하는 경우는 이러한 상황에서도 "공식적으로 적절하지 않거나" 또는 "효과 없는" 조치를 취하는 것으로 평가되었다. 자세한 내용은BVerfGE 125, 39, 78 f.; 142, 313, 337.

31 Hofmann/Lukosek/Schulte-Rudzio, GSZ 2020, 233, 236.

32 강력한 환경보호조치를 취하기 위한 헌법청구권에 대해 의문을 제기하는 관점은Groß, NVwZ 2020, 337 이하: 지금까지는 환경보호를 위한 기본권적 의무를 충족하는 것에 대한 입법자들의 부작위에 대하여 논란이 된 적이 없었다!

33 Fuchs, DÖV 2020, 653 이하: "대마를 죽이는 일"(Regiszid); Kotzur, in: v. Münch/Kunig (Hrsg.), Grundgesetz-Kommentar, 7. Aufl. 2021, Art. 20 Rn 176: "예외상황 시나리오"

34 Heinig, Verfassungsblog 2020/3/17; 유사한 설명은 Fuchs, DOV 2020, 653, 654: "Corona-건강독재"

35 Papier, FAZ 2020년 4월 2일자; Wißmann, FAZ 2020년 3월 20일자; 유사하게 Kingreen, FAZ 2021년 2월 25일자, 6: "끝없는 특별정책".

36 Lepsius, FAZ 2020년 4월 25일자.

37 Goldhammer/Neuhöfer, JuS 2021, 212, 213: Kingreen, FAZ 2021년 2월 25일, 6: "생명과 건강보다 귀중한 것"은 없다.

38 Volkmann, Gespräch mit Michael Köhler im Deutschlandfunk 2020년 4월 10일자.

39 Dumbs, NJOZ 2021, 65, 72 이하.

로 더 선호될 수 없다. 왜냐하면 팬데믹 상황이 "기본권적 보호를 약화시키는 응급상황"을 강요하고 있기 때문이다.[40] 국가가 어떤 조치를 하지 않는 것이 타당하고 허용되는 경우는 "방어권의 문제를 스스로 해결가능할 때이다."[41] 이런 이유로 브레멘 대학의 헌법 및 보건법학자 하제는 최근 "헌법 이념의 위기"를 강조하고 "새로운 개념과 논증 형식, 규칙의 형성과 결정"에 대한 논의를 제안하기도 했다.[42]

분명한 것은 —상황이 심각한 경우라도— 관련 법익의 추상적 가치라고 하는 가능한 평가요소 영역에서 판단하지 않는 사실이다.[43] 의심할 나위 없이 위험 실현의 근접한/가능성 또는 원거리/불가능성 구분은 규범적으로 중요하다. 법적 논의에서 대체로 (개념적으로 불분명하지만) 구체적 위험성과 추상적 위험성으로 구분하는 것과 같은 이치이다. 급박한 생명에 대한 위험은 그게 어떤 현상이냐에 따라 규범적 성격이 정해진다. 도덕적 일상 내지 전문적 법현실(예를 들어 형법 제323c조나 응급구호법)에서는 통상 어떤 "희생"이 따르더라도 공동체의 일원으로서 다른 어떤 (개인적이고 집단적인) 의무와 이익보다도 위험에 처한 사람의 생명을 곧바로 구조해야 하는 "구호 원칙"[44]이 요구된다. 예를 들어서 특정 직역에 따라 제공하는 백신 우선권(코로나 백신시행령 제2조 이하)[45]의 문제점은 비록 세부적으로는 (예를 들어 어린이 집 교사와 요양원 등 근무자) 논란의 여지가 있지만, 근본적으로는 특별한 "필요성" 때문에 인정할 수 있다. 독일 윤리위원회와 국립 레오폴디나 학술원이 주도하는 스티코

40 Isensee, FAZ 2020년 6월 5일자.

41 Isensee, 위의 글.

42 Hase, JZ 2020, 697, 703 이하.; 또한 Kingreen (FAZ 2021년 2월 25일자, 6)은 "비교에서 방법론적인 문제와 결함"이 확인된다.

43 Katzenmeier, MedR 2020, 461, 463: 조치의 필요성과 적절성에 대한 규범적인 논의에서는 "본질적으로" 문제가 발생되고 있다.

44 그와 같은 관점에서 개념적으로는 Jonsen, Law, Medicine and Health Care 1986, 172 이하.

45 Bundesministeriums für Gesundheit, Verordnung zum Anspruch auf Schutzimpfung gegen das Coronavirus SARS-CoV-2 2020년 12월 18일자 (BAnz AT 21.12.2020 V3) i.d.F. der VO v. 8.2.2021 (BAnz AT 08.02.2021 V1).

(STIKO: Ständige Impfkommission — 백신위원회)가 제시한 공식 입장은 명확하다: "동일한 위험 상황에는 동일한 조치를 … 불평등한 위험 상황은 불평등하게 조치되어야 한다. 어떤 사람이 … 일반 시민에 비해서 심각하게 사망에 이를 수 있을 정도로 위태로운 경우 … 정의의 원리를 추구하여 그를 먼저 구호하여야 한다."[46]

이러한 원칙은 각 개인이 가진 인간적 실존이라는 특별한 성격 때문이다. 또한 모든 규범 질서가 언제나 존중하는 원리이기도 하다. 인간의 존엄성 보장이라는 토대에서 개인은 타인에게 귀속된 "주체"가 아니라, 전통적인 의미에서 어떤 방해도 받지 않을 "그 자체인 목적"으로 존중받아야 한다.[47] 인간에 대한 이러한 특별한 —요아스에 의하면 모든 인간은 인격체로서 "신성성"(Sakralität)을 가진다는[48]— 의미는 그가 속한 (법적) 일반적 질서 내에서 살해 금지라는 기본 원칙뿐 아니라, "현존재가 심각한 손상"(헤겔)[49]을 입은 경우도 다른 사람들이 그를 존중해야 할 의무를 형성한다. 이러한 특별함 때문에 다른 공동체의 구성원들과 결국 자신도 그와 같은 방식으로 동등하게 [하버마스에 따르면 "정의의 타자"[50](Das Andere der Gerechtigkeit)에 맞게—동일한 제목의 하버마스 후임인 프랑크푸르트 대학의 악셀 호네트의 저서에서 유명해진 개념으로 '객관적 타자'가 아닌 '상호적 주체'를 인정하는 원리 - 역자] 서로를 존중하는 의무로 여겨진다. 그 이유는 인간 생명에 대한 위기상황에서는 자유에 대한 관념이 아니라,[51] 자유의 토대 자체가 문제이기 때문이다. 그러나 타인과 전

---

46 Gemeinsames Positionspapier: Wie soll der Zugang zu einem COVID-19-Impfstoff geregelt werden?, Stand: 2020년 11월 9일, 3 (https://www.ethikrat.org/fileadmin/Publikationen/Ad-hoc-Empfehlungen/deutsch/gemeinsames-positionspapier-stiko-der-leopoldina-impfstoffpriorisierung.pdf).

47 Schockenhoff (주 1, 273 이하)는 본질적 가치성을 논할 때도 생명은 —생명에 대한 개별적인 노력을 위한 필수적인 조건으로서— 가장 중요하게 다루어야 한다고 말한다.

48 Joas, Die Sakralität der Person: Eine neue Genealogie der Menschenrechte, 2011.

49 Grundlinien der Philosophie des Rechts, 1821, § 127 (이로 인한 "모든 법의 실종").

50 Edelstein/Nunner-Winkler (Hrsg.), Zur Bestimmung der Moral, 1986, 291 이하.

51 이에 대하여는 Hegel (주 49): "오직 자유의 제한적 현존재 침해".

체를 위해 요구되는 본인의 희생과 자유제한은 강요가 아니라 기대할 수 있을 뿐인 어떤 것으로 보인다. 응급차량은 "사람의 생명을 구하거나 심각한 상황을 예방하기 위해서 병원으로 가는 긴급한 상황"에서만 병원으로 환자를 호송할 수 있다(도로교통법 제35조 제5a). 그 경우가 아니라면 도로교통에서 요구되는 일반 주행 방식을 엄격히 준수해야 한다.

단순화시킨 비교 모델이 처음부터 의도하는 바는 "구호 원칙"이 존재론적 특성을 가진다는 점이다. 이 존재론적 특성 때문에 —우리가 "영웅적 서사"(산악구조대의 구호 활동)를 떠올리듯이— 결과에 대해 객관적 평가가 아닌 타인 구호를 위한 "희생"을 더 수월하게 정당화하고 있다. 어떤 극단적 행위로 더 많은 사람을 구하는 것이 더 낫다고 평가될 때는 더욱 그렇다. 왜냐하면 사람들은 만일 "확률상 숫자가 많은 생명" 또는 자신들이 익히 알고 있는 위태로운 "피해자"를 대상으로 판단할 때는 이러한 희생을 도덕적으로 과대 포장하기 때문이다.[52] 바이마 뤼베는 이렇게 말했다. "위기에도 구호를 하지 않는 사람은 어떤 사람의 죽음에 … 책임을 질 수 있다. 수천만분의 일 정도로 매우 작은 죽음의 위험에 아무런 행동을 하지 않은 사람이 있다면, 그리고 그 때문에 누군가 죽었다면 … 그는 죽음에 일부 책임이 있다."[53] 발생한 사태에 무작정 책임을 지우는 제도들 때문에 일반적으로 "병원이 질병보다는 더 안전하다." (Medizin, die nicht gefährlicher sein dürfe als die Krankheit - 뤼베: 환자를 병원에 입원시켜 책임을 전가해야 환자 주변 사람들이 불특정 과실책임에서 벗어날 수 있다는 의미 - 역자)라는 말이 생긴 것이다. 이러한 현상은 사실 공리주의자들이 도덕적 판단을 (무엇보다 결과지향적으로) 중립화한 것보다 더 나쁜 것이다. 자유를 제한하는 조치들이 내려지면 건강과 실존적 위험들은 더 이상의 복잡하고 애매한 인과관계에서 벗어날 수 있다. 그로

---

52 이에 대한 설명은 W. Lübbe, Das Gesundheitswesen 2017, 877 이하.

53 W. Lübbe, Das Gesundheitswesen 2017, 877, 879; 또한 Schöne-Seifert, in: Baur-mann/Lahno (Hrsg.), Perspectvies in Moral Sciences, 2009, 421 이하; Zimmermann, AmosInternational 2017, 10 이하.

인해 적절한 치료가 없는 현실 상황은 종료되는 것처럼 보일 수 있다. 도움이 필요한 "일반적 위험"(형법 제323c조) 같은 상황처럼, 그리고 수백 년 이상 지속되는 "전염병 보호"[54]와 관련한 특별 입법의 역사가 잘 말해 주듯이, 전체 사회가 주목하고 있는 감염 위험성은 건강과 생명을 위협하는 직접적이고 근접한 위기로 인식된다. 그로 인해 주로 공적인 보건 의료진의 감시 역량이 강화되는 결과가 만들어진다. 건강을 보호하는 제도가 이 임무를 ―그리고 게다가 효과적으로― 수행해야 하고, 이 모든 행동은 공동체의 전적인 신뢰를 얻게 된다.

그럼에도 불구하고 이를 위해 모든 삶을 희생하는 것은 이해할 수 없다. 코로나로 인해 "가택 근무"와 아동양육 사이의 갈등으로 인한 심리적 혼란, 교육과 아동의 양육 기회가 점차 열악해지는 것, 가족 간 평화와 문화적 필요, 경제적 이익의 추구와 같은 것들이 의미 없는 것으로 급변하는 것 등을 적극 찬성할 수는 없다. 이러한 사항들은 아직 충분히 논의되지도 않았다. 모든 것이 "국가적 팬데믹 상황"(감염병예방법 제5조)이라는 이유로 강제된 행정 명령을 근거로 중단 또는 희생할 것이 요구되고, 이는 곧바로 정당화되었다. 공식적으로 확인할 사항은 이와 같이 적용된 조치들이 실제로 코로나와 관련된 건강과 삶의 위기("트리아지" 계획에 따른, 그러나 직접적으로 "비코로나 환자들"에게 미친 제한된 병상과 의료여건의 영향으로 미치는 손상)[55]에 얼마나 효과적인가이다. 그에 따라 이제 손상된 생활과 그에 대한 타당한 해석을 충분히 판단하는 방식[56]으로 자유 제한이 있던 상태와 자유 제한이 없었던 상태 간의 차이점이 밝혀져야 한다. 그래야만 원래 누리던 일상을 제한받아 초래되는 일상 사회

---

54 독일제국질병법[das Reichsseuchengesetz 1900년 6월 30일 (RGBl. 1900, 306)].

55 대학병원조차도 "선별적 치료"를 위해 환자 보호 역량을 코로나 환자들에 대한 필수적인 관리를 위해 장비와 시설을 재배치해야 하는 한계상황에 처했다(그에 대한 사항은 니더작센 주 "팬데믹 특별위원회" 2021년 2월 8일자 보고서). 모든 관련 환자들이 한계상황 때문에 적절한 치료를 못 받은 것은 물론 아니다.

56 이에 대해 법과 발전사학적인 관점에 대한 분석은 Lübbe-Wolff, Das Dilemma des Rechts. Über Strenge, Milde und Fortschritt im Recht, 2017, 특히 21 이하.

생활에서의 변화를 판단할 수 있다. 그럼에도 불구하고 이 조치에 따라 봉쇄된 상태에서 머리를 길게 기르는 등의 외형적 결과로 정신적인 불안감을 겪었더라도, 또한 이를 보다 근본적인 규범 차원에서 미용실을 못 가서 초래된 "신체 위생"[57](원래 다니던 미용실을 더 이상 못 가고 다른 곳을 방문하는 것을 제외)의 제약을 가지고 인간 "존엄성" 훼손 문제로 주장하는 것은 적절하지 않다.[58]

얼마나 빠르게 "급박한 시기에 중대한 평가"를 할 수 있는가 또는 (즉 중요한 결정에 대한 부담에도 불구하고) 복잡한 사항을 평가할 수 있는지는 "아스트라제네카" 백신의 접종 중지 결정에서 보여 주었다. 폴 에어리히 연구소는 " … 백신 접종이 시작될 때 특정 백신은 드물게 백신 투약 후 뇌혈전증의 특별한 부작용을 야기할 수 있다"는 연구 결과를 발표했다.[59] 그에 따라 인과관계는 높아져서 —코로나 바이러스에 의해서도 높아지지만— 일단 뇌혈전 위험성은 백신 접종과 특별한 관련이 없고 (호주의 연구에 따르면 혈전증의 "부작용"은 백만 명당 15.7명 수준)[60] 후유 질병 내지 관련 부작용은 백신 접종 직후 아주 우연한 관련성이 발생되는 경우라도 조심해야 하는 것으로 알려졌다. 아스트라제네카 백신으로 인한 혈전증 위험성은 지금까지 1 : 250,000의 확률[61]로 보고된다. 이 확률은

---

57 2022년 2월 10일 온라인으로 개최된 주정부와 공동으로 열린 메르켈 연방수상의 회의록, Ziff. 5 (https://www.bundesregierung.de/resource/blob/975226/1860078/7bc8372d6-b3ade8c99-ea832c 45119185/2021-02-10-mpk-barrierefrei-data.pdf?download=1).

58 예를 들어 Söder, 2021년 2월 11일자 기자회견 (https://friseurebayern.com/tag/markus-soder/); nach Auffassung des VG Bremen (2020년 11월 11일 보고서 - 5 V 2472/20, BeckRS 2020, 30882)은 "결코 법적으로 미용실 폐쇄를 강요하지는 않을 것"이라고 했다.(그러나 "일괄 조사를 통해" 불평등하게 조치를 내리는 일만 하지 않았고, '상당수의 브레멘 거주자는 머리 깎는 것이 허용되었지만, 순수 미용을 위한 서비스들은 거의 포기해야만 했다.")

59 2021년 3월 15일자 언론브리핑, https://www.pei.de.

60 Devasagayam et al., Stroke 47 (2016), 2180 ff. (online: https://www.ahajournals.org/doi/ 10.1161/STROKEAHA.116.013617?url_ver=Z39.88-2003&rfr_id=ori%3Arid%3Acrossref.org&rfr_dat=cr_pub++0pubmed&=&).

61 예를 들어 뮌헨의 쉬바빙 병원의 감염학 전문의의 견해는 Wendtner, https://www.science-mediacenter.de/alle-angebote/rapid-reaction/details/news/thrombosen-als-verdachtsfaelle-auf-impfnebenwirkungen/.

(추정적으로) 일반적인 위험으로 보기 어려울 뿐 아니라, 임신을 회피하기 위한 피임약의 효과(2 : 10,000)[62]보다도 낮은 것이 사실이다. 규범적으로 볼 때 이미 발생한 (점차 심각해지는) 질병 치료에 의한 부작용 피해라는 두 가지 원인이 아니라, 건강을 다루는 의료적 규정이 더 문제될 수 있다(이 경우도 의심할 나위 없이 "안전성" 증가는 기대할 수 있다). 두 경우에서 각각의 피해를 회피할 수 없는 것은 아니다. 왜냐하면 각 조건들은 각각의 원인 때문에 발생하지 않았을 수 있다. 그러나 백신 접종을 거부하면 바이러스에 의한 위험성이 증가하여, 이는 피임약의 부작용 효과와 달리 심각한 결과를 초래할 수 있다. 백신 접종 없이 건강을 유지하는 것 자체는 사회적 거리두기로 확보될 수 있는 효과와 다르다. 규범적인 중요성은 결국 상황에 의존적이다. 손해의 위험성을 감수하면서 백신이 의도하는 목적에 따라 코로나 감염 또는 최소한 심각한 상황 예방을 —단지 확실한 개연성 수준으로(아스트라제네카 백신의 경우 12 주 정도의 간격으로 제1차와 제2차 접종 시 약 81%의 예방 수준)— 수용하는 것이다.[63] 그러나 결정적 물음에는 대체로 대답하지 못한다: 그렇다면 "그래도 받아들일 수 있는" 그리고 "더 이상 받아들이기 어려운" 것 사이의 경계는 어디인가?

IV. 비합리주의의 극복

가장 근본적인 문제는 아무래도 언제나 이 "비교"가 상황에 의존한다

62 2014년 1월 30일 Rote-Hand-Brief des BfArM https://www.bfarm.de/SharedDocs/Risikoinformationen/Pharmakovigilanz/DE/RHB/2014/rhb-khk.pdf;jsessionid=258D234BF242B0C09D967A2FDF23CCB5.2_cid354?__blob=publicationFile&v=15.

63 예를 들어 Voysey/Clemens et al., The Lancet Vol. 397 (2021), P881-891 (DOI:https://doi.org/10. 1016/S0140-6736(21)00432-3): 오직 55%만 6주간의 거리두기를 함.

는 것이다. "높은 중요성"[64]을 중심으로 조치가 취해지는 것이 아니다. 특정 상황에 따라 향후 발생될 잠재적 위험성을 감안하여 어떤 조치가 취해질 뿐이다. 사실 잠재적 위험성은 절차적 합리성과 결과를 수용하는 데 근본적 문제를 야기할 수 있다.[65] 원래 규범적 근거와 그 반대 근거를 함께 평가해야 하는데, 그럼에도 불구하고 평가될 필요한 중요성과 현재 상태를 감안한 향후 가능성은 기존 규범질서에 파악하기 어려울 만큼 불분명한 상태[66]이다. "타당성"과 "개별적 정당성"의 관점에서 보면, 현재 적용하는 이익교량 기준은 팬데믹 시기의 자유 제한을 위하여는 마치 도박사들의 예측처럼 기능할 뿐이다. 원래 "규범에 따른" 법적용이라는 본질에는 모순이다.[67] 명확한 가치 기준 없이 결정을 실제로 내리는 ―어떤 경우도 타당성이 없는[68]― 행정 명령은 "상상력에 기한 행위"[69]일 수 있다. 사실 "균형감에 따른" 비교[70]라는 아름다운 상상력은 없어져야 할 과거의 폐단이고, "정당한" 판단을 통한 적당히 균형 잡힌 결정이란 처음부터 불가능하다는 사실이 이미 뤼커트에 의해 증명되었다. 그에 따르면 절차적 안전성이란 "원래 없는 것"이다.[71] "돈이냐 생명이냐?, 자유냐 건강의 보호냐? 자기 책임이냐 후견적 국가냐"[72]를 선택하는 문제도 마찬가지이다. 누가 자신의 개인적 "이해관계"(개인적 감정)[73]

---

64 "중요성 공식"은 이미 알렉시 교수에 의해 공식화되었다. 그의, in: Sonnenschein-GS 2003, 771 이하.

65 이에 대해서는 Alexy, Ratio Juris 16 (2003), 131 이하; Sieckmann, Rechtstheorie 1995, 45, 53 이하.

66 자세한 내용은 Habermas, Faktizität und Geltung, 2. Aufl. 1992, 315 이하: "… 가치는 다른 가치들과 개별 사례에 따라 일정 질서를 결정할 수 있다. 왜냐하면 그를 결정할 합리적 기준이란게 없어서 비교교량은 자의적이거나 기본적인 기준이 결여되기 쉽기 때문이다. …"

67 원론적으로는 Leisner, Der Abwägungsstaat. Verhältnismäßigkeit als Gerechtigkeit?, 1997, 예컨대 44: "개별적 사태의 독재성"과 "예외상태"의 근거, 220: "규범에 대한 거리감" 등의 문제; 법사학적인 분석은 Rückert, JZ 2011, 913 이하.

68 상세한 내용은 Leisner (o. Fn 66), 114 이하: "통제의 종말".

69 Hofmann, Abwägung im Recht, 2006, 545.

70 Scheuner, VVDStRL 20 (1963), 125.

71 Rückert, JZ 2011, 913, 921.

72 Wingert, Deutsche Zeitschrift für Philosophie (DZPh) 69 (2021), 29, 30.

73 적절한 설명은 Windisch, in: Müller/Mastronardi (Hrsg.), „Abwägung". Herausforderung für eine Theorie der Praxis, 2014, 19, 27: "직감이 법에서 사용되는 경우 그 결정은 처음부터 법적인 것이 아니다 … 일부의 이

를 완전히 벗어나는 세밀하게 정해지고 상호주관적으로 동의할 수 있는 객관적 답을 제시할 수 있겠는가."

우리가 비합리주의를 극복하는 방법은 두 가지이다. 첫째는 현행 법질서와 "형식적인 근본 구조"[74]에 충실하게 규범적 해석을 해보는 것이다. 이러한 토대에서 일반화된 비교 규칙[75]을 적용하여 현재 갈등하는 사태를 면밀하고 객관적으로 판단하여 구체적 "중요도"를 정해 볼 수 있다. 가치원리를 구체화시켜서 개별적으로 고찰하는 관점에서 "단지" 특정 사태 해결을 위한[76] 현재의 실정법 규칙들과 다른 방식을 사용해봐야 한다. 현재 적용된 "중요 규칙들"[77]은 보통 분명하게 현재의 문제들을 설명할 수 없다. 그 때문에 기존의 규범과 그에 포함된 가치들을 우선 다시 정립해봐야 한다. 이 가치 목록은 형성된(여기서는 헌법적으로 보장된) 규범 질서 안에서 일반적으로 규범적 중요도에 따라 정해져 있고,[78] 그 침해의 수준 역시 갈등 상황의 개별적 가치의 최소 또는 최대 가능성을 감안하여 정해졌다. 그런데 알렉시 교수가 강조했듯이, 가치들을 명확하게 등급화하거나 단순화하여 소극적으로 배제하는 것은 거의 불가능하다. 대체로 전통적 모델[79]은 침해의 정도를 "중하게", "보통 정도의", "경한" 등으로 구분하거나, 실제 기대되는 수준을 통해 "매우 가능한", "실제로 가능하거나/개연성 있는", "거의 가능성 없는" 등으로만 구분한다. 같은 방식으로 우리는 기본법 제1조에 따라 추상적 가치성을 인격권과의 근접성에 따라 "단순 침해불가" 내지 "예외적으로 제한가능" 등을

해관계에 따라 이루어지는 것은 그 관련자의 이익에 따른 주관적 결정에 불과하다. …"

74 Voßkuhle, Das Kompensationsprinzip, 1999, 48.

75 Somek, in: Hiebaum/Koller (Hrsg.), Politische Ziele und juristische Argumentation, ARSP-Beiheft Nr. 92 (2003), 113, 115.

76 삼단논법을 넘어선 "포섭"의 복잡성에 대한 논의는 Duttge, in: Wolf-FS 2018, 135 이하.

77 Windisch (주 73), 42, 52: "관련규범들".

78 적절한 설명은 Windisch (주 73), 64: "법은 조화여야 한다. …"

79 Alexy, in: Sonnenschein-GS 2003, 771, 783: "법적 평가 기준은 단지 부정확한 관계성만 정할 수 있다 … "; Windisch (주 73), 62.

구분하거나, 그 제한을 이미 특정 사태를 근거로(비례성 원칙에 따른 계고) 가능한 것으로 설명할 수 있다. 그러나 관련된 사람들의 숫자도 중요하긴 하지만, 개인들의 실존적인 요구가 거의 없는 경우나 도덕적 권리에 대한 논의가 전혀 없는 경우도 보호에 포함될 수 있다.[80] 이러한 상황 이외에도, 자유 실현의 제한이 보편적으로 허용될지, 또는 전체 사회의 일정 수 또는 매우 적은 수 내지 한 개인에게만 적용되는지 살펴보는 것도 매우 중요하다.

이러한 고려에 따라 구성되어 제안된 새로운 방식(Matrix)은 법이론적으로 소위 "유동적 적용 체계"(Bewegliches System)라고 부른다.[81] 이 방식의 중요한 내용은 유형화된 사태들 속에서 가치 기준을 각 가치원칙들에 따라 정하는 것이 아니라, 다양한 기본 가치 내지 주요 목적을 감안하여 결정하는 것이다(다수 결정 테제).[82] 그에 반하여 어떤 기본 가치의 추상적인 가치성을 "가치 교량"한다는 측면은 여전히 협소한 태도이다. 여기서는 오히려 비교를 구체화할 것이 필요하다. 갈등하는 가치원리들을 어떤 유형의 사회적 상황에 맞출 것인가를 위해서 다시 구체적 중요도를 결정해봐야 하기 때문이다. 구체적 (유형적) 충동상황에서는 추상적인 가치 원리들의 규범적 "특성"을 기준으로 양적인 가치를 고려할 수밖에 없다. 즉, "어느 수준의 피해와 이익 구조"[83](등급화 테제)에서 필요한 ―물론 규범에 부합되는― 사태의 구체적 분류를 등급화되는 "사태군"에 일치시켜야 한다. 가치 등급화와 사태 구조의 구분은 이런 방식으로 비교할 수 있다.[84] 그래서 위험은 위기에 처해진 법익의 크기에 따라, 또는 위험 발생가능성이 근접하냐 원거리에 있느냐에 따라 "우연한 불행"부터 순수 이론적 위험까지 유형별로 구분해 볼 수 있다. "개별적인

80 "법적인 판단의 붕가능성"에 대해서는 이미 주 47 참조.

81 기본적으로 Wilburg, Entwicklung eines beweglichen Systems im bürgerlichen Recht, 1950.

82 예를 들어 Bydlinski, AcP 204 (2004), 309, 332.

83 Bydlinski, AcP 204 (2004), 309, 333.

84 무엇보다도 Koziol, ALJ (Austrian Law Journal) 3/2017, 160, 166 이하.

사례들의 상황을 비교하는 것"과 달리, 규범적으로 전혀 중요하지 않은 관점들은 판단에 영향을 미치지는 않는다. 그러나 이 규범적으로 덜 중요한 가치들이 유형적인[85] 세분화를 통해 법질서에서 승인한 다른 가치들과 분명히 관련된다는 것은 분명해질 수 있는 것이 사실이다.

동시에 왜 "비교된" 가치판단이 이러저러한 의미로 결정되는지도 세분화된 새로운 방식(Matrix)에 따라 설명할 수 있고 —"법적인 탁상공론"을 벗어나서— 사회적 여건을 감안한 현실적 대안을 제시할 수 있다. 결정적인 한계설정, 즉 소위 "등급화된 단계"[86]도 사실 "관련자의 관점"과 완전히 중립적일 수는 없다. 등급화가 규범적이고 강제로 다양하게 비교한 요소들을 감안하여 정해지면 자의적인 것에서 벗어날 수 있고, 한계 설정을 상호적으로 "승인할" 수준에 가깝게 다가갈 수는 있다.[87] 등급화는 "유동적 공동협력 체계"[88] 안에서 이 "요소들"을 완전히 허용하지만, 그로 인해 판단에서 중요하지 않은 가치들은 소홀히 여기는 문제는 있다. "유동적 적용 체계"에서 "유동성"은 결코 애매한 "타당성"을 의미하지 않는다. 오히려 일반적으로 확정된 가치등급의 수와 내용에 따라 "관계성을 형성"하는 것으로, 그 안에서 타당성은 [규범적으로 중요한] "사례들의 상태"[89]에 따라 구성된다.[90] 체계를 고안하는 데 도움을 준 법이론가 프란츠 비들린스키는 입법을 위한 유동적 적용 제도의 특별한 의미를 다음과 같이 설명하고 있다. "합리적인 관점에서 중요하게 다루

---

85 Allgemein zur typologischen Begriffsbildung u.a. Duttge, Jahrbuch für Recht und Ethik Bd. 11 (2003), 103 이하.

86 Kuhlen, in: Herberger/Neumann/Rüßmann (Hrsg.), Generalisierung und Individualisierung im Rechtsdenken, ARSP-Beiheft Nr. 45 (1992), 101, 120.

87 예를 들어 Fischer, AcP 197 (1997), 589, 604와 Westerhoff, Die Elemente des Beweglichen Systems, 1991, 39: "가치요소들의 … 구체화"; 유사하게는 Otte, Jahrbuch für Rechtssoziologie und Rechtstheorie II, 1972, 318 이하.

88 Wilburg, AcP 164 (1964), 346.

89 보충적으로는 헌법에 따라서 평가.

90 Canaris, Systemdenken und Systembegriff in der Jurisprudenz, 2. Aufl. 1983, 82; 명확한 설명은 Bydlinski, AcP 204 (2004), 309, 332.

어야 하는 점은 입법자들은 … 정당성에 일치하는 기준으로부터 … 법의 관련된 근본구조를 변형시키지 않는다고 믿고 있지만, 그러나 사실 그들은 이미 개인적 의지를 입법화하고 있다."[91]

문제는 전염학적 개별 조치 안에도 있다. 어린이 집이나 학교 개방은 졸업반에 한정하고(니더작센 코로나 규정 제13조 제1항 제1문),[92] 반면에 대학 수업은 모두 온라인으로 전환한다(미래를 위한 "희망의 원칙" 제한). 수공업자를 위한 시장은 열면서 극장과 박물관은 계속 폐쇄한다. 주말시장은 허용하여 "생필품과 화훼, 가정용 화분 정리를 위한 꽃병과 부수용품들만 거래"하는 것을 제한적으로 허용한다(니더작센 코로나 규정 제10조 제1b항 제1문 제2호). 반면에 "특별 시장과 기념 시장, 유사한 상거래"는 금지한다(같은 규정 제10조 제1항 제1문 제3호). 유사한 사례들은 헤아릴 수 없을 만큼 많다. 이러한 모든 제한들은 특정 기준에 따른 것이라기보다는 조치의 효과만 이용하려는 편의적 정책에 불과하다. 또한 정치적으로 사람들에게 어필하려는 노력일 뿐이다. 투명하고 근거 있는 차별적 정책이 포함된 기준은 규칙을 적용하는 사람들이 법적 안정성을 고려하여 분명하고 명확한 세부적 (이후 사정에 따라 형성될) 계획을 제시하여 (개별적인 평가는 "감염학적인 상태"를 감안하여), 확실하고 결정적 행정명령을 내릴 수 있어야 한다. 이러한 명령은 사회적 권리를 분명히 제한하고 있다. 외형적으로도 실제 예들은 다수 확인할 수 있다. "사람들 모임은 최대 2가구에 소속되는 5명 이하로만 허용하고, 그 안에 아동은 14세 미만으로 하고, 부부 또는 동거인의 경우 함께 거주할 것 등이 요구된다. 요양보호사 또는 관련 시설은 별개이고 … 다른 사람들은 … 제1문과 달리 광역 지역과 행정 구역 외곽 도시 지역은 … 3가구의 소속원들이 10명까지 모임이 허용될 수 있다 …"(규정 제2조 제1항 제1문, 제4문).

---

91 Bydlinsky, AcP 204 (2004), 309, 336 이하.

92 2021년 3월 12일 개정, https://www.niedersachsen.de/Coronavirus/vorschriften-der-landesregierung-185856.html.

이 명령을 자유권을 근거로 비판하는 사람들은 매우 단순한 의견을 공유한다. 자유 (때로는 부분적으로) 제한을 위한 —의심스러운 때는 자유에 유리하게(in dubio pro libertate)— 개별 명령 조치들은 언제나 급하게 내려지고 그 취소나 변경도 똑같이 급하게 만들어진다.[93] 정말 필요한 것은 더 나은 대안에 대한 노력뿐만 아니라, 건강과 생명에 대한 가치와 비교될 자유에 대한 신뢰성 가치를 확보하는 데 있다. 경제적으로는 팬데믹에 의한 국가의 자유 제한 조치에 따른 사람의 생활상 손해를 "경제적인 수익가치로 평가한 자본"으로 산정하여 그 수준과 피해액을 산정할 수 있다. 그런데 법과 윤리의 관점에서는 —루츠 빙거트의 말처럼— 이 제한이 법 내지 도덕적 "공정 기준"에 따라 평가되어야 한다. 규범적 관련성은 법/도덕적 주체라는 관계를 —예를 들어 기본법 제1조 이하에 따라— "양적 크기가 아니라, 기본적인 도덕적 의무와 권리성에 따라 평가할 수 있다."[94] "현행법의 기본 구조"[95]는 인간의 삶과 심각한 건강상의 침해를 보호하는 것을 단순히 자기지시적 일상 방식(자기결정권)[96]을 넘어서는 "최상의 가치"라고 설명한다. 그 때문에, 예를 들어 헌법에서 근거한 생명에 위험이 닥치면 즉시 구호해야 할 의무는 실정법상 규정된 의료 이념과 달라도, 무조건 생명을 지키는 방식으로 실천해야 한다. 비록 (단지) "치료에 의한 회복이 가능하지 않거나 치료효과가 미약"한 경우라도(사회법 제2조 제1a항 제1문)[97] 의료보험법의 "경제성 고려 요구"(사회법 제12조)는 적용되지 않는다. 그 이유는 "긴급한 생명위험"이 초래되고 사람이 "긴급한 상황"에 처해 있을 때처럼 생명이 위태로운 질병에서

---

93 이에 대해서는 이미 주 33 이하.

94 Wingert, DZPh 59 (2021), 29, 41 이하.

95 주 91.

96 그 사이 고유한 생명의 자발적 중단에 대한 제3자의 원조(조력 자살)에 관한 중요한 결정은 BVerfG NJW 2020, 905 이하. ["자살권(Grundrecht auf Suizid)"]

97 BVerfGE 115, 15, 45와 49; 그 이후 연방행정법원과 연방사회법원 판결에 대해서는 Bockholdt, NZS 2017, 569 이하; 판례에 따르면 최소한의 관점의 요구들이 적을 수록, 더 중요하게 여겨 환자와 치료 희망 없는 사람이 질병상태를 입증토록 하고 있다: BSGE 96, 170 = NZS 2007, 144, 148; VGH München BeckRS 2018, 9470 (Rz 39).

는 경제적 관계는 고려하면 안 되기 때문이다.[98]

그렇다면 이제 우리는 예상할 수 없던 코로나 19 감염을 직접적인 자연재해(예를 들어 쓰나미나 화산폭발과 같이)로 인한 심각한 위험성과 마찬가지로 실존적 위협이 "발생할 가능성"이 아니라, 오히려 "심각한 현실"이라고 말할 수 있다.[99] 감염 과정은 "수치로 표현된 삶"으로 평가할 수 없다. 바이러스 감염은 구체적 인간의 삶 이외의 것도 급격하게[100] 위태롭게 만든다. 예컨대 구체적 개인을 "모든 수단을 다 동원하여"(구호 원리)[101] 무조건 구조하고 보호해야 할 급박한 위기상황에서는, 갑작스런 경제적 위기나 심리적 부담 등과 같이 "수치로 표현된 삶"과 관련된 사항처럼 감염학적인 통계에서 표현되는 위험성은 다른 모든 규범적 보호 대상보다 중요하게 여길 수 없다. 치명적인 질병으로 입은 손상의 회복 불가능성과 명확한 감염 가능성, 질병의 결과를 가늠할 수 없는 점 등은 사실 (변이가 더 확산되고 백신 접종이 더 증가하면 변화될 수밖에 없는) "위험집단"에 포함되었다는 (또는 포함되지 않았다는) 사실과 아무런 관련성이 없다. 죽음의 위기를 직면한 사람들은 점차 자유를 제한하는 명령들이 증가하는 것을 근본적으로 적절한 것으로 생각하게 될 뿐 아니라, 피할 수 없는 것으로 생각할 수 있다. 왜냐하면 개인주의에서 시작하여 비례적으로 동등한 권리는 타인을 위해 포기하기 어려운 법질서조차도 자신의 노동권과 경제적 이윤추구권, 자유로운 활동권, 교육과 문화권을 타인의 생명을 희생하면서까지 요구하지는 않을 것이기 때문이다. "무지의 장막"(존 롤스) 속에서는 아무도 위험한 도박에 운명을 걸지 않는다. 이런 사람은 사실 모든 사람의 자유실현을 위하여 자신의 생명을 희생

98 BVerfG NJW 2017, 2096, 2097; 또한 BSG BeckRS 2018, 9913 (Rz 21): 사망에 이르는 질병의 과정은 "가능한 단기간, 확인가능한 시기 안에서" 발생되어야 한다.

99 등급화에 대한 주 79 참조.

100 사회 보험법의 관점에서 필요한 행위에 대한 관점은 연방사회법원에서 "긴급 초지의 필요성" (주 98)으로 설명된다.

101 상세한 내용은 주 52 이하.

해야만 한다는 것도 실제로 감수할 것이다.

규범적 관점에서 자유 제한은 세 단계로 시행될 수 있다. 첫째 전반적으로 일반적(규율에 따른)이고 구체적 상황의 (전적인) 자유 침해는 실제 보편적 생명보호에 도움이 될 경우만 정당할 수 있다. 반드시 필요한 것은 요구되는 제한조치에도 허용되는 목적합리성의 최소 기준이다. 예를 들어 그 조치가 내려져도 시간에 맞추어 산책을 할 수 있는 등의 권리는 보장해야 한다.[102] 물론 AHA기준(거리두기, 위생관리, 마스크 착용)은 준수해야 한다. 그러나 많은 영역에서 다양한 자유 제한 명령들은 여전히 처벌 규정을 통해서만 강제되고 있다. 예를 들어 아동이 공동체의 수칙 내에서 감염병 유발자가 아닌 것으로 분류하려면,[103] (그 원인에 대해서는 연구가 더 있어야겠지만) 우선 예측 가능하고, 소그룹으로 구성하여, 일부를 먼저 테스트해보는 시도도 필요하다. 그리고 두 번째로 목적을 달성하기 위한 제한에는 예외가 없어야 한다. 즉 유약한 수단이나 다른 가능한 건강을 보호하는 선택이 불가능해야 한다. 빈번히 논란이 되는 인격성과 관련되는 사항(예를 들어 종교적 활동)에서 나타나는 자유권의 예외는 특히 문제가 된다. 정치적 견해와 민주적 참여권 등의 자유권은 특히 중요하다(특히 집회와 결사의 자유권).[104] 그러나 이 분야의 "전면적 금지"의 가능한 방법과 개념을 찾는 노력들(예를 들어 교회 예배 또는 집회를 전면 금지하는 것)도 이 명령이 꼭 필요한 경우 피하지 말고 진지하게 검토해봐야 한다.

백신 계획에 따라 점차 백신 접종율이 증가하는 것은 사실이지만, 이로써 곧바로 완전한 문제 해결을 기대할 수는 없다(또한 백신에 따른 면역기간도 고려해야 한다). 그리고 새로운 변이 역시 새로운 불확실한 위험으

---

102 Stadt Dortmund, Bekanntgabe 2020년 4월 3일자, https://www.dortmund.de.

103 이러한 관점은 Heudorf/Steul/Walczok/Gottschalk, Monatszeitschrift für Kinderheilkunde 2021, 2021년 3월 2일 출판, https://doi.org/10.1007/s00112-021-01134-8.

104 이에 대한 설명은 Wingert, DZPh 69 (2021), 29, 48: "조심스러운 대상(rohes Ei)".

로 등장하고 있다. 또한 코로나 예방 조치와 백신 접종은 —다양한 입법자의 권능이기 때문에— 분리된 사태가 아니다. 어떤 집단을 감염원과 가능한 관련자로 분류할 수 없고, 지금처럼 특정 지역을 "감염 발생 지역"으로 지정할 수 없다고 생각하면, 그에 따라 미리 위험을 예측하여 자유를 제한하는 것도 할 수 없게 된다.[105] 마지막 셋째는 선택의 여지가 없고, 효과적인 생명보호 예방 조치들이 인간의 존엄성을 해치지 않는 것으로 정당화될 수 있어야 한다. 만일 인간 존엄성 보장에 반하는 조치가 어떤 것인지 구체화할 수 있다면, 일정한 중요성을 예상할 수도 있다. 나이가 많고 도움이 필요한 사람들이 지속적으로 면회나 활동을 제한 받아 결국 이들이 "고독하게 사망"하게 되는 것은 지금과 같은 상황에서는 비인간적으로 보여도 어쩔 수 없는 현실이다.[106]

V. 예 상

전반적으로 생명과 건강보호에 대한 행정 명령이 비례성 원칙을 무시하여 "전체주의적인" 정책으로 발전하지 말아야 한다. 전체주의적 판단이란 자유권을 절대적으로 열등한 권리로 만드는 게 아니라, "근본 법익"[107]인 생명과 건강을 개별적으로 현명하게 평가하는 것이 아니라, 규범적으로 미리 등급을 정해 버리는 것을 말한다. 다름 아닌 안전우선주의(tutioristische Position)의 문제이다. 이 관념은 지속적인 불명확성에서 "합리적인 선택"이 어려울 때 안전만을 우선 선택하도록 강요한다. 에버

105 이러한 의미에서 Nida-Rümelin, SZ 2020년 5월 24일자, 19.

106 또한 Hufen, Zur verfassungsrechtlichen Beurteilung von Besuchs- und Ausgangsbeschränkungen in Alten- und Pflegeheimen aus Anlass der COVID-19-Pandemie, 2020, 30.

107 Rawls, Politischer Liberalismus, 1998/2003, 276 이하.

하르트 쇼켄호프는 안전우선주의를 두려움이나 걱정, 합리적인 비교를 할 수 없는 경우로 혼동하면 안 된다는 점을 명확하게 한 바 있다.[108] 확실히 일반적 위험과 증가하는 위험의식 속에서는 신뢰할 만한 해답을 찾기 어렵다. 언제나 급격한 결정으로 회복될 수 없는 도덕적 이익이 훼손될 수 있는 경우는 그 위험성에 대해 진지하게 생각해야 한다.[109]

현재 사회 상황을 실제로 우울하게 만드는 것은 사회 집단의 외형적 손상, 즉 지금까지 인생의 가능성이 제한되는 경험과 새롭게 등장한 어려움이 아니다. 이는 다양한 구조적 잘못이 복합적으로 연결되어 있다. 예를 들어 —안전하지 않은 학교부터 인터넷 연결이 불안정한 것, 그리고 많은 제한적 조치 때문에 야기된 인적인 흠결까지— 이 상황이 앞으로 더 나빠질 때조차 마찬가지이다. 더 심각한 것은 점차 증가하는 준비상태이다. 이는 이러한 준비를 안 하면 오히려 정치적으로는 무책임한 것으로 보일 수 있기는 하다. 그런데 이 준비상태는 필수인 사항들의 판단을 위한, 그리고 결과에 대한 대책을 미리 세우는 전략[110]으로 인기를 끌 수 있는 단기간의 —그리고 단견에 따른— 효과만 보장한다. 이를 통해서는 —거의 "맹목적이어서"— 상황은 나아질 수 없다. 오히려 실상을 파악해보면 더 열악해진다. 이러한 상황은 "속박으로부터의 해방"을 진정으로 원한 사람의 동의를 받을 수 없다. 충분한 전략이 없으면, 지속적이고 명확한, 그리고 간결한 건강에 관한 의사소통도 없다. 근본적인 가치의 기본 관계가 "사람들 견해"를 따라 우왕좌왕하면서 혼란스럽게 하지 말고, 그 대신 형식적인 것이 아닌 실제 코로나 위기를 "인간성을 회복하는 시기"로 받아들여 자기 스스로 각성하고 회복하는 계기가 만들어야 한다. 철학자 라이너 마르텐은 다음과 같이 말한다. "코로나 시기는 적지 않은 사람들에게 … 진지한 시절로 경험될 것이어서, 우리에

---

108 Schockenhoff (주 1), 287 이하.

109 "예측 이전의 우선순위"에 대하여는 Jonas, Das Prinzip Verantwortung, 1984, 70 이하.

110 Lehrreicher Ost-West-Kulturvergleich bei Krüger, DZPh 69 (2021), 69 이하.

게 … 인간 존재가 무엇인지에 대해 진지하게 생각할 기회가 될 수 있다. 고통과 위협을 극복하는 일은 결코 영원하고 궁극적인 것이 아니다. 오히려 창조적이고, 정말 축복받을 방식으로 대미를 장식하는 것이 더 중요하다."[111]

---

111 Marten, Die Pandemie. Eine philosophische Perspektive, 2021,105.

의사 조력 자살에 관한 생명윤리적 고찰

정재우
가톨릭대학교 교수

서 문

얼마 전 국내 설문조사 연구에서 전체 응답자 1,000명 중 76.3%가 안락사나 의사 조력 자살(physician-assisted suicide)의 법제화에 찬성한다는 연구 결과를 발표하였다.[1] 그 뒤를 이어 이른바 '조력 존엄사'라는 이름으로 의사 조력 자살을 합법화하려는 연명의료결정법 개정안이 발의되었다.[2] 생의 말기를 둘러싼 국내 생명윤리 논쟁이 몇 년 전의 연명의료결정에서 이제 안락사와 의사 조력 자살로 넘어가, 보다 적극적으로 환

---

1 Y. H. Yun, J. A. Sim, Y. Choi & H. Yoon, "Attitudes toward the Legalization of Euthanasia or Physician-Assisted Suicide in South Korea: A Cross-Sectional Survey", Int. J. Environ. Res. Public Health 19/5183(2022), https://doi.org/10.3390/ijerph19095183 [2022.06.13].

2 안규백 의원 등 12인, 「호스피스・완화의료 및 임종과정에 있는 환자의 연명의료결정에 관한 법률 일부개정법률안」, 2022.06.15, https://opinion.lawmaking.go.kr/gcom/nsmLmSts/out/2115986/detailRP[2022.07.05.].

자의 목숨을 끊는 행위를 법적으로 허용할 것인가가 문제가 되고 있다.

본고에서는 의사 조력 자살을 둘러싼 윤리 문제를 살펴보고, 인격주의의 관점에서 필요한 요소들에 대하여 성찰해 보고자 한다.

1. 의사 조력 자살의 몇 가지 요건

의사 조력 자살이란 죽기로 결정한 환자가 의사의 조력을 받아 그 결정을 실행하는 경우를 말한다. 여기에는 몇 가지 요건이 있는데, 환자의 결정, 환자의 고통, 의사의 조력과 면책이라는 세 가지를 다음과 같이 정리할 수 있다.

(1) 환자의 결정

생명윤리에서 자주 이야기되는 것이 개인의 자율성, 자유로운 선택, 이른바 '자기결정권'이다. 이 세 가지 용어가 거의 구별 없이 사용되는 것으로 보이는데, 이를 통해 한 사람의 몸 · 건강 · 생명에 개입하는 각종 행위에 대한 결정은 충분한 정보를 듣고 이해하여 결정을 내릴 능력을 지닌 당사자만이 할 수 있다는 뜻을 드러낸다. 당사자가 결정하지 않았는데도 불구하고 그 사람의 몸에 어떤 행위를 가하는 것은 부당한 침해로 간주된다. 그 결정은 당사자가 여러 가지 정보와 자신의 가치관에 의거하여 심사숙고하여 내리는 것이며, 그 결정에 다른 사람이 간섭해서는 안 된다고 한다. 그 대표적인 예는 충분한 정보에 의거한 사전동의(informed consent)이다.[3]

의사 조력 자살의 경우도 종종 이런 맥락에서 이야기된다. 그것이 "명백하고도 중대한 결과를 초래하는 극히 개인적인 결정"이므로 "개인은 이를 자신의 신앙, 양심, 신념에 따라 자유로이 결정할 수 있어야 하고

---

3 참조: 탐 비첨 · 제임스 췰드레스, 『생명의료윤리의 원칙들』, 박찬구 외 역, 이화여자대학교 생명의료법연구소, 2014, 177-251면.

어느 누구도 이에 관해 자신의 견해를 강요할 수 없다"[4]는 것이다. 이렇게 하여 환자의 자율성, 자기결정권은 생명과 건강을 위한 의료행위를 결정하는 범위를 넘어 삶과 죽음을 결정하는 데까지 이르며,[5] 의료진이 제시하는 의료행위에 대해 동의/거부를 결정하는 범위를 넘어, 의사 조력 자살과 같이 환자가 원하는 특정 행위를 의료진에게 요구하는 데까지 이르고 있다.

(2) 환자의 질병과 고통

환자가 처한 질병과 고통의 상황은 종종 의사 조력 자살을 정당화하는 근거로 사용된다. 환자가 회생 가능성이 없거나 벗어날 수 없는 고통의 상황에 있을 때, 앞서 언급한 당사자의 자유로운 선택에 따라 환자의 죽음을 정당화할 수 있다는 것이다. 환자 본인이 겪는 고통이 어느 정도인지는 본인만이 알 수 있으며, 따라서 그런 상황에서 삶을 지속할지, 아니면 생명을 중단할지는 본인만이 선택할 수 있다고 한다. 이때 당사자의 선택을 존중하지 않는 것은 그 사람의 고통을 외면하는 것이자, 그 사람을 존중하지 않는 것으로 간주된다.

일견에는 여기에 고통받는 환자에 대한 연민이 들어 있는 것처럼 보인다. 그러나 그 고통의 '의미'에 대해서는 회의적이며, 나아가 그 환자의 삶 자체의 의미에 대해서도 회의적이다. 그리하여 "이렇게 고통스럽게 생명을 유지하는 것이 무슨 의미가 있는가?"라는 물음이 나타난다. 고통은 "어떠한 대가를 치르고라도 제거하여야 할 해악의 전형"으로 여겨지고, 고통을 효과적으로 제거할 수 없다면 "죽음을 앞당김으로써 고

---

4 이기헌, 「의사조력자살에 대한 고찰」, 『홍익법학』, 15/1(2014), 209면.

5 공리주의 생명윤리의 대표적 학자인 피터 싱어는 존 스튜어트 밀의 『자유론』을 인용한 뒤, 이렇게 말한다. "자신이 원하는 시간에 죽을 수 있도록 의사에게 도움을 요청하는 불치병 환자는 타인에게 해를 입히지 않는다. (중략) 그 결정이 타인에게 해가 되지 않고, 정상 성인이 관련된 정보를 바탕으로 해서 자유롭게 결정한 것이라면, 국가는 여기에 간섭할 근거가 없다."(피터 싱어, 『삶과 죽음』, 장동익 역, 철학과 현실사, 2003, 246면).

통의 문제를 해결하고자"[6] 한다. 반면에 환자의 고통 자체에 관한 경청이나, 환자에 대한 인간적 돌봄, 그의 곁에 머무르려는 노력은 거의 언급되지 않는다.

(3) 의사의 조력과 면책

어떤 사람이 자신의 죽음을 결정하고 그것을 직접 실행에 옮기면 그것을 자살이라고 한다. 그런데 생의 말기에 죽기로 결정한 환자는 자신의 결정을 직접 실행하지 못하는 상태에 있어 그 실행을 '도와줄' 사람을 필요로 한다. 이때 이런 '조력'을 하도록 요구받는 이는 의사이다.

사실, 자살하려는 사람의 자살행위를 도와주어 용이하게 실행하도록 하는 경우 '자살방조'로서 형법상의 처벌을 받을 것이다.[7] 그 방법에는 자살도구를 빌려주거나 독약을 만들어 주거나 기타 적극적 · 소극적, 물질적 · 정신적 방법이 모두 포함되며, 방조 행위를 행위자가 인식해야 한다고 하여,[8] 의사 조력 자살에서 의사의 조력은 분명 이에 해당한다. 그러나 의사 조력 자살이 법으로 허용되면, 법률이 정한 요건에 따라 자살에 조력한 경우 자살방조죄가 적용되지 않을 것이다.

2. 의사 조력 자살의 윤리 문제

위에서 살펴본 세 가지 요건에 대하여, 다음과 같이 윤리 문제를 생각해보고자 한다. 환자의 결정에 대해서는 타인의 결정 문제, 환자의 고통에 대해서는 삶의 의미 문제, 그리고 의사의 조력과 면책에 대해서는 그 행위와 책임의 문제를 살펴볼 수 있는데, 셋째 문제에서부터 역순으로 살펴보자.

---

6 요한 바오로 2세, 「생명의 복음」, 1995, 15항.

7 "제252조(촉탁, 승낙에 의한 살인 등) ① 사람의 촉탁이나 승낙을 받아 그를 살해한 자는 1년 이상 10년 이하의 징역에 처한다. ② 사람을 교사하거나 방조하여 자살하게 한 자도 제1항의 형에 처한다."

8 참조: 대법원 2005도1373 판결, https://www.law.go.kr/판례/(2005도1373)[2022.06.16.].

(1) 자살과 조력의 행위와 책임 문제

죽으려는 환자의 결정이 실현되려면 죽음을 초래하는 행위가 필요하다. 대개는 환자의 신체 기능을 떨어뜨려 사망을 초래하는 약물이 투여된다고 한다. 이러한 약물이 환자의 몸으로 주입되도록, 가령 단추를 누르거나 하는 행위가 이루어질 것이다. 이것은 단순히 어떤 물리적인 동작이 아니라, 환자의 죽음이라는 분명한 지향이 담긴 인간의 행위이다. 그리고 한 사람의 죽음을 지향하는 행위의 윤리적 의미는 명백하다. 여기에 어떤 이름을 붙이든, 어떤 주관적 의도를 붙이든, 그 의미는 달라지지 않는다. 그것은 살해 행위이며, 파괴의 행위이다.

이 행위는 한 사람을 이 세상에 존재하지 않게 만드는 행위로서, 그 사람의 존재 의미와 가치를 부정한다. 왜냐하면 '그가(혹은 내가) 세상에 없어도 된다'는 뜻을 내포하기 때문이다. 그것은 그 사람의 가치에 대한 부정이며, 모든 사람이 귀하다는 가치관을 침해하는 일이다.

자살에 '조력'하는 행위도 그러하다. 그 행위의 지향 역시 환자의 죽음일 것이다. 여기서 조력하는 의사가 환자의 자살에 동조하며 조력한다면, 이것은 윤리학에서 '형상적 협력'에 해당하며, 동조하지 않더라도 행위로 자살에 협력한다면 '질료적 협력'에 해당할 것이다. 어떤 경우든 의사는 생명을 해치는 행위에 협력한 윤리적 책임에서 벗어날 수 없다. 법률이 그것을 어떻게 규정하든 행위의 윤리적 성격은 달라지지 않는다. 만일 조력한 의사가 협력의 책임에서 면제되려면, 그가 자신의 행위를 의지적으로 행할 여지없이 강요된 상황이어야 할 것이다. 그러나 이런 식으로 의사의 의학적 판단과 양심적 진료의 여지를 완전히 배제하는 것은 그의 전문성을 침해하는 일일 것이며, 의사가 자발적으로 자살에 조력한다면 생명의 봉사자라는 의료인의 전문직업성(medical professionalism)에 위배될 것이다.[9] 따라서 자살에 대한 조력은 어떤 경우에도 전문

9 이것은 "나는 환자의 건강과 생명을 첫째로 생각하겠노라"라고 하는 세계의사회(WMA)의 「제네바선언」 위반이다. 의료인은 환자의 생명을 살리고 돌보도록 교육받으며, 결코 환자의 자살에 참여하도록 교육받지

인으로서 의사의 역할에 부합하지 않을 것이다.

(2) 삶의 의미 문제

의사 조력 자살에 관한 논쟁에서 종종 문제가 되는 것은 '삶의 의미'이다. 생의 말기에 자율적인 행동이나 사회적 상호작용을 거의 할 수 없이 고통 속에서 지내는 삶은 의미가 없다는 사고방식이 종종 나타난다. 그것은 전술하였듯이, '이렇게 고통스럽게 생명을 유지하는 것이 무슨 의미가 있는가?'와 같은 물음으로 표현된다. 사실 인간의 활동에서 '의미'는 중요하다. 인간은 언제나 의미를 찾으며, 의미 있는 활동을 할 수 있기를 바라고, 무의미한 일에 시간과 에너지를 소비하려 하지 않는다. 그리하여 의미는 활동에 동기를 부여하고, 반면에 무의미함은 그 활동의 동기를 잃게 한다. 심지어 삶의 의미를 잃어버리면 삶을 지속할 동기와 의욕마저 잃어버리기도 한다. 삶의 의미를 잃어버린다는 것은 희망을 잃은 것과 같으며, 절망의 마지막 모습이라고 할 수 있다.

이렇게 보면, 삶의 의미 상실을 이유로 자살을 결정하는 일이 자연스러운 귀결처럼 보일 수 있지만, 여기에는 다음과 같은 문제들이 있다. 첫째, 자살의 행위도, 그것을 스스로 결정했다는 사실도, 잃어버린 삶의 의미를 되돌려주지 않는다. 오히려 그 행위는 삶의 의미를 잃어버렸다는 사실을 영원히 확증할 뿐이다. 둘째, 삶에서 의미를 잃어버렸다면 죽음에서 의미를 바라보기란 더욱 어려울 것이다. 즉 삶의 의미를 상실한 사람에게 죽음은 그야말로 없음, 무의미함 그 자체일 것이다. 그렇다면 삶이 무의미하여 자살을 한다는 것은 결코 되돌아 나올 수 없는, 끝 모를 무의미함의 심연을 향해 제발로 들어간다는 뜻일 것이다. 셋째, 조력을 요구받은 의사가 환자의 삶에 여전히 의미가 있다고 생각한다면 자살의 조력에 참여하지 않을 것이다. 반면에 그가 환자의 삶이 무의미하다고

않는다. 의료기관의 측면에서도 내원객의 자살은 가장 주의하여 예방하여야 할 사안 중의 하나일뿐더러, 환자의 자살을 돕는 것은 의료기관의 설립 이념에 위배될 것이다.

생각하여 조력한다면 무의미한 존재를 없어지게 하는 일일 것이며, 이런 판단 없이 그저 조력한다면 무관심하게(indifferently) 행동하는 것이므로, 이것이 과연 환자를 '위한' 것이라고 할 수 있는지 생각해볼 일이다.

(3) 실행에 대한 타인의 판단과 결정 문제

환자가 자살을 결정하였을 때, 전술했듯이 의사의 조력이 강요되는 상황이 아니라면, 여기에는 분명 조력하는 사람의 판단과 결정이 동반된다. 심지어, 환자의 결정이 실행될 것인지 여부는 타인의 결정에 달려 있다고 할 수 있는데, 왜냐하면 의사가 환자의 결정에 응하지 않으면 실행이 되지 않을 것이기 때문이다. 그러므로 의사 조력 자살에는 흔히 말하는 환자의 결정 외에 타인의 결정이 들어 있다.

인간의 행위가 이성적이고 자발적인 행위가 되려면, 행위자는 자신이 하는 행위의 의미를 충분히 인지하고 있어야 하며, 자신의 행위가 타당하다는 판단이 전제되어야 한다. 왜냐하면 스스로 타당하지 않다고 생각하는 행위를 하는 것은 자신의 이성과 양심에 어긋나기 때문이다. 환자의 자살에 조력하도록 요구받은 의사도, 이성적으로 그 요청에 응하려면 자신이 하게 될 행위가 무엇인지를 알고, 그것이 타당하다고 판단해야 한다. 그리하여 의사의 조력은 본인의 판단과 의지에 의한 능동적이고 적극적인 행위가 된다. 그렇다면 의사는 어떤 근거에 의해 그 행위의 타당성을 판단할 것인가?

한 가지 경우는, 환자가 견딜 수 없는 고통에서 벗어날 가망이 없을 때 '죽음이 환자에게 이롭다', 이른바 '죽는 것이 낫다'고 판단하는 경우일 것이다. 이것은 일견에 환자의 고통에 대한 연민으로 보이지만, 다음의 문제들을 안고 있다. 첫째, 신체적 통증은 적절히 진통제를 사용함으로써 대부분 효과적으로 조절이 가능하기 때문에, 환자가 오직 신체적 고통에 의해서만 자살을 원하는 경우는 매우 드물며, 오히려 자살에 대한 원의는 자신의 삶에 대한 절망에서 오는 정신적 고통에서 비롯된다고 할 수 있다. 문제는 이와 같은 주관적인 측면을 타인이 평가하여 '죽는 것이 낫다'고 판단해야 한다는 데에 있다. 이때 환자가 처한 상황과 환자가 호소하는 내용에 의하여 환자의 고통이 어느 정도인지가 추정될 것이며, 환자가 호소하는 내용의 개연성이나 설득력이 환자가 처한 상황에 의거하여 평가될 것이다. 그러므로 환자가 처한 객관적인 상황이 환자가 호소하는 고통의 개연성을 결정하고, 나아가 환자가 '죽는 것이 낫다'는 판단의 타당성에도 결정적인 역할을 할 것이다. 그러나 객관적으로 드러나는 환자의 외적인 상황에 대해서는 신체적 · 심리적 · 영적 · 사회적 돌봄을 통해 완화적인 접근과 연대가 가능하므로, 그것을 결코 나아질 수 없다고 평가할 수 없을 것이다. 그런데도 환자가 '죽는 것이 낫다'고 판단한다면, 그것은 혹시 환자에게 충분한 돌봄을 제공하려는 관심이 결여된 결과가 아닌지 생각해볼 일이다. 둘째, 이런 경우 자살에 대한 조력의 실행은 환자의 고통과 남은 삶에 대한 타인의 가치판단에 의해 좌우될 것이다. 왜냐하면 환자의 삶에 아직 할 수 있는 것이 남아 있다고 여긴다면 조력의 실행을 수락하지 않을 것이기 때문이다. 다시 말해 여기에는 환자의 삶에서 더는 희망을 발견하지 못하는 타인의 절망적 시선이 들어 있다. 그러므로 의사 조력 자살이 대개 환자 본인의 가치관과 자기결정에 의한 것으로 이야기되지만, 사실상 그것의 실행 여부를 결정하는 요인은 환자의 생명과 상황에 대한 타인의 가치판단, 타인의 가치관이 아닌지 생각해볼 일이다.[10] 셋째, '죽음이 이롭다', '죽는 것이 낫다'는 사고에서 바라보는 죽음은 과연 무엇인가? 인간은 죽음을 알지 못하며, 알 수 있는 영역은 사망하는 순간까지일 뿐, 사망한 순간부터는 인간의 인식을 넘어가 있다. 이렇게 인간이 삶에 대해서만 알 수 있을 뿐이라면, 정말 죽음이 '이롭다'거나 '낫다'고 말할 수 있는지 생각해볼 일이다.

---

10 이 모든 것을 종합해보면 이것은 사실상 환자의 자기결정권이 아닌, 상황과 타인의 판단에 의해 결정되는 '타율'인 것은 아닌지 생각해볼 일이다. Cf. A. Pessina, Eutanasia. Della morte e di altre cose, Cantagalli, Siena, 2007, pp. 68-69.

또 한 가지는, 환자의 상황과 고통에 대하여 타인은 판단을 중지하고, "환자의 고통은 본인이 가장 잘 알므로, 환자가 원하는 대로 죽게 해주는 것이 옳다"고 이야기하는 경우일 것이다. 이것은 일견에 환자의 말을 존중하는 것처럼 보이지만, 다음과 같은 문제들을 안고 있다. 첫째, 환자에게 무엇이 이로운지에 대하여 의사가 모든 가치판단을 중지하고, 무엇이든 환자가 원하는 것을 해주어야 한다는 생각은 의료행위의 전문성을 부정할 것이다. 왜냐하면 '적응증'에 관한 의학적 판단과 환자의 '최선의 이익'에 대한 의학적 관심을 불필요한 것으로 만들기 때문이다. 그리고 의사가 환자의 요구와 자기 행위의 의미에 대한 판단을 중지하고 무엇이든 환자가 원하는 대로 해주어야 한다는 것은, 의사를 이성적 행위자가 되지 못하게 하고, 단순히 기계적인 집행자가 되게 만들 것이다. 둘째, 환자의 요구대로 실행하는 것이 무엇이든 환자에게 이롭다고 추정해야 한다면, 그것이 실제 현장에서 경험하는 바와 일치하는지 생각해볼 일이다. 왜냐하면 환자가 의사로부터 필요로 하는 것은 단순한 실행만이 아니라, 자신에게 무엇이 이로울지에 대한 전문인으로서의 판단과 조언이기 때문이다. 그러므로 이것은 환자가 자신을 위한 중요한 조언자를 잃어버리게 만들 것이다. 셋째, 전술하였듯이 인간이 죽음을 알지 못한다면, 환자는 자신이 알지 못하는 것을 원하는 것인가, 환자는 진정으로 '죽음을' 원한다고 할 수 있는가 생각해볼 일이다. 오히려 이것은 자신이 처한 상황에서 벗어나고 싶다는 호소일 것이므로, 이에 대해서는 신체적 · 심리적 · 영적 · 사회적 돌봄을 통해 그 상황을 완화시키도록 노력하는 것이 필요할 것이다.

3. 생의 말기에 관한 생명윤리적 전망[11]

이렇게 볼 때 생의 말기를 둘러싼 생명윤리 문제에는 절대화된 자율

---

11 이 부분은 다음 글을 수정 · 보완한 것이다: 정재우, 「노년기에 관한 생명윤리적 성찰」, 『신앙과 삶』 34(2016), 85-95면.

성 · 자기결정권 개념과 환자가 처한 개인적 · 사회적 상황이 복합적으로 작용하고 있다. 그렇다면, 이에 대한 대응 역시 사변적 · 철학적 접근과 사회문화적 접근이 함께 이루어져야 한다는 점을 생각할 수 있다. 사실 대부분의 생명윤리 문제는 사상과 실천, 이론과 실제가 서로 밀접하게 연결되어 있다. 왜냐하면 삶과 죽음과 인간에 대하여 어떤 관점과 사상을 갖느냐에 따라, 실제 상황에 대한 태도와 선택이 달라질 것이며, 반대로 실제 상황과 경험은 계속해서 기본적 관점과 사상에 도전을 던지기 때문이다. 그런 의미에서 생의 말기에 관한 생명윤리적 전망을 기본관점 · 정신과 실천적 과제의 측면에서 몇 가지 생각해보고자 한다.

(1) 살아 있음의 의미 보존

육체적 생명은 인간을 지상에 존재하게 해주고, 인간으로서의 모든 활동을 가능하게 해준다. 각 사람이 저마다 가치의 실현과 자기실현을 위해 노력할 수 있는 것은 바로 '살아 있기' 때문이다. 그러므로 생명은 모든 가치추구의 바탕이자 원동력이라고 할 수 있다. 사회적인 관점에서도, 자유 · 평등 · 평화 등 사회의 유지와 번영을 위해 보존해야 할 사회적 가치는 살아 있는 사회 구성원을 기반으로 한다. 이렇게 볼 때 육체적 생명은 모든 가치 실현의 기반이 되는 "근본 가치"[12]라고 할 수 있다. 이 근본 가치가 무너지면 그 위에 세우는 모든 가치가 허물어지고 말 것이다.

그러나 생명은 그 자체로 존재하지 않는다. 존재하는 이는 살아 있는 각 사람이다. 생명의 의미와 가치는 살아 있는 각 사람을 통해서 우리에게 전해진다. 각 사람의 존재의 의미를 통해 생명의 의미도 나타난다. 살아 있는 모든 사람이 귀하다면, 모든 사람의 생명은 의미가 있고 귀하다. 생의 첫 순간부터 마지막 순간까지, '살아 있음'은 의미가 있다. 이것이 삶을 바라보는 기본적인 관점이고 사상이며 신념이다. 우리가 병든 환자를 돌보고 삶의 마지막을 보내는 분들에게 다가간다면, 거기에는

12 엘리오 스그레챠, 『생명윤리의 이해』 1, 정재우 역, 가톨릭출판사, 2016, 397면.

생명의 의미, 삶의 의미, 살아 있음의 의미를 생각하는 우리의 기본 관점이 담겨 있다.

그렇다면 생의 말기는 어떤 의미가 있는가? 한 가지를 들어보자면, 한 사람이 살아온 인생을 완결하는 시기라는 점이다. 이것은 마치 긴 도보 순례를 걸어온 사람이 자신의 여정을 완성하기 위해 마지막 지점을 향해 가는 발걸음과 같다. 얼마 남지 않은 거리일지라도 그 여정을 다 채웠을 때의 충만함이 있으며, 그래서 마지막까지 힘을 다하여 걸어간다. 그처럼 인생의 여정을 지나온 마지막 시기에, 남은 호흡을 다하며, 자신의 삶을 완결하여 충만함에 이르는 시간은 결코 무의미하지 않을 것이다.

(2) 고통의 의미 발견

신체적 · 정신적 · 실존적 고통은 한 사람에게 커다란 영향을 끼치며, 특히 극심한 고통은 사람을 황폐하게 만든다. 이웃의 고통에 무관심하지 않아야 할 책임은 모두에게 있다. 그러나 그렇다고 하여, 고통이 그 자체로 무의미하다고 할 수는 없다. 오히려 고통은 우리 삶에서 중요한 의미를 지닌다. 예를 들어, 신체적 고통은 우리 몸이 돌봄을 필요로 한다는 것을 알려주는 표지가 된다. 뿐만 아니라 그동안 몸을 소홀히 하고 살았음을 일깨워주기도 한다. 그리하여 자신의 몸을 돌보고 몸을 소중히 하는 방향으로 삶의 관점과 태도를 변화시킬 전환점이 된다. 정신적인 고통은 자신의 삶을 보다 진지하고 깊은 눈으로 성찰하게 하며, 사회적 고통 역시 우리에게 사회의 불의에 대하여 보다 깊은 관심을 갖도록 우리를 움직인다. 생의 말기에 다가오는 실존적 고통도 자신이 살아온 인생 전체를 성찰하고 반성하게 하며, 지금 이 시간과 남은 시간의 의미를 생각하게 한다. 말하자면, 고통은 삶을 가리키고 있으며, 자신과 타인의 삶을 보다 진지하고 넓고 깊게 바라보라는 표지일 것이다.

이런 고통의 의미는 그리스도교 신앙 안에서 충만하게 다가오고, 예수 그리스도에게서 정점에 이른다. 구약시대에 하느님께서 이스라엘 백성을 이집트에서 불러내어 약속된 땅으로 데려가기로 하신 것은 그들이 겪고 있던 고통 때문이었다. 그리고 예수 그리스도께서는 인간의 고통 한가운데로 내려오셔서 그 고통의 가장 깊은 곳까지 내려가셨다. 그분은 몸소 고통을 겪으셨고, 고통의 길을 통해 부활과 영원한 행복으로 나아가는 길을 보여주셨다. 그리하여 고통을 겪는 사람은 바로 예수님의 고통에 참여하는 것이 되며, 예수님께서 걸어가신, 구원에 이르는 길, 생명에 이르는 길을 걸어가는 것이 된다.[13] 이런 관점에서도, 고통은 생명을 향한 길이라고 할 수 있다.

(3) 경청과 돌봄의 문화 회복

앞서 언급하였듯이 생의 말기에 환자가 지내는 시간이 인생의 순례를 완결하는 의미를 지니고 있다면, 주변에서 할 일은 그 마지막 길을 함께 걸어가는 일일 것이다. 사실 신체의 장기들은 환자의 생명을 유지하기 위해 기력이 다할 때까지 부단히 움직인다는 점을 생각하더라도, 이와 같은 순례의 마지막 길을 인위적으로 중단시키지 말고 그 길을 함께하는 것이 필요할 것이다. 또한 환자의 고통을 덜어주도록 신체적 · 심리적 · 영적 · 사회적 돌봄을 제공하면서도 그의 고통이 결코 무의미하지 않음을 생각하면, 그의 곁에 머무를 수 있다.

그러나 의사 조력 자살은 생의 말기 돌봄마저 무의미하게 만들 것이다. 왜냐하면 말기의 삶 자체가 무의미하다면, 그 시간을 보내는 환자에 대하여 시간을 끄는 것 자체가 무의미하게 여겨질 것이며, 따라서 말기 환자를 돌보는 일도 무의미해질 것이기 때문이다. 그러므로 자살에 조력해달라는 요구에 응하는 것은 일견에 환자의 말을 듣는 것처럼 보이지만, 환자의 자살을 집행하도록 할 뿐 그의 곁에 머무르려 하지 않으며, 그렇다면 그것이 과연 진정한 의미의 경청인지 생각해볼 일이다. 진정한 경청은 곁에 머물러 있음으로써 이루어지기 때문이다.

환자-의사 관계의 관점에서도 생각해볼 필요가 있다. 의료행위는 특

---

13 참조: 요한 바오로 2세, 교서 「구원에 이르는 고통」, 1984.

별한 상호인격적 관계에서 이루어진다. 환자는 질병 치료와 건강의 회복, 필요한 돌봄을 받으려고 자신의 몸을 의료진에게 내보인다. 의료진은 환자의 상태를 진단하고, 질병 치료와 필요한 돌봄을 제공하도록 자신이 가진 전문적 지식과 기술을 활용한다. 환자는 의료진을 '신뢰'하여 자신의 몸을 내맡기며, 의료진은 환자를 위하는 '양심'으로 자신의 전문성을 발휘한다. 그리하여 환자-의사 관계는 "신뢰와 양심 간의 만남"[14]이라고 표현된다.

환자가 의료진에게 바라는 것은 사무적이고 기계적인 지식과 기술의 실행만이 아니다. 무엇보다 환자는 관심과 대화를 필요로 하며, 상호간의 이해와 설명을 필요로 한다. 즉, 신뢰와 양심은 일방적인 것이 아니며, 상호적인 관계형성과 밀접하게 연결되어 있다. 이러한 관계형성에 필수불가결한 요소는 바로 대화와 경청일 것이다. 대화(dialogue=dia+ logos)는 쌍방의 진실성을 전제로 하며, 단순한 언어의 교환을 넘어선다. 특히 질병과 고통이라는 전인적 사건을 겪고 있는 환자와, 역시 전인적 사건인 치료(cure) 및 돌봄(care)에 임하는 의료진은, 단순한 언어의 교환을 넘어, 참된 진실(logos)을 나누는 대화가 요구된다. 그리고 여기에는 환자를 위한 이로움을 생각하는 의료인의 전문가적 관심이 배제될 수 없다.

진정으로 의료행위에 이런 의미가 있다면, 그리고 신뢰와 양심의 만남이라는 의미가 실현되는 것이 '좋은' 의료행위가 되는 길이라면, 현장에서 이런 의미를 실현해야 한다는 실천적 당위를 생각할 수 있다. 바로 이 점이 현재 우리의 의료현장에서, 특히 대형병원의 현장에서 매우 부족하고 필요한 부분이다. 환자-의사 관계가 갈수록 비인격적인 계약관계가 되는 것처럼 보이는 현재 상황에서 필요한 것은 이런 흐름을 거슬러 "의료의 인간화"[15]를 이루려는 일종의 '인문학적 저항', 즉 신뢰와 대화가 살아 있는 전인적, 인격적 의료를 보존하기 위한 노력일 것이다.

---

14 교황청 보건사목평의회, 「의료인 헌장」, 1995, 2항.

15 「의료인 헌장」, 9항.

결문: 사회적 연대와 생의 말기 돌봄

경제적 효율성이 모든 가치판단의 기준이 되는 사회에서는 생의 말기 환자에게 좋은 돌봄을 제공하는 것은 후순위의 일로 여겨지고, 서로에 대한 관심이 약화되는 개인주의 사회에서 환자는 고독 속에 남겨질 것이다. 주위 사람들의 돌봄을 받는 것이 그들에게 짐이 되는 일로 여겨지고, 돌봄 자체가 하나의 짐으로 간주되는 사회가 되면, 자신의 무가치함을 실감하게 될 상황 앞에서 다시 한 번 '차라리 죽는 것이 낫다'는 생각으로 넘어갈 것이다. 고통과 고독 속에서 죽음이 유일한 출구로 보일 수 있기 때문이다. 돌봄의 여건 부재, 사회적 연대의 약화가 생의 말기 윤리 문제를 일으키는 중요한 요인이라고 할 수 있다. 뿐만 아니라, 어떤 환자가 마지막까지 주위 사람들의 돌봄 속에서 삶을 충만히 완결하기를 원하더라도, 그런 의향 자체가 짐스럽고 무의미한 삶의 집착으로 여겨질 것이다. 그리하여 의사 조력 자살은 생의 말기를 맞이하는 모든 사람에게 하나의 압력으로 작용할 것이며, 그렇게 의사 조력 자살은 사회적 타살로 넘어갈 것이다.

여기서 생명윤리와 사회윤리가 서로 밀접히 연결되어 있음이 드러난다. 사실 생명은 공동선 중에 첫째가는 것이며, 생명의 가치는 인간의 가치와 결합되어 있다. 또한 건강과 생명은 각 사람이 독립적으로 관리하는 것이 아닌, 서로 간의 관계성과 사회성을 통해 돌보는 것이다. 한 사람의 인생에서, 부모의 양육과 보살핌을 필요로 하는 시기를 거쳐 서서히 삶을 스스로 영위할 수 있게 되며, 나이가 들어갈수록 신체 기능이 점점 약해지면서 서서히 주위의 보살핌을 필요로 하는 단계로 나아간다. 한 사람의 죽음 자체도 결코 사사로운 일이 아니라 사회가 함께 겪으며 마무리하는 일이다.[16] 따라서 생명윤리에서 사회성(연대성)과 보조성[17]은 중요한 원칙 중의 하나로 고려되며, 마땅히 그래야 한다.

여기서 강조될 것은 호스피스·완화돌봄을 비롯한 생의 말기 돌봄이다. 환자를 고통 속에 방치할 것인가 아니면 고통에서 해방시키기 위해 환자를 죽게 할 것인가의 양자택일이 아닌, 제삼의 길로서의 생의 말기 돌봄을 말한다. 생명존중과 전인적 돌봄을 기본 정신으로 하여, 모든 질환의 환자가 마지막 시기에 좋은 돌봄을 받을 수 있는 사회적 여건을 만들고 돌봄의 인프라를 확충하는 것을 말한다. 예를 들어, 돌봄의 사각지대가 없도록 호스피스 활동을 확대하는 일, 호스피스 병동에서든, 호스피스 병동이 아닌 다른 병원에서든, 가정에서든, 다양한 경로로 호스피스 돌봄을 받을 수 있게 하는 일, 호스피스의 대상이 되지 못하는 환자도 생의 말기 돌봄을 받을 수 있게 하는 일 등을 이야기할 수 있다.

이것은 당장 돌봄을 필요로 하는 환자들을 위한 것뿐만 아니라, 장차 생의 말기를 맞이하게 될 우리 자신을 위한 것이기도 하다. 마지막 시기에 우리가 어떤 돌봄을 어떻게 받을 수 있을지를 예상할 수 있고 기대할 수 있도록 돌봄의 모델과 체계를 만드는 것은 우리의 노년기와 생의 말기를 맞이하는 데에서 매우 중요한 일이라고 할 수 있다. 근본적으로는 살아 있는 모든 사람의 가치에 대한 신념을 바탕으로 개인적·사회적 차원에서 깊은 성찰을 하는 일이 필요할 것이다. 생명의 의미와 가치를 생각한다는 것은 경험과 실증의 세계를 넘어서는 의미와 본질의 세계로 들어간다는 뜻이다. 우리가 경험하는 세계 안에 담긴 깊은 의미를 발견하고 이해하는 "관상적 시각"[18]이 필요하다고 말할 수 있다. 그것이 각박하고 '죽음의 문화'가 만연한 이 세상에서 새롭게 '생명의 문화'를 건설하기 위한 원동력이 될 것이다.

---

16 한국천주교주교회의 생명윤리위원회, 「의사 조력 존엄사 법안에 관한 성명서: 죽이는 것도 나요, 살리는 것도 나다(신명 32,39 참조)」, 2022.6.29., 5항, https://cbck.or.kr/Notice/20220540?gb=K1200 [2022-07-01].

17 참조: 엘리오 스그레챠, 위의 책, 408-410면.

18 「생명의 복음」, 83항.

참고문헌

교황청 보건사목평의회, 「의료인 헌장」, 1995.

대법원 2005도1373 판결, https://www.law.go.kr/판례/(2005도1373)[2022.06.16.].

엘리오 스그레챠, 『생명윤리의 이해』 1, 정재우 역, 가톨릭출판사, 2016.

요한 바오로 2세, 「생명의 복음」, 1995.

______________, 교서 「구원에 이르는 고통」, 1984.

이기헌, 「의사조력자살에 대한 고찰」, 『홍익법학』, 15/1(2014), 199-224면.

정재우, 「노년기에 관한 생명윤리적 성찰」, 『신앙과 삶』 34(2016), 78-106면.

탐 비첨 · 제임스 췰드레스, 『생명의료윤리의 원칙들』, 박찬구 외 역, 이화여자대학교 생명의료법연구소, 2014.

피터 싱어, 『삶과 죽음』, 장동익 역, 철학과 현실사, 2003.

한국천주교주교회의 생명윤리위원회, 「의사 조력 존엄사 법안에 관한 성명서: 죽이는 것도 나요, 살리는 것도 나다(신명 32, 39 참조)」, 2022.6.29, https://cbck.or.kr/Notice/20220540?gb=K1200[2022-07-01].

Pessina, A. Eutanasia. Della morte e di altre cose, Cantagalli, Siena, 2007.

Yun, Y.H., Sim, J.A., Choi, Y. & Yoon, H., "Attitudes toward the Legalization of Euthanasia or Physician-Assisted Suicide in South Korea: A Cross-Sectional Survey", Int. J. Environ. Res. Public Health 19/5183(2022), https://doi.org/10.3390/ijerph19095183[2022.06.13.].

사후 장기이식과 뇌사로서의 죽음에 대한 윤리적 · 법적 고찰

구인회
(전) 가톨릭대학교 교수

인간 생명은 하나의 육체에 결합되어 있다. 의술의 눈부신 발전으로 인해 제대로 기능하지 못하는 장기를 건강한 장기로 교환한 성공사례를 비롯해 사랑과 희생의 장기기증 미담들이 종종 보도되고 있다. 그러나 이식 대기자에 비해 장기기증자는 크게 부족한 현실이다. 또한 이식 장기의 확보 과정에서 생길 수 있는 불법적인 장기 매매나 불공정한 분배 문제 외에 사체기증의 경우 전제되어야 하는 죽음의 기준으로서 뇌사의 인정, 이식 및 후속 치료비용 부담 등 해결해야 할 많은 윤리적 · 법적 현안 문제들이 있다.

장기이식은 신체의 조직이나 장기의 일부분 혹은 전부를 자신이나 다른 개체에게 이식하는 것을 말한다. 장기이식에는 자신의 신체 일부를 다른 부위로 이식하는 자가이식과 다른 사람의 장기를 이식하는 동종이식, 동물의 장기를 이식하는 이종이식과 인공장기이식 등이 있다. 또한 기증자가 살아 있는 사람인지, 뇌사자인지에 따라 생체이식과 사체이식으로 구분한다.

이 글은 필자가 발표했던 글들에서 발췌해 재정리한 것으로 뇌사자 장기를 이용한 사체이식에 관련된 문제들을 중심으로 논하겠으며, 이를 위해 먼저 죽음의 의미에 대해 고찰하고, 뇌사의 사망인정에 따른 윤리적·법적 문제에 대해 검토한 후, 죽음 그 너머의 희망을 탐색해 보고자 한다.

Ⅰ. 죽음의 이해

1. 죽음의 의미

죽음은 '삶의 종말'을 의미한다. 그러나 대다수의 문화에서 죽음은 인간적 현존의 완전한 종말이 아니라, 다른 형식의 존재로 옮겨감으로 이해된다. 죽음 후에 어떻게 계속 존재할 수 있는지에 대해서는 견해가 다양하다. 어떤 곳에서는 죽은 자들이 보이지 않는 영혼으로 우리와 같은 이 세계에 계속 존재한다고 믿었다. 또한 죽은 자들이 고유한 그들 자신의 세계인 저세상에서 이를테면 지하세계에서 산다는 믿음도 널리 퍼져 있었다. 고대 그리스 신화에서는 이러한 죽은 자들의 세계를 하데스(Hades)라고 부른다. 한편 불교나 힌두교에 의하면 재탄생의 윤회에 새로이 들어가기 위해 죽음의 순간에 영혼이 육체에서 분리된다. 그리스도교에서는 죽음을 삶의 일시적인 종말인 것으로 받아들이며 최후의 심판 날에 죽은 자들이 부활할 것이라고 가르친다. 죽음을 하나의 존재방식에서 다른 존재방식에로 넘어가는 것으로 이해하는 이러한 신비적·종교적 죽음의 표상은 자연적이고 생물학적 죽음의 개념과 비교할 수 있다.

의학자는 오늘날 죽어감의 두 단계를 구분한다. 첫 번째 단계에서는 아직 일정한 생명기능이 의료적 개입을 통해 돌이켜질 수 있다. 그러한 개입의 예는 심장마사지와 인공호흡이다. 두 번째 죽어감의 단계는 생명기능의 불가역적 소실이다. 인간의 죽음은 육체의 모든 부분이 사멸된 후에 비로소 오는 것이 아니라, 유기체로서 그 기능적 전체성의 종말이다.

일반적으로 의사, 생리학자, 신경학자가 죽음에 대한 정의를 내리는 것과 달리 철학에서는 전통적으로 죽음의 문제는 곧 삶의 문제이며, 인간의 본질에 관한 문제로 본다. 삶은 필연적으로 삶의 부정인 죽음을 내포하고 있다. 만일 삶의 시초부터 정해져 있는 이러한 죽음이 부담이 된다면, 죽음의 의미는 과연 어디에 있는 것일까.

철학적으로 죽음에 관해 묻는 것은 죽음의 의미에 관한 물음이며, 죽음에 관한 인식론적 질문이다. 죽음의 의미에 관한 물음은 죽음이 무엇이며, 죽음에서 우리를 기다리는 것은 무엇인가 하는 두 가지 물음에 연관된다. 이는 또한 철학적 인간학의 근본문제인 "인간은 무엇인가?"라는 존재론적 물음과 밀접한 연관이 있으며, 사멸성에 대한 인간의 인식과 연관된다. 인간의 사멸성을 고려하지 않는다면, 인간의 본질에 관한 물음을 완벽하게 다룰 수 없다. 왜냐하면 인간은 자신의 보존을 위해 노력하며 생물학적 한계로 다가오는 죽음을 방어하기 위한 메커니즘을 가동시킬 뿐 아니라, 이 세상에서의 현존은 피할 수 없이 닥치는 종말에 언젠가 굴복하게 될 것이라는 사실 또한 인지하고 있기 때문이다. 우리 모두에게 관련되는 죽음에 관한 인식이란 바로 우리자신은 이 세계에서 잠시 동안 머무를 것이며 앞으로 남은 시간이란 타협 불가능한 한정된 것일 뿐이라는 사실이다.

2. 죽음의 인식

불확실한 우리의 삶의 전개에서 죽음처럼 확실한 것은 없다. 우리 중 그 누구도 죽음을 피할 수 없다. 그렇게 확실한 것이 죽음임에도 불구하고 우리는 죽음이 어떤 것인지 모른다. 죽음을 체험해 본 일이 없기 때문이다. 죽음은 우리가 직접 경험할 수 있는 영역이 아니다. 죽음을 체험하는 순간 우리는 더 이상 존재하지 않기 때문이다. 그런데 어떻게 어디로부터 우리는 죽음에 관해 알게 되는가? 우리는 가까운 주변에서 체험한 타인의 죽음으로부터 미루어 우리 자신의 죽음을 추론하는 것인가?

우리는 다른 사람들의 죽음을 통해 간접적으로 죽음을 경험하며 살고 있다. 그러나 그것은 나의 죽음이라는 직접적인 체험이 아닌 타인의 죽음을 단지 간접적으로 체험한 것일 뿐이다. 아무리 가까운 사람의 죽음이며, 아무리 가까이서 지켜보고 있다고 해도, 죽어가는 당사자의 내면에서 어떤 일이 일어나고 있는지 직접 체험으로 알 길이 없다. 죽음을 경험하지 못한 나는 다른 사람들의 죽음을 단서로 삼아 죽음을 추측해 볼 수 있을 뿐이다. 타인의 죽음조차 경험하지 못한다면, 나는 죽음이 어떤 것인지 전혀 짐작조차 하지 못할 것이다.

죽음이 무엇인가 묻는 이는 죽음이 발생하는 순간 죽는 사람에게 어떤 일이 일어나는지에 대한 것뿐만 아니라, 죽은 후 인간은 어떻게 되는지, 세상을 떠난 죽은 사람은 어떤 형태로 어디에 존재하며, 또한 어디에는 존재하지 않는지에 대해서도 탐구하며 해답을 구할 것이다.

죽음에 대한 우리의 물음은 생의 마지막 순간까지 우리가 존재하는 생 전체에 걸쳐 이어진다. 우리가 어떤 것은 행하고, 어떤 것은 그만두며, 어떤 목표들을 가지며, 어떤 것을 귀중하다고 여기며, 어떤 것을 하찮다고 여기는지, 어떤 열정을 가지고 집중해 살아가는지 하는 모든 것은 우리가 죽음을 어떻게 이해하고 있는가 하는, 죽음을 보는 관점에 좌우된다.

많은 사람들이 나름대로 죽음에 관해 이렇게 또는 저렇게 이해하고 있으며, 죽음을 왜 두려워하는지, 혹은 왜 두려워하지 않는지에 대한 어떤 이유들을 가지고 있다. 삶은 언젠가 끝날 것이며, 우리를 두렵게 하는 것은 이렇게 끝난다는 사실이 아니라, 버나드 윌리엄스가 말했듯이 그 반대, 즉 끝이 없이 삶을 계속해야 한다면 오히려 그것이 우리를 두렵게 할 것이다.[1] 토마스 네이글의 경우 중심 물음은 도대체 죽음은 나쁜

것인지, 그리고 왜 나쁜 것인지 하는 물음이다.[2]

인간은 자신이 죽어야 할 운명이라는 사실을 알고 있다. 인간은 삶의 한가운데에서 자신의 죽음이 어느 시점에는 현실화되리라는 것을 인식하고 있다. 우리가 죽어야만 한다는 확실한 사실에 대한 인식은 우리의 삶에 상당한 영향을 미치며, 삶의 방향을 결정한다. 우리는 어떻게 죽음에 대면해야 하며, 인간에게 죽음의 한계를 벗어날 희망은 도대체 있는 것인가에 대한 의문이 끊임없이 제기된다.

서로 다른 사람들과 마주하고 있는 가운데 자신을 인식하고 있는 인간은 자신의 시간적 한계에 대해서도 알고 있다. 인간은 눈앞의 매순간을 살고 있을 뿐 아니라, 자신의 과거 성과나 실패라는 무거운 짐과 씨름을 하는 존재이기도 하다. 동시에 인간에게는 아직도 열려 있는 미결정의 미래가 펼쳐져 있다. 미래는 죽음이라는 절대적 확실성에 의해 한정된다. 자신에 대해 안다는 것은 항시 자신의 시간성에 대해 앎을 의미한다. 자신의 시간성을 안다는 것은 죽음에 대해 앎을 의미한다. 이러한 죽음에 대한 인식을 극복하려는 시도든, 강박관념의 형태로든, 죽음의 절박성을 어떤 방법을 동원해서라도 무해화하기 위한 노력의 형태로든 죽음의 문제는 인간에게 끊임없이 현존한다. 죽음은 인간의 삶에서 물음이 된다. 죽음은 죽음 안에 갇혀 있는 이 삶에게 묻는다.

"죽음으로부터, 죽음의 두려움으로부터 우주에 대한 모든 인식이 시작된다."[3] 인간에게 있는 죽음의 의식 속에는 묻고 있는 우리 자신이라는 인간존재의 의미뿐 아니라, 실제의 것과 있을 수 있는 모든 것의 의미가 포함되어 있다.

---

1 B. Williams, "The Macropoulos Case; Reflections on the Tedium of Immortality", in: B. Williams, *Problems of the Self*, Cambridge 1973, pp. 82-100.

2 T. Nagel, *Mortal Questions*, Cambridge 1979, p.1.

3 F. Rosenzweig, *Der Stern der Erlösung*, Den Haag 1976, S. 3.

3. 철학의 난제 죽음

철학은 죽음을 이해하는 데 어떤 기여를 할 수 있는 것일까? 죽음에 관한 여러 가지 논란들은 때때로 철학에서 유래한다. 예를 들어 죽으면 우리는 아무것도 느낄 수 없기 때문에 죽음에 대해 아무것도 두려워할 것이 없다고 주장하여 마치 죽음에 대한 두려움이 죽음 이후의 상태에 대한 두려움인 것처럼 생각하는 쾌락주의자 에피큐로스의 생각이 그러하다. 그러나 죽음은 바로 삶의 끝이며, 모두가 그렇지는 않지만, 대부분의 사람들이 그러한 죽음을 두려워하는 것이 사실이라고 단순하게 말해서는 안 될 것이다. 이 사실에 대해서는 대부분이라는 표현이 결코 분명하지 않기 때문이다. 어떤 사람들은 죽음에 대해 두려워하지만, 소크라테스와 같은 철인은 죽음 앞에 초연했다. 특히 죽음에 대한 공포에 관해 이야기하면 우리가 두려워하는 죽음에서 정확히 무슨 일이 벌어지는지 분명하지 않다.

죽음은 그 누구도 결코 무관심할 수 없는 철학의 주제에 속한다. 우리는 한 번도 형이상학이나 인식론 또는 정치철학에 몰두하지 않고도 일상생활을 잘해 나갈 수 있다. 그러나 죽음의 문제를 피해갈 수는 없다. 우리의 사멸성에 제기되는 철학적 문제를 체계화하면, 몇 가지 주제로 나뉜다.

첫 번째 주제는 무엇이 죽음인가를 설명하는 것으로 죽음의 개념을 분석하는 것과 관련된다. 죽음은 우리 실존의 궁극적이고 완전한 종말인가, 혹은 죽음 후에 우리는 어떤 식으로든 계속 존재하는가? 대개 영혼의 불멸성에 대한 물음으로 파악되었던 이러한 의문은 수천년 동안 죽음에 관한 철학적 논의의 중심이었다.

두 번째 주제는 죽음의 인식론에 관한 것으로 현대 철학에서는 첫째 개별 인간이 자기가 죽을 것이라는 사실을 어떻게 아는지, 그리고 둘째 도대체 모든 인간이 필연적으로 죽는 것인지에 대한 두 가지 물음을 제기한다.

첫째 물음에 대해서는 의견이 갈린다. 어떤 사상가들은 인간이 단지 경험을 통해 자신이 죽어야만 한다는 통찰에 이를 수 있다고 주장하는가 하면, 어떤 이들은 선험적이거나 직관적으로 죽음을 확실하게 인지한다고 한다, 다시 말해 생명체의 죽음을 전혀 경험하지 못한 사람도 언젠가 자신이 죽을 것이라는 사실을 안다고 주장한다. 그러나 발달심리학이 지난 수십 년에 걸쳐 획득한 경험적 연구에 의하면 사멸성에 관한 지식은 타고난 것이 아니라, 습득되는 것이라는 사실에 의심의 여지가 없다. 어린이들은 성장하면서 점차적으로 죽음의 개념을 완전히 이해하게 되며, 자기 자신을 비롯해 모든 사람들이 죽게 된다는 사실을 배우게 된다.[4]

죽음의 인식론에서 둘째 물음인, 모든 사람이 필연적으로 죽을 것인가 하는 물음은 데이비드 흄의 회의론적 논거에로 거슬러 올라간다. 모든 경험적 진술이 정당화되는가? 지금까지 많은 사람들이 죽었다. 그러나 그렇다고 지금 그리고 이후에 사는 모든 사람들도 똑같이 죽어야만 한다는 결론에 도달하는가? 반드시 그렇지는 않다. 어쩌면 우리들 중에 이미 첫 번째의 불멸의 인간이 있을 수 있다. 근본적으로 어떤 사람이 결코 죽지 않을지도 모른다는 사실을 배제할 수 없다.

세 번째 주제는 불멸성이 바랄 만한 가치가 있는가 하는 문제이다. 죽음은 선인가, 악인가, 아니면 그 양쪽 모두 아닌가? 자신의 죽음을 두려워하는 것은 이성적인가? 앞에 닥친 죽음에 대해 어떤 마음가짐을 가져야 하는가? 철학자들은 흔히 죽음에 대한 공포로부터 자신과 다른 사람들을 해방시킬 수 있는 논증을 시도한다.

하이데거가 존재와 시간에서 조심스럽게 표명했듯이 '무(Nichts, 無)'라는 표현에 관해 생각해보자. 그런데 왜 우리가 무에 대해서 두려워하고 있는가? 우리가 잠드는 것에 대해 무서워하는가? 정반대로 우리는 흔히 잠시 이러한 무로 침잠하기를 그 무엇보다도 원하지 않는가? 그리하

---

4 J. Wittkowski, *Psychologie des Todes*, Darmstadt 1990, S. 43-75.

여 인간이 더 이상 존재하지 않음에 대해 두려워한다는 주장은 오류이다.[5] 오히려 드물지 않게 인간은 삶의 어려움에 봉착하거나 권태로움에 빠져서 혹은 헤어날 길 없는 절망 속에서 영원히 깨어나지 않기를 바라며 잠자리에 들기도 한다.

우리의 이성으로는 사후 생명에 관련된 체험에 관해 도대체 아무런 증명을 할 수 없다는 칸트의 판단은 철학적으로 여전히 유효하다: 공간과 시간에 존재하지 않는 것은 우리의 통찰의 대상이 아니므로 그런 존재에 관한 그 어떤 인식도 자연과학적 논증력을 얻을 수 없다. 사후의 생명에 관한 증명은 그리하여 실패했을 뿐만 아니라, 이론적으로도 전혀 불가능하다: "가능한 체험의 영역을 넘어 우리를 인도하려는 모든 추론들은 기만이며 근거 없다."[6]

그러면 죽음과 더불어 모든 것이 끝인가? 그렇지 않다. 영구한 생명에 대한 반대증명 역시 우리의 체험의 지평을 넘어선다. 대문 뒤를 볼 수 없다고 인정하는 사람은 그 뒤에 아무것도 없다는 주장 역시 논리적으로 전개할 수 없다. 죽는 사람은 어디로 가는 것일까? 위안 없는 어둠 속인가? 혹은 따뜻한 영원한 빛 속인가? 아무것도 없는 무의 세계인가? 또는 새로운 존재의 세계인가?

"죽음은 시간적 현상의 종말이다. 그러나 우리가 시간을 제거하자마자 종말은 더 이상 없으며, 이 단어는 모든 의미를 잃는다"[7] 그리하여 "내가 더 이상 존재하지 않는 시간은 … 객관적으로 오게" 될 것이나, "주관적으로는 결코 오지 않을 것이다",[8] 왜냐하면 나의 개인적 의식의 어떤 것도 지속되지 않기 때문이다.

---

5 E. Tugendhat, *Über den Tod*, Frankfurt a. M. 2006. S. 25.

6 I. Kant, *Kritik der reinen Vernunft*(1781), B 670.

7 A. Schopenhauer, *Die Welt als Wille und Vorstellung*, Sämtl. Werke, ed. Hübscher, 2. Aufl., Wiesbaden, 1946-1950. Bd. 6, S. 553.

8 같은 곳, 557면.

Ⅱ. 뇌사, 죽음의 문제 어떻게 접근할 것인가

죽음이란 무엇일까? '죽는다는 것'은 육신과 영혼이 분리되는 과정이며 그리하여 이러한 과정의 결과가 죽음이며 육신으로부터 영혼이 떠나는 것을 의미하는 것일까? 그 어떤 이유에서든 육신으로부터 영혼이 먼저 떠나기 때문에 죽음이 도래하는 것일까? 아니면 육신에 극심한 결함이 있어 그곳에 더 이상 거처할 수 없기 때문에 영혼은 육신을 떠나는 것일까? 혹은 피치 못할 생물학적인 생명의 필연적 종말이라 간주해야 할 것인가? 그런 경우 자연적 노쇠사와 사고나 질병으로 인한 요절을 구별해야 하는가? 혹은 인간의 자기동일성의 종말이 죽음을 뜻하는 것일까? 단지 비존재 속으로 분해되는 것이나, 혹은 단지 '이곳에 그리고 지금 있음'이 끝나는 것, 즉 공간과 시간 속에서 개별적인 일정한 존재로 현존함이 끝나고, 죽음으로 인해 새로운 존재 형태에로 옮겨가는 것일까?

폭넓게 사용되는 '죽음'이라는 개념은 우선 생물학적인 현상을 의미한다. 죽음은 문화 형태나 종교적 전통, 과학적 지식에 따라 다양하게 파악될 수 있으며, '영혼과 육체의 분리', '유기체의 특징이 되는 신체구조의 파괴' 혹은 '신체적 총체성의 상실'과 같은 여러 형태의 의미를 포함한다.

여러 문화권에서 죽음은 자연적인 불가피한 삶의 종말인 동시에 저승에로의 여행으로 간주되어, 사후(死後)에 지속되는 삶의 세계에 대해 여러 형태로 의문과 호기심을 불러일으키기도 한다. 그러나 사후에 지속되는 삶에 대한 종교적 상상(想像)도 의학적 의미의 사망을 부정하지는 않는다. 다양한 종교이론이 영혼이 육체로부터 분리된 후에도 삶은 지속된다고 주장함에도 불구하고, 의학을 통해서도 혹은 종교를 통해서도 죽음이란 육체적 지속성이 끝나고, 생명이 돌이킬 수 없이 소멸되는 것을 의미한다는 사실에는 논란의 여지가 없을 것이다.

뇌사와 같은 정의는 의학적으로만 의미가 있고 일반인들은 사람의 호흡이 끊어지고 심장이 멈추면 죽은 것으로 간주한다. 죽음은 생명뿐 아니라, 그 사람이 가지고 있는 모든 것의 상실을 의미한다. 모든 것과의 단절이라는 점에서 죽음은 개인에게 더할 나위 없는 심각한 사건으로 받아들여진다. 죽음은 누구나 언젠가 맞이하는 자연적 현상으로 삶의 마지막 종점이며, 종교인들은 죽음이 내세의 시작이라 믿기도 하며, 육신으로부터 영혼이 떠나간 것으로 보기도 한다. 호흡이 끊어지면 몸은 이미 생명이 없어진 몸이기 때문에 살아 있는 우리와는 너무 다르게 생각된다. 시체는 바로 차가워지고, 부패하기 시작하기 때문에 부정한 것으로 생각되어 접근을 꺼리게 되며 거리감과 두려움을 느끼게 된다. 동시에 죽음은 신비한 것으로서 경외심까지 불러일으키기도 한다. 죽은 자는 단지 죽었다는 사실만으로 신성시되어 아무리 비천한 삶을 살았을지라도 함부로 산 사람들의 입에 오르내리거나 더 이상 비난이나 단죄의 대상이 되지 않는다.

인간은 그 상상이 불가능한 신비한 미지의 세계로부터 출생해, 또다시 수수께끼 같은 암흑의 종말인 죽음으로 간다. 죽음이 무엇인지 우리는 알 수 없다. 그리하여 인간은 죽음에 대한 질문을 던지며 한편으로는 소망하며 절망하며 탐색하는 길목에 서 있다.

1. 죽었음, 죽음, 죽어 가는 것

오랫동안 죽음을 순환기와 호흡의 정지 상태로만 이해했었다. 그러나 1960년대 말부터 전체 뇌기능의 탈락을 죽음으로 규정하기도 한다. 생명체의 자발적 운동과 자발적 조직이 그 유기체의 중심에서 멈추면, 생명체의 생명에 종말이 온 것이다. 죽음은 한순간에 일어나는 일인가, 아니면 여러 시간이나 여러 날에 걸쳐 일어나는 과정인가.

'죽어 가는 것'은 일반적으로 개개의 조직세포가 분해되고 재생 능력이 쇠퇴하는 하나의 과정으로 생각되는 반면, '죽음'이란 하나의 인격체의 삶의 종말에 이루어지는 일회적(一回的)인 사건을 의미한다. '죽어 가는 것'은 점차로 신체의 다양한 기관들이 쇠약해져 소멸되는 지속적인 과정으로 일정한 '순간'이 아니며, 어떠한 경우에는 소생이 가능하다. 심장, 허파, 간, 신장, 담낭 그리고 뇌는 서로 다른 일정한 시간 내에 기능을 멈추며, 이러한 기관 중의 어떤 것은 다른 기관들이 기능을 멈춘 후에도 예를 들어 심장마사지와 같은 적당한 조작을 통해 혹은 인공 심폐소생장치를 이용해서 계속 생명과 기능을 유지시킬 수 있다.

반면 '죽음'은 생명의 종말이 되는 하나의 사건이다. 죽음의 순간 이후 죽음의 상태는 부단(不斷)한 지속성을 지니며 연장되는 것으로 영원히 지속된다. 따라서 죽음을 되돌이킬 수는 없다.

한 인간이 죽는 시점은 언제일까 하는 물음에는 세 가지의 사실, 즉 사망시간과 사망주체, 사망상태 등이 포함되어 있다. 하나의 인간이 죽었다는 사실을 확인하기 위해 필요하거나 충분한 조건은 무엇인가? 그러한 조건들을 찾기란 어렵지 않다. 문제의 핵심은 삶과 죽음의 밀접한 연관에 있다: 하나의 인간이 더 이상 살아 있지 않으면, 그는 죽은 것이다. 더 이상 살아 있지 않다면, 죽었다는 것을 위한 필요충분조건이 갖추어진 것이다.

죽었다는 것은 더 이상 살아 있지 않음을 의미한다. 살아 있다는 것은 아직 죽지 않았다는 것보다 더 많은 것을 의미한다. 프로이트는 자신의 죽음을 상상할 수 없는 것으로 규정지었으며, 에피큐로스가 죽음은 무(無)이기 때문에 의미 없다고 설득하려 했던 것은 죽었음으로서의 죽음에 관해 이야기하였던 것이다.[9]

죽었음은 더 이상 살아 있지 않음을 말하며, 죽음이라는 표현은 생명의 끝을 의미한다. 누군가가 죽었다는 것은 그의 생명이 끝났다는 것이며, 이러한 끝이 바로 죽음이다.

---

9 S. Freud, *Zeitgemässes über Krieg und Tod* S. 341, in: ders., Gesammelte Werke, Bd. 10, Frankfurt a. M. 1969, S. 323-355. Diogenes Laertius, *Leben und Meinungen berühmter Philosophen*, X. 124., Hamburg 1990.

'죽음'에 대한 공포와 '죽어 가는 것' 자체에 대한 공포의 구별은 양쪽 표현이 모두 같은 사건을 대변하고 있음에도 불구하고 다른 의미를 함축하고 있다. '죽음'이라는 표현의 경우 사람들은 생명이 끝나는 사건을 생각하며, '죽어 가는 것'의 경우 대개 확장된 과정에 관한 것이라고 생각한다.

단세포 생물은 스스로 분열하면서 증식한다. 그런 생명의 종말은 인간의 사멸과 상당히 다르다. 생명은 전혀 끝나지 않은 것이며, 분열 이후 더 이상 그의 생명이 아니라 그 후손의 생명으로 존재하는 것이다. 게다가 아무런 시체도 없다. 이 경우 단세포 생물의 종말을 죽음이나 죽어 가는 것으로 표현해야 하는지 의심스럽다. 단세포 생물의 경우 죽음은 분열을 통한 증식이나 갑작스런 완전한 파괴의 두 가지 형태가 있다. 죽어 가는 것이라는 표현은 보통 확장된 진행과정을 위해 사용되며, 이러한 죽어 가는 진행과정을 거쳐 대부분의 생명체의 생명이 끝난다.

2. 죽음의 확인

사망확인의 기준으로 첫째 순환기와 호흡 기능의 비가역적인 소멸, 둘째 뇌간을 포함한 전체 뇌기능의 비가역적 소멸을 든다.

죽음이란 의학적으로는 심장순환기의 재생 불가능 및 호흡의 정지와 더불어 중앙신경조직의 활동이 정지된 상태를 의미한다. 이에 이어서 곧 모든 장기의 세포가 죽기 시작한다. 전통적으로 사망의 확인은, 언제 심장순환기의 기능이 멈추었는가, 응급조치를 통한 소생이 불가능한가, 혹은 사망의 조건이 되는 징표들을 의사가 확인하는 데 있다. 어떤 '사망 판정이 난 사람'이 치료조치를 통해 살아났다고 하는 표현은 '이미 일어난 한 사람의 죽음은 되돌이킬 수 없다'는 죽음의 정의에 비추어 잘못된 표현이다. 그러한 확인의 경우 아직 치명적이지 않은 호흡 혹은 심장순환기의 정지가 다시 정상으로 회복되었음을 뜻할 뿐이다. 다시 말하자면 죽었다는 것은 두 번 다시 살아나지 않음을 의미하며, 만약 다시 살아났다면 그것은 '죽음을 경험'했던 것이 아니라, 다만 사망진단에 있어서 오진이 있었을 따름이다.

뇌 전체, 뇌의 일부분 혹은 심장호흡순환기의 기능이 정지됨은 그것을 통해 한 사람의 죽음을 확인하거나 예측 판정할 수 있는 기준이다. 그러면 우리는 어떠한 경험적, 생물학적-의학적인 표시나 징후로 인간의 죽음을 확인할 수 있는가 하는 의문이 제기된다. 우선 모든 기관과 조직의 죽음, 즉 신진대사, 성장, 생식, 운동, 감수성 등 모든 생명의 징후의 상실이 중요한 기준이 된다. 그러나 아주 극심한 사고의 경우를 제외하면 신체의 모든 세포와 조직, 기관이 동시에 죽는 것은 아니며, 모든 세포의 죽음을 직접적으로 증명할 수도 없다. 따라서 '죽음의 과정'에서 살아 있는 유기체의 최종적 종말, 즉 전체로서의 유기체의 해체를 알리는 증세에 대해 검토하게 된다. 여기에서 중요한 것은 '죽음의 과정'에서 확실하게 다시는 회복될 수 없으며, 또한 예견할 수 있는 짧은 시간 내에 모든 세포가 소멸하게 되는 바로 그 시점을 정확히 표시하는 일이다.

죽음을 확인하는 일은 예전에도, 그리고 대부분의 경우 오늘날에도 여전히 비교적 간단하다. 왜냐하면 호흡과 심장박동의 정지를 실제의 사망시간과 동일시하였기 때문이다. 그러나 심폐소생술과 개흉심장외과술로 인해 이러한 명료한 확인은 더 이상 확실치 않다. 왜냐하면 이미 죽음이 발생된 경우나 혹은 개흉심장외과술에서 유도된 심장박동정지인 상태일지라도, 그러한 상태가 지속되는 동안 인공으로 호흡과 순환기작용이 유지된다면, 전체로서의 한 사람의 죽음은 저지될 수 있는 것이다. 따라서 혈액순환이 달리 유지될 수 없어 심장사 이후 몇 분 안에 뇌사로 필히 이어지는 경우에만 심장사는 죽음과 동일시된다. 이와 반대로 인공 심폐소생조치가 너무 늦었거나 뇌기능의 상실이 호흡 순환정지의 일차적 원인이 된 경우에는, 인공호흡 등의 응급조치를 통해 뇌기능을 소생시킬 수 없다.

그런데 의학의 발전을 통해 뇌 이외 다른 기관들의 생명이 일정한 기간 동안 연장될 수 있게 됨으로써, 중대한 문제가 현대의학에 발생되었다. 즉 어떠한 신체 기관이 보다 근본적인 것이어서, 그 손실이 곧 전체로서의 유기체의 죽음과 동일시될 수 있는가 하는 문제이다.

사람은 연령에 무관하게 질병, 사고 등 여러 형태로 죽음을 맞이하게 된다. 일반적인 조건하에서는 심장혈액순환정지에 따라 사망진단이 확인된다. 최종적인 혹은 생물학적인 죽음은 신체의 모든 세포가 죽은 며칠 후에나 들어선다. 이러한 단계에서는 머리카락과 손톱이 계속 자라며, 어떠한 기관은 적어도 이러한 초기의 단계에서는 아직 살아 있어 기능을 유지하므로 이식이 가능하다.

일반적으로 죽음은 생명체 및 유기체로서의 인간의 종말로 이해된다. 기능의 통일체로서 유기체는 뇌 전체의 죽음과 더불어 끝나며, 돌이킬 수 없는 뇌기능의 정지는 명백한 죽음의 표시로서 평가된다.

Ⅲ. 뇌사의 사망인정과 이에 따르는 윤리적 · 법적 문제

죽음은 누구나 언젠가 맞이해야 하는 사건이기 때문에 생의 종말에 대한 사색은 피할 수 없다. 우리의 사체가 치료를 목적으로 하는 장기출처로 기증될 수 있다면, 더욱더 죽음에 대한 생각의 정리가 필요할 것이다.

뇌사개념과 더불어 생명에 필수적인 이식용 장기 획득에 필요한 윤리적 · 법적 기준이 대부분 수립되었다. 그럼에도 불구하고 그 개념이 이론적으로 일관되며 논리적 모순이 없는지에 대해 논란은 여전하다.

뇌의 활동이 사라진 후 기계를 통해 심장, 순환, 신진대사 등을 인위적으로 유지시키고 생명의 종말을 연기할 수 있게 된 이후 자연적인 죽음의 진행과정을 임의처리할 수 있게 되었다. 그리하여 의학에서 죽음의 현상은 명확성을 잃었다. 명확한 죽음의 개념을 획득하기 위해서는, 확실한 죽음의 징표를 정함으로써 정확한 사망시간을 규정할 수 있어야 한다.

사망시간의 확정은 어느 정도 임의적이다. 원칙적으로 모든 생물학적인 생명의 표시가 모든 신체의 조직에서 최종적으로 멈춤으로써 끝나는 죽음의 과정 중에 어떤 한 시점을 기준으로 확정하는 것이다. 엄격히 말해 죽음의 시점이 아니라 이미 발생된 죽음의 사실을 확인하는 것일 뿐이다. 인공호흡의 실시에 대해 결정해야 하는, 다시 말해 언제 어떠한 조건하에서 응급조치를 중지할 수 있는가를 결정해야 하는 경우에, 정확한 사망시간을 정의하는 일은 매우 중요하다. 그리고 이식에 적합한 장기를 확보하기 위해서 가능한 한 아주 정확한 사망시간의 확정이 요청되고 있다. 이와 같이 죽어 가는 진행과정의 어느 시점부터 하나의 인간이 죽었다고 사망진단을 내릴 수 있는가라는 물음이 시급해진 것이다.

죽음은 생물학적 결과이지만, 단지 그것만은 아니다. 생물학적 측면에서, 언제 죽음이 도래하고 어떤 기준이 죽음을 결정하는가를 규명하는 것은 의학의 일이다. 법은 의학적 사실로 나타나는 실제의 기준을 받아들이고 법시행의 결과에 책임지는 데 만족해야 한다. 죽음의 기준은 입법의 대상이 아니라 의학의 결정사항이다. 입법의 대상이 되는 것은 죽음을 전제로 한 법적 결과, 이를테면 상속, 매장, 장기적출의 허용성 등이다.

뇌사를 죽음으로 인정한 국가에서는 불가역적 시점과 함께 의학적 치료조치가 중단된다. 원칙적으로 타인의 이익 때문에 실시되는 치료와 무관한 과도한 죽음의 연장행위는 금지된다. 왜냐하면 불가역적으로 임종이 임박한 환자는 자연스럽게 죽을 권리, 즉 평온하게 죽음을 맞이할 권리를 갖기 때문이다.

인간은 개념을 근거로 하여 생명을 잃는 것은 아니며, 장기적출이 있거나 없거나 간에 좌우지간 생명을 유지하는 장기들의 신진대사과정이 소멸됨으로써 생명을 잃는 것이다. 인위적으로 장기기능이 유지되면, 타인에게 유용한 다른 조치, 즉 장기이식에 동의하지 않은 경우 기구의 스위치를 끄면 신속히 자연사하게 된다. 그러면 장기적출이 윤리적 · 법적으로 어떻게 평가되고 어떤 전제하에서 허용되는가?

의학적 지식을 갖지 못한 일반인들에게는 뇌사자가 살아 있는 것 같이 보일 수 있다. 그럼에도 장기 적출을 승인하도록 무리한 요구를 함으로써 유족에게 부담을 주는 것은 정신적 충격뿐만 아니라 분노를 일으키게 만들 것이다.

1. 사망자의 권리

현대의학은 뇌사를 의미하는 뇌기능 전체의 불가역적 상실을 죽음과 동일시한다. 무엇보다도 뇌사는 무의미하게 뇌사체에 연결시켜 놓은 심폐소생기구 등 의료기구들을 제거하기 위해 확인되어야 한다. 물론 이때 후에 있을 수 있는 장기기증을 염두에 두어서는 안 될 것이다. 사망시간의 확인은 이식 가능한 장기를 사망자로부터 적출하겠다는 의도에 영향받지 않아야 한다. 장기를 적출하기 위한 기준은 공인된 죽음의 개념에 근거해야 하며, 죽음이 가까왔다는 예측이나 나머지 삶은 가치가 없다는 판정에 근거해서는 안 될 것이다. 이러한 이유 때문에 죽음의 정의는 모든 이해타산에서 벗어나야 한다. 의식을 돌이킬 수 없이 상실하는 것과 더불어, 전체성 및 신체기능의 중앙 조절 능력도 돌이킬 수 없이 상실한다면, 뇌사정의의 의미에 따라 사람은 죽은 것이다. 뇌사정의는 대뇌, 소뇌, 뇌간의 모든 기능이 회복 불가능하게 상실됨에 기초를 두고 있다. 이러한 상태는 인간의 죽음으로 표시된다.

우리는 죽은 이들에게 어떠한 의무도 부과할 수 없으며 그들에게 생전의 시기에 행동한 것에 대해 책임지도록 할 수도 없다. 그럼에도 불구하고 우리는 사망자의 권리를 보호할 의무가 있는가? 권리를 갖는다는 것은 어떤 사람이 어떤 것에 대한 요구권을 가짐을 의미한다. 그러한 요구권을 법률이나 도덕을 통해 인정받아야 한다. 어떤 권리소유자란 이러한 권리의 가능한 용익권자(用益權者)여야 한다. 즉 사망자의 권리는 사망자에게 주어져야 함을 의미한다. 뿐만 아니라 권리소유자는 자신이 요구권을 주장하는 이해(利害)관계를 가져야 한다.

살아 있는 동안 사람은 자신이 죽은 후에라도 성취되기 바라는 어떤 일정한 이해관계를 지닐 수 있다. 그러나 우리는 죽은 사람 자신이 사망 후에도 여전히 이러한 이해관계를 지니고 있을지 알 수 없다. 그럼에도 불구하고 인간의 권리는 사망 후에도 보호되어야 한다. 그렇게 함으로써 살아 있는 사람들의 불필요한 불안과 걱정을 덜어줄 수 있기 때문이다.

시신은 더 이상 사람과 동일시할 수 없지만, 이승에서 살아 있는 동안 육체의 역할을 맡아 왔던 사람의 상징적 존재이다. 사망자 자신이 더 이상 권리소유자로서 역할을 할 수 없기 때문에 그의 개인적 권리는 가까운 유가족에게 넘어간다.[10] 유가족은 사망자에 대한 보호의무 및 보호권리와 더불어 자신의 개인적 권리의 소유자이다. 보편적인 법적 견해에 따르면 유족이 사망자의 시신을 돌볼 권리를 지니지만, 임의처리권은 지니지 않는다. 그럼에도 불구하고 유족의 의지는 존중되어야 한다. 유가족에게 사전에 알리지 않고 사체해부나 장기적출을 한다든지, 혹은 사전에 상의하지 않고 사망자에게 다른 형태의 의학적 실험을 하는 경우, 유가족은 정신적으로 깊은 상처를 받을 수 있기 때문이다.

사후에 어떻게 시체를 다룰 것인가 하는 방법에 대해 살아 있는 동안 표명한 의지를 존중해야 한다. 그 누구도 자신의 의사에 반하여 혹은 자기의 동의 없이 사망 후 사체를 훼손당해서는 안 될 것이다. 자신의 육체에 관한 결정권은 사망 후에도 유효하다. 따라서 사망자나 유족의 구체적 동의 없이 시신을 이용하는 것은 불법이며 비도덕적이다. 사체를 조심스럽게 다루는 것은 단순히 사망자에 대한 관심을 입증하려는 유가족의 개인적 요청이 아니며, 그것은 혼란 없는 공동생활이라는 사회적 목적도 내포하고 있다.

---

10 죽음의 법적 효과는 민법적, 형법적으로 다양하게 나타난다. 우선 민법상 사람은 생존한 동안만 권리와 의무의 주체가 될 수 있으므로 사망에 의해 권리를 상실하게 된다. 죽음과 동시에 권리와 의무가 소멸하게 된다. 또 죽으면 형법상 더 이상 생명이나 신체에 대한 죄의 객체가 되지 않는다. 형법은 다만 사체손괴(제161조), 사체, 유골 또는 유발의 오욕(제159조)과 사자의 명예 훼손(제308조) 등을 규정하고 있다.

2. 현행법상 뇌사개념 정의의 문제점

뇌사는 새로운 죽음의 정의를 도입한 것이 아니라 단지 죽음에 대한 예전의 견해에 새로운 기준을 보충한 것이며, 응급조치 없이 심장순환 및 호흡의 정지상태를 통해 확인되는 것과 동일한 죽음의 실상이라는 주장이 뇌사개념의 정당화에 기여했다. 뇌의 기능이 돌이킬 수 없이 완전히 정지되는 상태는, 죽음을 충족시키는 조건에 또 하나의 조건이 덧붙여진 기준에 불과할 뿐이라는 것이다. 뇌사개념에서는 개개의 기관과 장기조직이 더 이상 중앙에서 조정되지 않고, 따라서 더 이상 전체로서 통합될 수 없다는 사실을 통해, 삶과 죽음의 경계를 긋는 것이다.

우리나라 「장기 등 이식에 관한 법률」(이하 '장기이식법'이라 한다) 제4조의 용어정의에 따르면 '살아 있는 사람'이란 사람 중에서 뇌사자를 제외한 사람을 말하고, '뇌사자'란 이 법에 따라 뇌사판정기준 및 뇌사판정절차에 따라 뇌 전체의 기능이 되살아날 수 없는 상태로 정지되었다고 판정된 사람을 말한다. 한편 제21조에서는 뇌사자가 이 법에 따른 장기 등의 적출로 사망한 경우에는 뇌사의 원인이 된 질병 또는 행위로 인해 사망한 것으로 본다고 하여 뇌사자를 산 사람으로 간주하고 있다. 그리하여 이 법은 뇌사자를 살아 있는 사람도 아니고, 사망한 자도 아닌 존재로 규정하고 있어 모순을 보이고 있다.[11] 삶과 죽음에 있어 중간 단계는 있을 수 없다.

뇌사자를 사망한 자와 구분하고 있음은 살아 있는 것으로 인정하고 있음을 시사하기 때문에 뇌사자로부터 장기를 이식하는 것은 살인행위로 간주될 위험이 있다. 뇌사를 죽음으로 인정하지 않지만, 장기의 적출기준으로 인정하고, 동의 여부에 따라 적출 여부를 결정하는 것은 심각

---

11 '인체조직안전 및 관리 등에 관한 법률' 제4조(적용범위)에서도 "이 법은 사람의 신체의 완전성을 기하고 생리적 기능의 회복을 위하여 이식의 목적으로 살아 있는 자 · 뇌사자 · 사망한 자로부터 기증 · 관리 및 이식 등과 관련하여 국내에서 생산 혹은 외국으로부터 수입된 조직에 적용한다."고 하여 뇌사자를 살아 있는 자나 사망한 자로부터 구분하고 있다.

한 윤리적 · 법적 문제를 야기한다. 뇌사자가 아직 살아 있는 사람이라면, 직접 동의든 대리 동의든 어떤 동의도 장기적출을 정당화할 수 없다. 뇌사가 인간의 죽음이 아니면, 뇌사자를 죽음으로 이끄는 그 어떤 장기적출도 실시될 수 없다. 그런데 우리나라의 법은 뇌사를 죽음으로 인정하지 않음에도 불구하고, 다른 한편 편의에 따라 뇌사를 장기적출 기준으로 삼기 위해 대리동의를 통해 죽음으로 인정하는 중대한 오류를 범하고 있다.[12]

현행법상의 뇌사는 장기적출의 경우에만 적용되는 개념이다. 뇌사자의 경우 아직 죽은 것은 아니지만, 장기적출을 허용하는 것이다. 그러므로 뇌사상태의 사람으로부터 장기적출 없이 산소 호흡기 등 연명장치를 제거하면 형법상 살인죄로 처벌받게 될 가능성이 남아 있다.[13] 장기기증을 원치 않는 경우, 뇌사자는 죽은 것이 아니므로, 스스로 심장이 멈출 때까지 심폐소생장치를 제거할 수 없다. 단지 장기기증을 전제로 하는 경우에만 유족이 뇌사판정신청서를 제출하여 뇌사판정을 받게 되어 있으며,[14] 이 경우에만 뇌사를 죽음으로 인정해주고 있으므로 장기적출이 가능하다. 따라서 이 법에 의한 뇌사판정이 공식적인 사망의 인정으로 볼 수 있는가에 대하여 논란이 있다.

다음과 같은 상황을 예상할 수 있다. 만약 유족들이 '장기 등의 기증을 위하여' 뇌사판정신청을 하고, 이에 뇌사판정위원회에서 뇌사판정을 하고, 사망진단서가 발급되었는데, 돌연 마음을 바꾸어 '장기 등의 기증' 의사를 철회한 경우에 뇌사판정위원회의 뇌사판정은 무효가 되는가? 즉, 소급하여 '죽음이 아닌 것'으로 돌려야 하는가에 의문이 있다.[15] 사망 인정에 대한 사회적인 합의가 절실히 요구된다. 의학적으로 인간의 세포

---

12 구인회, 『생명윤리 무엇이 쟁점인가』. 서울. 아카넷. 2006. 52면 참조.

13 박은정, 『생명공학 시대의 법과 윤리』. 서울 : 이화여자대학교 출판부. 2000. 251면 참조.

14 장기이식법 제17조 제3항 제2호에서 뇌사추정자의 가족이 없는 경우에는 법정대리인 또는 진료담당 의사. 이 경우 뇌사추정자가 제15조의 장기 등 기증희망자인 경우로 한정한다.

15 장기이식법 제22조 제4항은 "장기 등의 적출을 위한 수술이 시작되지 전까지는 언제든지 장기 등의 적출에 관한 동의의 의사표시를 철회할 수 있다."고 규정하고 있다.

가 모두 죽는 데는 상당한 시간이 걸린다고 한다. 그럼에도 우리는 심장과 호흡이 멈추면 죽었다고 간주하여 왔다. 이는 사회가 죽음을 어떻게 정의하는가에 따라 사망인정 기준이 달라질 수 있음을 의미한다.[16]

뇌사의 경우처럼 그 생체가 장기 적출 후 사망한다면 승낙에 의한 살인죄의 논란이 있을 수 있는데, 장기 등 이식에 관한 법률로 이런 법률적 문제가 해결되었다[17]는 주장이 있지만, 이것은 근본적 문제해결로 볼 수 없다. 임상에서 뇌사란 의사가 환자를 진단하고 치료하던 중 발견하게 되는 어떤 상태인 것이지, 가족이 신청하여 판정할 것이 아니다. 신청하기 전에 이미 확인된 상태이므로, 가족이 뇌사판정을 신청하도록 하는 조항은 적절하지 않다.[18] 가족이 할 수 있는 일은 뇌사자의 생전의 뜻에 따라, 장기 기증 여부를 결정하는 것이어야 한다. 현행법은 뇌사판정과 장기기증, 뇌사판정심의와 윤리적 사안 심의 등을 혼동하고 있으므로, 적절한 수정과 보완이 필요하다.

3. 장기기증 동의의 문제점

장기기증은 고귀한 희생정신에 의한 선행이지만, 여러 면에서 위험이 도사리고 있으므로, 이식절차에 상당한 주의와 배려가 필요하다. 호흡과 순환기기능이 인위적으로 유지되는 뇌사자의 경우 장기적출을 실시하는 것은 뇌사자를 아직 살아 있는 것으로 보면, 단지 집중의료기 사용조치를 끝내는 것이 아니라, 의도된 살해이다. 소위 살아 있는 뇌사자로부터 생명에 중요한 장기 적출을 허락하는 사람은 타인에게 유익하다 하여 인간의 살해를 허락하는 것이다. 이 경우 살해되는 사람 자신이 사전에 동의했을 수도 있으나 그렇다고 살해가 정당화되는 것은 아니다.

---

16 신현호, 「장기 등 이식에 관한 법률의 이해」, 의료윤리교육 2000; 제3권 제2호 : 27-62. 42면 비교.

17 권복규 · 김현철, 『생명윤리와 법』, 이화여자대학교 출판부, 97면 참조.

18 엄영란. 「뇌사판정위원회 관련 법령과 윤리적 고찰」. 의료윤리교육 2004; 제7권 제2호: 189-197. 196면 참조.

뇌사자가 아직 살아 있는 것이라면, 타인의 이익을 위해 그 생명이 끝나도록 적극적으로 훼손하는 일인 장기이식을 어쨌든 막아야 할 것이다. 또한 사망자의 지속되는 인격권은 그를 임의로 다루는 것을 금지한다. 그가 죽었다고 해서 장기를 적출해도 되는 것은 아니다. 뇌사는 장기적출의 필요조건이지만, 충분조건은 아니다.

사후 장기적출을 할 것인가 여부는 원칙적으로 뇌사자의 의지를 고려해서 결정해야 한다. 유족이 대리동의를 하는 경우에는 자신의 의지가 아니라 사망자의 의지를 전달해야 하므로 추정동의라고 한다. 그러나 환자 자신의 이익이라고 추정되는 시술을 위해 실시되는 즉각적인 치료 차원의 의료행위에 필요한 추정동의를 제삼자의 이익을 위해 실시하는 뇌사자 장기적출의 경우에도 적용할 근거가 있는가에 대해 의문이 제기되기도 한다.[19]

장기 등 이식에 관한 법률 제22조에서는 뇌사자와 사망한 자의 장기적출요건으로, 본인이 뇌사 또는 사망 전에 장기 등의 적출에 동의한 경우로 제한한다. 그러나 그 가족 또는 유족이 장기적출을 명시적으로 거부하는 경우를 제외하고 있다. 또 본인이 뇌사 또는 사망 전에 장기적출에 대해 동의나 반대한 사실이 확인되지 않는 경우에는 그 가족 또는 유족이 장기적출에 동의해야 한다. 16세 미만의 미성년자인 경우에는 그 부모(부모 중 1인이 사망하였거나 행방불명 그 밖에 대통령령이 정하는 부득이한 사유로 동의할 수 없을 경우에는 나머지 1인)가 장기적출에 동의해야 한다. 동의를 한 자는 수술 시작 전까지 언제든 동의를 철회할 수 있다고 한다.

이처럼 뇌사자 기증의 경우 가족 동의가 없으면 본인이 생전에 기증 희망을 했어도 장기 적출은 불가능하며, 뇌사자가 생전에 별다른 의사 표명을 하지 않았지만 명시적인 거부를 하지 않은 경우 유족이 동의하면 장기 적출이 가능하다. 본인이 장기 기증을 원치 않았어도, 가족이

---

19 Zentrale Ethikkommission bei der Bundesärztekammer (1997) Stellungnahme "Zum Schutz nicht-einwilligungsfähiger Personen in der medizinischen Forschung", *Deutsch Ärztebl* 94, 15: C-759-C-760, S. C-760.

이를 무시하고, 뇌사자의 기증 의지가 확인되지 않은 것으로 하고 기증을 결정하여 뇌사판정을 요청할 가능성도 있다. 이는 개인의 자율적 결정권에 대한 심각한 침해로 보아야 한다. 자기결정권의 제한이라 할 수 있는 법적 대리규정들은 대리되는 사람의 이익을 지키기 위한 경우에만 정당화될 수 있다.

4. 죽음으로서의 뇌사 인정 찬반논의 검토

삶과 죽음의 경계는 정확히 규정하기 어렵다. 이 문제는 의사들뿐만 아니라 사회 제 구성원의 전반적 가치평가의 일치에 관계되는 문제이기도 하다. 삶과 죽음의 정확한 경계선을 긋는 것이 불가능하기 때문에 어떤 사람들은 뇌사기준에 반대한다. 그들의 견해에 의하면 뇌사자는 부분적으로 죽은 사람이며 뇌사란 뇌의 기능을 상실한 인간의 특정한 상태를 의미한다.

뇌사개념의 도입은 여러 면에서 논란의 대상이 되고 있다. 뇌사개념 반대자들은 주장하기를 뇌기능의 불가역적인 정지가 개인의 죽음과 동일하다는 생각은, 생물학적인 개체의 일부인 뇌를 전체로서의 한 인간과 동일시함으로써 비롯된다고 한다. 그들의 견해에 의하면 생물학적인 생명의 주체는 뇌라는 단일한 기관이 아니라 우리가 신체라고 부르는 통합적인 전체조직이다. 또한 뇌사자는 죽은 사람이 아니라 죽어 가고 있는 사람이다. 왜냐하면 뇌사시점에는 다른 나머지 기관에 여전히 생명의 표시가 있다고 보기 때문이다.

뇌사기준의 반대자는 뇌사란 죽음의 진행과정에 존재하는 과도기적 상태라고 주장하며, 인간은 뇌라는 한 부분으로 국한될 수 없다고 주장한다. 뇌의 기능은 의식의 주체에 봉사하지만, 그 의식의 주체인 인간 그 자체는 아니라는 것이다. 따라서 불가역적인 뇌사가 결코 주체의 죽음을 의미하는 것은 아니라고 한다. 더 나아가 죽음의 전제조건과 정확한 죽음의 순간에 대해 우리는 너무 모르고 있기 때문에, 이식을 위해 장기를 떼어 내는 데 요청되는 조건인 뇌사가 죽음과 동일하다는 도덕적 확실성에 도달하기 어렵다고 한다. 따라서 그들은 유기체적 인간의 생명을, 인간의 생명과 현존을 위한 유일한 지탱 가능한 기준으로 보아야 하며 심장, 호흡기 등의 완전한 기능정지를 유일한 의학적인 죽음의 개념정의이자 객관적인 죽음의 기준으로 받아들일 것을 제안한다.

또 뇌사 진단은 오진(誤診)의 가능성이라는 위험을 포함하고 있다고 주장하며 의식을 잃고 인공호흡을 하는 중증의 뇌손상 환자의 경우 모든 뇌기능의 정지라는 진단이 불가능하며, 그러한 상태에서는 빛에 반응하지 않는 동공, 자발적인 호흡 및 반사작용의 정지가 확실한 죽음의 기준이 될 수 없다고 한다. 뇌파측정은 또한 사망확인에 중요한 뇌간이 아니라 단지 대뇌피(大腦皮)의 전파활동을 살피는 것이므로, 사망확인을 위해서는 충분치 않으므로 또 다른 진찰을, 이를테면 환자에게 높은 압력으로 조영제(造影劑)를 뇌혈관에 주사하여 뇌의 혈관을 렌트겐으로 촬영하여 아직 산소공급이 어느 정도로 뇌에서 이루어지고 있는가를 조사해 보아야 한다고 한다. 그런데 의학적 견지에서 뇌사를 반대하는 사람들은 이러한 행위가 어쩌면 아직도 살아 있을 수도 있는 사람의 신체적 불가침성을 해치는 것으로, 위법 행위라고 비판한다.[20]

한스 요나스는 뇌사개념이 이식을 위한 장기를 확보하기 위해 고안되었으며, 인간의 육신을 중요시하지 않는다고 비판한다. 그리하여 뇌사 진단의 실시는 사망시간을 어느 정도 임의적으로 정하는 것을 의미한다고 한다.[21] 뇌사는 단지 실용적인 합의를 드러내는 인간의 죽음의 표시

---

20 이에 맞서 Spittler는 다음과 같이 주장한다: 여기서 이론상 생각할 수 있는 오진은 건강한 사람을 죽었다고 진단하는 것이 절대로 아니다. 어쨌든 이론적으로 생각할 수 있는 것은 기껏해야 아주 극심한 뇌손상 환자에게 아직 뇌의 작은 부분이라도 혹시 살아 있을 수 있는가의 여부를 검사하는 일이다(J.F. Spittler, "Der Hirntod ist der Tod des Menschen", in: Universitas 4, 1995, S. 313-327, 323).
그러나 필자의 견해로는 아무리 사소하게 보일지라도 어떤 경우이든 그러한 오진을 피해야 할 것이다. 만약 그렇지 않다면 그것은 뇌사가 아니라 부분뇌사에 관한 일일 것이다.

21 H. Jonas, *Technik, Medzin und Ethik*, Frankfurt a. M. 1987, S.219-220.
그러나 죽음의 새로운 정의는 이식문제와 관련해서가 아니라, 응급의학의 테두리 안에서 무엇보다도 시급히 요청되는 것이다: 뇌사기준은 어떤 시점에서 그러한 진료행위를 중단할 수 있는가 하는 기준을

이며, 궁극적으로 장기이식을 위한 이해타산에서 유래하기 때문에 이미 순수하지 못하다고 주장되기도 한다.[22]

뇌사개념에 대한 적극적이고 공공연한 비판은 고전적인 죽음의 표시인 호흡과 심장, 순환기 정지상태를 고집하며, 인간이 죽어 가는 진행과정은 뇌사가 아니라 심장사와 더불어 끝난 것으로 본다. 이러한 뇌사비판자들은, 순환기가 기계로 유지되는 뇌사자가 살아 있는 중환자와 외적으로 특별히 구별되지 않는다며, 선입견이 없는 관찰자는 뇌사자가 정말로 죽은 것이라고 믿기 어려울 것이라 주장한다. 그들은 죽음을 첫째로 생물학적 사건으로 이해한다. 따라서 죽음이라는 개념을 철학적인 영역에서 유래하는 인격체로서의 인간 혹은 종으로서의 인간과 같은 중요 개념과 연관해서 사용할 수 없다고 한다.

그에 반해서 뇌사 옹호자에 의하면 스스로 조절하는 유기체로 만드는 개별 장기의 공조체계가 뇌사와 더불어 파괴되기 때문에 뇌사는 인간의 사망일 수밖에 없다고 한다. 뇌사상태에 있는 사람을 인공호흡을 시키는 경우 어쨌든 인위적으로 유지시키는 생명기능을 의식적으로 간섭을 통해 마감시켜야 한다: 인공호흡기의 스위치를 꺼서 잠시 후 호흡과 심장이 멎도록 하거나 혹은 수술을 통해 장기적출을 하는 것이다. 장기적출을 안 하고 스위치를 끄는 것은 형법상 살해가 아니므로 동일한 결과로 이끄는 다른 수술도 형법상 살해라고 평가되어서는 안 된다고 한다. 뇌사의 경우 생명에 중요한 장기를 적출한다고 해도 이미 죽은 자를 또 죽일 수는 없으며, 선행조건으로 본인의 사전동의가 있으면 충분하다는 것이다. 뇌사개념의 옹호자들에 의하면 죽어 가는 사람은 불가역적 시점부터 법적으로 '사체'가 되는 것이며, 장기 기증을 통해 생명이 끝나서는 안 된다는 것이 기본적 전제가 되어야 한다.

갖추기 위한 응급진료의 가능성 (호흡과 순환기의 인공 유지) 때문에 필요했다.

22 뇌사개념이 단지 실용적인 근거로 인해 도입되었다는 비난에 대해 모든 죽음의 개념이 결국은 실용적으로 확립되었다는 주장으로 맞설 수 있다. 예를 들어 D. Birnbacher, "Definitionen, Kriterien, Desiderate", in: Universitas 4, 1995, S. 343-356, 352 참조.

반면 뇌사개념 비판자들은 의학적으로 확인할 수 있는 불가역적 시점 이후에도 아직 죽어 가는, 즉 살아 있는 사람으로 본다. 그런 생각을 가지고 있음에도 자신의 생명이 소멸하는 동안 방해받지 않고 있을 것인지 혹은 죽음의 과정을 인위적으로 연장시켜 타인의 생명을 구하기 위해 장기들을 적출하도록 동의할 것인지에 대해 개인적으로 결정할 수 있다고 주장하는 이들도 있다.

뇌사를 죽음이 아니라 죽어 가는 과정으로 보거나 생명의 경계로 간주하는 것, 즉 뇌사자를 사망자로 보는 것을 거부함에도 불구하고 뇌사자로부터 장기적출을 허용하는 것은 살인의 허용이며, 사전에 동의가 있었다 해도 아직 살아 있는 사람에게서 장기를 적출하는 것은 생명권의 훼손이다.

뇌사자 장기적출의 경우 생명을 단축하는 것이 아니라, 다른 사람의 생명을 구하기 위해 죽음을 연장하는 것뿐이라는 주장도 있다.[23] 그러나 약간의 생명단축이며 죽음의 연장을 단순히 종결시키는 것이라 해도 정당화되지는 않는다. 법적으로 뇌사가 죽음으로 인정된 한에서 사후기증은 가능하며, 윤리적 문제로부터 자유로울 것이다.

뇌사를 죽음으로 인정하지 않는다면, 뇌사자의 장기적출은 당연히 금지되어야 할 것이다. 전뇌사는 불가역적이며, 의학적으로도 죽음으로 인정되고 있다. 대부분의 나라가 장기이식과 무관하게 뇌사를 죽음으로 인정하고 뇌사자가 장기기증을 원하지 않은 경우에는 심폐소생장치를 제거하고 숨을 거두게 하여 장례절차를 밟도록 하고 있다.

그런데 우리나라 현행법은 죽음의 정의에 대한 혼란을 가져올 수 있

---

23 이러한 뇌사비판자들은 의학적으로 확인할 수 있는 불가역적 시점과 더불어 총체적 사망이 확인된 것으로 간주하지 않으며, 이 시점 이후에도 죽어 가는 사람으로, 즉 아직 살아 있는 인간으로 본다. 이 경우 자신의 생명이 소멸하는 동안 방해받지 않고 있을 것인지 혹은 죽음의 과정을 인위적으로 연장시켜 타인의 생명을 구하기 위해 장기들을 적출하도록 동의할 것인지에 대해 개인적으로 결정해야 한다는 것이다. M. Lütz, "Die Diskussion zum Transplantationsgesetz – eine ärztliche Stellungnahme", S. 27-31, in: Firnkorn, H-J., Hrsg. *Hirntod als Todeskriterium*, Stuttgart 2000.

다. 또한 인간의 사망이라는 하나의 일회적 사건을 장기이식과 연관시킴으로써 순수성이 훼손되고 있다. 단지 장기이식 목적으로만 뇌사판정이 내려지기 때문에 뇌사자를 수단으로 이용하려는 실용주의에 바탕을 두고 있다. 뇌사판정과 장기기증은 별개의 것으로 구분해야 한다.

죽음에 들어서 자발적 호흡이 불가능한 뇌사자의 신체를 인위적으로 연명시키는 것은 부족한 의료자원의 불합리한 사용으로, 다른 환자들의 생명의 기회를 막는 결과로 이어질 것이다. 더구나 기증을 원하지 않는 뇌사자의 가족이 중환자실의 과중한 치료비나 심적 부담 때문에 어쩔 수 없이 장기기증을 결정하고 뇌사판정신청서를 제출해야 하는 처지라면 더욱 심각한 윤리적 문제가 제기될 것이다.

뇌사자 장기기증은 타인의 이익 때문에 시행되며 어떤 경우에는 제삼자에 의해 결정된다. 잠재적 기증자의 기증할 용의는 적절한 방법으로 일깨워져야 한다. 그러나 법적으로 뇌사가 죽음으로 인정된 한에서 사후기증이 가능해야 한다. 또한 장기이식을 전제로 하여 뇌사판정을 할 수 있도록 하는 것보다는 뇌사판정 후 장기이식에 동의하는지 여부를 확인하는 순서로 진행되어야 할 것이다. 뇌사자가 장기기증에 동의하지 않은 경우 기구의 스위치를 끄면 신속히 자연사하게 될 것이다. 입법자는 잠재적 장기기증자의 생명을 안전하게 하며 국민이 안심할 수 있는 법규를 만들어야 한다. 근본적으로 기증을 통해 생명이 끝나서는 안 된다.

Ⅳ. 죽음에 대한 긍정적 수용

죽음은 개별 인간에게 일어나는 고유한 사건이며, 타인이 대신할 수 없는 지극히 개인적인 사건이다. 나의 삶을 타인이 대신 살아 줄 수 없듯이 나의 죽음 또한 나의 것일 수밖에 없다. 나의 삶과 결코 별개일 수 없는 것이 나의 죽음일 것이다. 죽음은 생명뿐 아니라, 그 사람이 가지고 있는 모든 것의 상실을 의미한다. 모든 것과의 단절이라는 점에서 죽음은 개인에게 절망적이고 더할 나위 없는 중대한 사건으로 받아들여진다. 죽음은 누구나 언젠가 맞이해야 하는 현상으로 삶의 마지막 종착역이다.

그러면 우리는 죽음의 문제에 대해 어떻게 접근해야 하는가? 우리는 삶에 집중하기 위해 근본적으로 죽음에 관한 의식을 가능한 한 배제하고 회피해야 할 것인가? 아니면 우리가 실현하는 의미 있는 것 모두가 허망한 것이며, 우리가 체험하는 행복 자체가 모두 허무하다는 사실을 항상 의식하고 깨어 있어야 하는가? 죽음의 경계선 저편에서 시작하는 진정한 본래의 인간존재를 준비하기 위해 우리는 이 세상의 삶 속에서는 사멸성과 허무에 대해 초연해야 하는가? 아니면 반대로 우리에게 허락된 남은 시간을 잃지 않고 의미 있게 보내기 위해 죽음에 대한 의식을 끊임없이 일깨워 자각하고 있어야 하는가? 죽음은 도대체 두려운 불행한 사건인가? 혹은 모든 속박으로부터 인간을 해방시켜줄 것이라는 희망의 약속인가? 죽음은 우리 삶의 종말이라는 극단적인 파국을 통해 우리 전 존재의 불합리성을 드러내는 것인가? 혹은 본래의 자기존재에 도달하기 위해 진정으로 중요한 것이 무엇인지 파악할 수 있도록 일깨워 주는 우리 삶 안에 상존하는 외침인가?

1. 죽음에 대한 두려움

인간의 삶은 시간적으로 제한되어 있다. 죽음으로 마무리되는 삶은 일회적 사건으로 반복되지 않는다. 살아 있는 존재는 모두 죽기 마련이다. 우리는 애써 죽음에 대한 생각을 피하고, 죽음을 잊고 살려고 하지만, 죽음은 결코 우리를 잊지 않는다. 살아 있는 존재는 모두 죽는다는 것이 자연의 법칙임에도 불구하고, 인간은 죽음을 자연스럽게 받아들이지 못한다. 죽음은 인간 전존재를 뒤흔들며 커다란 절망과 두려움을 안겨준다. 그러므로 인간은 온갖 수단과 방법을 동원해 죽음을 피하려 하고, 되도록 뒤로 미루려 한다. 죽음 앞에서 누구나 슬픔과 상실감, 두려움을 느낀다.

죽음에 대해 전혀 두려움이 없다고 말하는 사람들이 있다. 그 말의 의미는 그들이 전혀 두려움을 모른다는 것인가, 혹은 두려움을 피한다는 것인가, 혹은 두려움을 극복했다는 뜻인가? 그런데 죽음에 대한 두려움을 극복했다는 것은 그에 앞서 먼저 두려움을 가졌었음을 의미한다. 분명히 해야 할 것은 어떤 것이 죽음에 대한 두려움에의 올바른 접근법이고 어떤 것이 그에 대해 거리를 두어야 할 것인가이다. 죽어 가는 사람은 때로는 아주 평온하다. 어떤 사람들은 그들이 두려워하는 것은 죽음이 아니라, 죽는다는 사실이라고 말한다. 무엇인가 알지 못하는 것에 대해 두려워하는 것은 이해할 수 있지만, 그것에 대해 깊이 생각하는 것은 의미 없어 보인다.

우리가 두려워하는 것은 죽음의 공허가 아니라 삶의 공허이며, 우리에게 참을 수 없어 보이는 것은 죽음이 아니라, 삶일 수도 있다. 만일 그것이 사실이라면 죽음은 우리가 두려워하는 것이 아니라, 열망하는 것이 될 것이다.[24]

사람은 죽어 없어지면 무엇이 되어 어디로 가게 되는 것일까? 모두들 언젠가 죽음을 맞이해야 한다는 것은 똑같지만, 어떤 이에게는 조금 빨리, 어떤 이에게는 조금 더 늦게 닥치는 것일 뿐이다. 타인의 죽음만을 바라보다가, 막상 자신의 죽음을 맞이하게 되면 현실로 받아들이기 힘들어 한다. 어느 날 죽음이 찾아와 자신 앞에 우뚝 서면, 저항하거나 피할 방법이 없다. 아무리 단단한 벽으로 막아 놓아도 모든 것을 뚫고 나타나는 죽음을 피해 숨을 곳은 없다. 죽음에 임해 아무런 조치도 취하지 못하고 두려움에 떨어야 하는 것이 바로 인간의 운명인 것이다.

멈추지 않고 다가오는 무섭고 야속한 죽음만이 현실이 되며, 그 외 모든 것은 퇴색하고 가치를 잃고 만다. 죽음 앞에 홀로 선 인간은 의지할

---

24 E. Tugendhat, *Über den Tod*, Frankfurt a. M. 2006. S. 39.

데 없는 자신의 처지, 절대 고독, 죽음의 냉혹함에 절망할 수밖에 없다. 다가오는 죽음이 당장이라도 현실화될 수 있다는 사실로 인해 인생의 덧없음과 무의미함을 인식할 뿐이다. 죽음 앞의 처절한 절대 고독은 우리를 절망의 나락으로 곤두박질하게 만든다. 죽음에 임해서는 사회적 지위와 신분, 가진 것도 아무런 힘을 갖지 못하며, 모두가 평등하다.

2. 죽음의 불변성과 확실성

죽음에 대한 관심은 곧 삶에 대한 관심이다. 죽음에 대해 숙고하는 것은 자신의 의식을 변화시키고, 삶을 변화시키기 위한 것이다. 우리 자신을 변화시킴으로써 우리 주변의 세계가 변하며, 단계적으로 인간의 미래 전체가 변하게 된다. 삶과 죽음은 불가분의 관계에 있다. 생명이 있는 곳에는 반드시 죽음이 있으며, 생명이 없는 물질의 세계에는 죽음도 없다. 죽을 것이 없기 때문이다. 죽음이 없는 세계에는 생명이 없다는 의미도 된다. 그러므로 죽음은 불변성을 본질로 한다. 삶에 대한 지식도 죽음을 통해서 가능하다. 죽음이 없다면, 삶을 규정할 수도 없다. 우리는 늘 삶의 한복판에서 살아 왔으며, 한 번도 삶의 지평을 떠나 본 일이 없기 때문에 삶을 대상화하여 관찰할 수 없다. 삶은 정체되어 머물러 있는 것이 아니라 우연에 의한 것이든 필연에 의한 것이든 끊임없는 변화와 움직임을 의미한다. 살아 있는 것은 변화한다. 한편 죽음은 살아 있는 모든 것이 언젠가 거쳐야 하는 확고한 불변의 사실이다. 불변성은 죽음의 본질인 것이다.

죽음의 문제는 곧 삶의 문제이다. 죽음의 본질에 대해서는 그 어느 누구도 확실히 알지 못한다. 단지 우리가 확실히 알고 있는 것은 죽음은 결코 피할 수 없으며, 언젠가는 실제로 우리에게 닥칠 것이라는 사실이다. 우리 삶에서 그 무엇도 확실하지 않으나, 유일하게 확실한 것은 바로 죽음이다. 죽음은 누구에게나 발생하는 중대한 사건이다. 누구나 예외 없이 죽고, 죽음은 자연적 사건이기 때문에 그것은 특별히 나의 문제로 삼을 필요가 없다는 생각도 막상 죽음을 앞에 두면 달라진다. 죽음은 우리의 개체성과 정체성의 상실과 소멸을 야기한다. 죽음은 우리의 모든 것과 우리 자신을 끝낸다. 현재의 나는 비록 보잘것없고 볼품없는 존재이지만, 이러한 나로 영원히 언제까지라도 살고 싶다. 나는 죽기 싫다. 개체성과 정체성의 소멸에 대한 두려움은 우리로 하여금 언제 닥칠지 모르는 죽음의 불확실성으로 인해 죽음 자체를 부정하고, 최대한 연기하려로 애쓰게 만든다. 이런 태도를 취하는 자는 죽음에 대해 무심한 체하고, 죽음을 생각하지 않고 피하려 한다. 죽음은 뜻밖에 갑작스레 엄습하는 우연한 사건이며, 아무런 예고 없이 불쑥 찾아오는 불청객으로 간주된다.

인간이 자기 존재의 모든 힘을 다하여 삶에 매달리고 그 어떤 현존의 진실이라도 어두운 비존재보다 선호한다 해도, 그리고 삶의 모순성과 어리석음에도 불구하고 삶을 여전히 사랑하면서도 무시한다 해도 자기 자신과 전혀 모순되는 것이 아니다. 인간은 허무를 보면서도 존재에 대한 확신을 가지고 있다. 인간은 죽음을 친구인 동시에 적으로 바라보며, 죽음을 피하면서도 또한 갈구한다.

인간은 누구나 자신의 삶이 시간적으로 한정되어 있고 자신이 언젠가는 죽어야 할 존재라는 사실을 알고 있다. 어딘가 삶의 한가운데 숨어서 기다리고 있을 나의 죽음, 그리고 내가 사랑하는 사람들의 죽음을 생각하며 인간은 불안에 빠져들게 된다. 죽음이란 도대체 무엇이며, 나는 죽음으로 인해 완전히 끝나버리는 것인가? 죽음은 언제 어디서 어떤 모습으로 나에게 닥칠 것인가? 이러한 질문들에 대한 실마리는 풀리지 않고 미궁에 빠진다.

3. 승화과정을 통한 죽음의 극복

생명을 순환적이며 원형적인 것으로 보는 동양문화와 달리 서구문화에서 한 사람의 존재는 일정한 시점에 시작하고 시간의 경과 속에서 지속되며, 일정한 시점에서 죽음으로 끝나거나 이 시점을 넘어 불멸의 어떤 형태에 도달하는 것으로 묘사된다. 죽어 가는 것은 하나의 과정이다. 생명의 종말로서 죽음이 생명의 경계를 긋는다는 상상은 어렵다. 왜냐하면 경계는 생명과 죽음의 진행과정을 끝내는 선과 같은 것을 의미하기 때문이다. 그럼에도 불구하고 죽음은 분명 경계, 즉 생명의 경계이다. 죽음의 이쪽 편은 한 인간의 생명이 있으며, 저편에는 더 이상 생명이 없다. 생명과 죽음 사이의 분명한 경계선을 찾는 일은 불가피하다.

삶과 죽음의 경계는 자연과학적으로 정확히 규정하기 어렵다. 이 문제는 의사들뿐만 아니라 사회 제 구성원의 전반적 가치평가의 일치에 관계되는 문제이기도 하다. 살아 있는 사람들이 죽은 사람들의 사후처리를 어떻게 하는가 하는 문제는 우리 모두에게 상관되는 문제이다. 죽음은 태어난 우리 모두에게 닥치는 본질적인 사건이며, 우리 모두가 받아들여야 하고 겪어야 하는 모든 생명체에 일어나는 필연적인 사건이다. 그런데 우리는 단지 삶으로부터 죽음이 무엇인가를 이해할 수 있다. 왜냐하면 우리는 생의 지평에 있으며, 이 지평의 건너 피안의 세계, 죽음의 세계는 우리에게는 빗장이 채워진 폐쇄되어 있는 세계이기 때문이다.

죽음을 극복하고자 하는 희망을 가지는 사람은 희망의 확증을 자신의 죽음에서 비로소 체험하게 되며, 그 이전에는 결코 최종적으로 인식할 수 없다. 죽음의 경계를 넘어서기를 희망하는 사람은 그의 확신을 입증할 기회를 가진다. 그렇다면 우리는 단순하게 죽음의 경계를 넘어서는 초월에 대해 희망해야 하지 않겠는가?[25] 죽음에서 모든 것이 끝난다고 확신하는 사람 역시, 만일 그의 확신과 달리 죽음 후에 어떤 형태로든 계속 삶이 지속된다면, 생전에 자신이 지녔던 확신이 틀렸음을 확인하게 될 것이다.

그러면 도대체 우리에게 죽음의 극복 가능성은 있는 것인가? 인간이

---

25 R. Spaemann, Sinnstiftung in einer hypothetischen Zivilisation, Neue Züricher Zeitung, 10.12.76. Fernausgabe Nr. 289, 38.

현실적으로 죽음을 피할 수 없는 존재임이 분명한 이상 죽음에 대한 불안을 극복하기 위해서는 죽음의 의미를 이해해야 할 것이다. 삶은 죽음을 내포하고 있으므로 죽음을 내포하고 있는 이 삶의 진실을 이해하는 것은 곧 죽음을 극복하는 것이 된다. 죽음의 극복이라는 문제는 주관적인 것이며, 직접적인 내적 체험을 통해서만 해결될 수 있다. 객관적 견지에서 우리는 신체적 기능의 정지와 이 기능을 가능케 하는 물리적 기관의 쇠퇴에 대해서만 말할 수 있다.[26] 그러나 종교나 철학자들 중에는 죽음의 문제를 마음의 문제로 보며, 그 해결도 결국 마음의 자세를 통해 이루어진다고 가르치기도 한다.

철학에서 죽음은 소외로부터의 인간 해방으로, 새로운 삶에로의 탄생으로, 혹은 모든 것의 근원인 유일자에로 도달할 수 있는 통로로서 이해되어야 한다는 주장들을 우리는 접한다. 그것은 이러한 죽어야 할 운명의 삶에서 절대적이고 파괴할 수 없는 존재를 접하는 우리의 경험들에 관한 이야기이다. 그렇게 함에 있어 우리는 자유롭게 그러한 경험들에 자신을 개방해야만 하는 것이다.

옛날이나 다름없이 현대의 인간도 죽음에 대한 공포로부터 자유롭지 못하다. 죽은 후 어떻게 될지 알 수 없기 때문에 두려워한다. 또한 사후세계가 있더라도 홀로 미지의 저세상으로 가야 한다는 사실이 두렵다. 종교는 구원을 약속하며, 죽으면 끝이 아니라, 사후세계로 갈 것이라는 믿음을 통해 마음에 평온을 준다. 무언가 새로운 세계가 있다는 생각을 제시해주고 그러한 세상에서 축복 받으며 지낼 수 있다는 희망을 주기 때문에 건강을 잃거나 나이가 들수록 종교에 귀의하는 경향이 있다. "우리가 인식하지 못하더라도, 신이 존재한다는 사실을 믿는 것은 좋다"[27]며 칸트는 신비의 가치를 긍정한다.

---

26 같은 곳, 95면.

27 I. Kant, "Reflexionen zur Metaphysik", Nr. 4996, in: Kants handschriftlicher Nachlass, Bd. V, Berlin 1928, S. 55.

인간은 불안하며, 항시 다른 것, 새로운 것을 향해 손을 내민다. 종교는 인간에게 죽음을 준비시킨다. 인간은 실제로 사는 것이 아니며, 부자유스럽고 자신과 일치하지 않으며, 인간의 현재 상태는 불만족스러우며, 번민과 고통으로 가득하며, 불행하다. 왜 그러한가? 그것은 인간이 진정한 고향으로부터 떠나 낯선 곳에서 살기 때문이다. 존재의 의미는 종말에 가서 완성된다. 커다란 비밀인 죽음은 끝이 아니라 완성이다. 신앙인들은 전지전능한 신에 대한 믿음에 힘입어 죽음을 달리 맞이할 수 있다. 그리고 이 세상살이 끝나는 시점에 장기를 기증해 고통 받는 다른 이에게 새 생명을 선사할 수 있다면 마지막으로 자신이 할 수 있는 사랑의 실천이 될 것이다.

죽음을 앞둔 사람에게 인내를 가지고 시간을 내주는 일, 즉 그의 불안, 근심, 두려움에 귀를 기울이고, 조금이라도 위로하는 시간을 내는 것은 마지막의 최대 선물이다. 그러나 잘못된 위로는 금물이다. 삶의 시간만이 있는 것이 아니라, 죽음의 시간도 있다. 그리고 죽음의 시간을 인위적으로 안간힘을 다해 연기시키려 하는 것은 부질없다. 모든 것은 나름대로 적절한 시기가 있다. 태어나는 것도, 죽음도 각각 그 시기가 있다.

'생명윤리법'과 나의 인연

김명희
국가생명윤리정책원장

1. 과학기술이 발전할수록 생명윤리는 더 중요

생명윤리법의 현재와 미래라는 내용으로 원고를 써달라는 의뢰를 받고 무척 고민되었다. 생명윤리와 생명윤리법에 대하여 윤리학 및 법학 전문가를 두고, 아마추어라고도 볼 수 있는 내가 생명윤리와 생명윤리법에 대하여 논한다는 것이 맞는지? 고등학교 입학 후에는 이과를 선택하여 수학과 과학에 집중하여 공부하였고, 의과대학에서는 교과과정을 따라가느라 바빴고, 졸업 후에는 평생 의사로 살 거라 예상했기에 나는 글 쓰는 것과 거리가 멀다고 늘 생각했다. 이런 나에게 글을 쓴다는 것은 목숨이 경각에 달린 환자를 마취하는 것만큼이나 힘들고 어려운 일이다. 그럼에도 불구하고 이 지면을 통해 어떤 내용을 써도 괜찮다는 신동일 교수님과 이영애 변호사님의 격려에 힘입어 생명윤리법과 얽힌 나의 인연을 통해 지금부터 생명윤리법의 제정부터 앞으로의 방향성에 대해 나의 생각을 자유롭게 풀어보려고 한다.

내가 의과대학을 다니던 40여 년 전에는 생명윤리라는 용어를 듣거나 정규교과과정에서 정식으로 배우지 못했다. 그저 신체의 구조와 질병명과 증상과 징후들을 외우기에도 짧은 시간이었기에 나는 주어진 과제를 수행하기에 급급했다. 나의 의과대학 시절은 성적을 걱정하고 낙제를 두려워한 6년이었다. 그러하기에 의사가 되면 어떻게 행동해야 하고 무엇을 고민해야 하는지에 대해서 생각해 볼 시간도 마음의 여유도 없었다. 또한 그러한 고민이 필요하다고 아무도 가르쳐 주는 이도 없었다.

그렇게 대학을 졸업하고 의사자격시험을 거쳐 인턴이라는 의사인 듯 아닌듯한 의사 노릇을 시작하게 되었다. 내가 병원에서 가장 당황한 상황은 의과대학에서 배우지 않은 것을 익숙하게 처리해야 한다는 것이었다. 나는 의사로서 항상 무엇이 옳은지 결정하고, 행동해야 했는데 이 과정에서 항상 갈팡질팡 고민에 휩싸일 수밖에 없었다. 의과대학에서 의사가 되기 위해 준비하는 동안 그 누구도 나에게 알려주지 않은 상황이었고, 너무도 낯선 상황에 마음이 고된 날들이었다. 환자와 관련된 상황마다 부딪히는 윤리적인 문제들, 이 문제를 해결하는 방법을 배운 적이 없는 나는 이 상황이 참으로 막막하고 힘듦의 연속이었다. 예를 들면 응급실에 밤 당직을 할 때 환자가 왔다. 내가 환자를 보려고 침대로 다가가자 원무과 당직 직원이 내게 말했다. 환자가 아직 접수가 안 되었으니 접수가 된 다음에 보라고! 당시에는 전 국민 의료보험이 적용되지 않던 시기였는데, 응급실에서 치료를 받기 위해서는 일정 금액을 원무과에 미리 수납해야 했다. 밤에 응급실에 올 정도인 환자라면 견디기 힘들 만큼의 통증을 겪고 있을 텐데, 병원에 도착해서도 접수가 끝날 때까지 아픈 환자를 두고 진료하지 못하는 벌(?)을 서야 했다. 눈앞에 있는 환자를 진료할 수 없는 나는 의사로서의 갈등과 자괴감으로 어찌할 바를 몰랐다. 이뿐만 아니다. 신생아 중환자실에 입원한 아기의 치료비를 감당할 수 없어, 다 낫지도 않은 아기를 안고 퇴원하는 젊은 부부의 뒷모습을 나는 잊을 수가 없다. 그 젊은 부부의 뒷모습을 보며 나는 한동안 멍하니 그 자리에 서서 알 수 없는 혼란에 빠지기도 했다. 병원에서의 생활은 의과대학 교과서를 달달 외우는 것만으로 해결되지 않는 것들이 수없이 많았다.

일반적으로 과학과 의학기술의 발달은 인간을 전체로 보던 전일적인 관점(holistic view)을 세포와 조직, 장기의 구조물로 보는 기계론적 관점(mechanistic view)으로 변화시켰다. 기계론적 관점에 따르면 질병은 인간의 신체에서 연결된 총체적인 문제가 아니라, 어느 한 장기(심지어는 어느 한 세포)가 문제가 일으키는 것으로 이해한다. 최근에는 유전자 일부가 문제를 일으켜 질병이 발생하는 것으로 인식이 변해가고 있다. 이처럼 기계론적 관점은 인간의 신체를 유기적으로 연결된 하나의 완전체로 보지 않고, 기계적 운동으로 환원해 설명하려고 한다. 기계론적 관점은 의학과 과학의 발전을 가속화시켰고, 이를 통해 상상 속에서나 가능했던 일들을 현실 속에서도 가능하게 만들기도 했다. 그러나 한편으로 과거에 발생하지 않았던, 예상하지도 못한 숱한 윤리 문제를 생산해내고 있다. 예를 들어 보조생식술의 발달은 여성의 신체(자궁)에서만 가능하다고 여겼던 정자와 난자의 수정을 시험관에서 가능하게 했다.

한편으로 이런 기술의 발달로 인해 생식세포의 매매, 대리모와 같은 윤리적인 문제가 생겨났다. 인간의 신체는 유일하기에 금액을 책정할 수 없다고 여겼던 과거와 달리 질병 치료라는 명목으로 수혈, 장기이식, 인체조직 이식재 등과 같이 인간의 신체는 또 다른 인간을 위한 치료의 재료로 사용되고 있다. 뇌사라는 의학적 판단을 통해 심장이 뛰고 있는 사람의 장기를 떼어 내 이식하고, 또 어떤 이들은 급전이 필요하여 자신의 2개인 신장을 하나 떼어 내 팔기도 한다. 의료현장에서 과학기술의 발전은 이처럼 인간의 생명에 깊숙이 개입하는 것이 가능해지게 되고, 그에 따라 예상할 수 없는 수많은 윤리 문제를 발생시켰다. 이 윤리 문제를 우리는 생명윤리 관점으로 바라볼 수 있을 것이다. 이렇게 보면 의료현장에서 인간의 생명에 대한 과학과 의학 기술의 개입으로 발생하는 문제는 개인의 문제라기보다는 인간의 존엄성과 사회 질서에 관련된 문제로 확장해서 생각할 수 있다.

사회는 개개인의 구성으로 이루어지고 각각의 개인들은 그 사회 안에서 살아간다. 사회라는 공동체 안에서 개인의 문제는 더 이상 개인만의 문제로 한정되어 생각할 수 없다. 생명과 관련된 문제는 나의 문제도, 너의 문제도 아닌 우리의 문제이다. 과학과 의학의 발달은 질병을 치료하여 건강을 유지할 수 있도록 도움을 주었고, 또 많은 질병을 미리 예방하여 인간의 수명 연장에 기여한 측면을 간과할 수 없다. 이러한 긍정적인 측면의 내면에는 과거에 발생하지 않았던, 예상하지도 못한 복잡하고도 다양한 윤리적 문제들을 만들어냈고, 지금 이 순간에도 만들어내고 있음을 우리는 인지해야 한다. 장기이식은 질병으로 고통받고 있는 환자에게 건강해질 수 있는 희망이 될 수 있지만, 장기이식을 위해 장기를 제공해야 하는(장기매매를 포함하여) 사람들이 장기가 하나 또는 일부 없는 상태로 언젠가 그로 인해 건강이 나빠질 수도 있는 위험을 안고 살아가야 한다.

우리는 생명과학기술을 인간 생명에 대한 긍정적인 영향만을 강조하여 생각하는 경향이 있다. 그러나 이러한 기술은 인간의 신체뿐 아니라 인간 간의 관계 등 다양한 분야에 변화를 수반하기에, 그 변화가 반드시 긍정적이고 좋은 영향만 끼친다고 보기 어려운 것 같다. 보조생식술의 발전에 따른 시험관 아기의 출현은 결혼하지 않고 아이를 출산하지 않는 한부모 가정이 보편화될 수 있는 가능성을 증대시켰고, 3명의 엄마(생물학적인 엄마, 포태해준 엄마, 양육해준 엄마)가 존재하는 아이들이 가능하게 만들었다. 과연 이러한 변화는 우리 삶에 행복만을 가져다준 것일까?

의료현장에서 환자를 마주하며 든 생각은 생명과학기술의 발전은 인간의 질병을 치료하여 인류의 복지증진에 기여하기도 하지만, 때로 사회 구조의 변화와 인식의 변화를 초래하기도 하여 인류의 지속 가능성에까지도 영향을 미칠 수 있는 중요한 문제라는 점이다. 시간이 흐를수록 의과대학에서 배우지 못했지만, 의료현장에서 경험이 더해갈수록 생명에 대한 윤리적 고민과 성찰은 선택의 문제가 아니라 생존의 문제임을 깨닫게 되었다. 나는 이러한 문제를 생명윤리(와 관련된) 문제라고 본다. 생명윤리는 인간이 모여 만든 사회라는 공동체를 존속하기 위해, 더 확장하여 지구라는 이 커다란 하나의 생명체를 지속해야 하는 우리 인류에게 가장 중요한 문제를 해결할 수 있는 하나의 열쇠가 될 수 있다. 우리 사회에 적용할 수 있는 생명윤리 기준으로서 생명윤리법은 우리 앞에 놓여진 생명과 관련된 다양한 실천적 문제를 해결하는 데 중요한 역할을 할 것이며, 그 중요성은 아무리 강조해도 지나치다 할 수 없을 것이다.

2. 슬프게 생명윤리와 만나다!

결혼을 하면서 의사라는 직업이 나의 적성에 맞지 않는 것 같아 가정주부로 살기로 하였다. 그런데 사람의 일은 자신의 계획대로 되는 것은 아니었다. 아이가 생기지 않아 가정주부로 사는 삶은 이루지 못하고 결국 다시 의사로 돌아갔다. 병원으로 돌아가 마취과 수련을 받았다. 마취과 전공의에서 마취과 전문의로 거듭난 나는 늘 임상에 대한 두려움이 있었다. 사실, 마취를 한다는 것은 잠깐 환자를 죽음 쪽으로 기울였다 다시 현실로 돌아오도록 하는 일이다. 마취과 전공의로서 수련을 받으면서 나는 최선을 다한다 하더라도 때로는 환자의 상태가 나의 최선에 응답하지 않을 수도 있다는 사실을 깨달았다. 최신의 지식, 약물과 술기로 최선을 다했음에도 불구하고 그 결과는 돌아올 수 없는 강을 건너는 현장을 수없이 목격하고 경험했다. 임상현장에 있다 보면 때로는 교과서에서 배운 사례에서 벗어나는 경우가 있어, 그럴 때마다 나는 내 지식의 한계에 부딪히고 좌절하기를 반복했다. 의과대학 또는 학교에서 배운 지식이 세상에 존재하는 모든 것들을 다 설명하거나 해결할 수 없다는 사실은 시간이 흐를수록 더 분명해졌다. 나에게 지식은 늘 부족하고 중요한 결정 후에는 늘 후회가 따랐다. 이렇게 했으면 환자에게 더 좋았을 것을, 저렇게 했으면 좀 더 나았을 것을! 환자에게 의사는 자신의 생명을 좌우하는 존재이기에, 환자 입장에서 그 어떤 존재보다 중요한 위치를 차지한다. 그러나 현실에서 나는 부족한 지식을 근거로 다른 사람의 생명이 좌우된다는 사실이 너무 부담스럽고 힘든, 대단한 위치에 있는 의사가 아닌 겁 많은 사람일 뿐이었다. 그래서 나는 마취과 전문의로 환자를 진료하는 것이 늘 무섭고 두려웠다.

이렇게 겁 많은 나는 첫아이를 임신했다는 핑계로 임상 현장을 잠깐 떠나기로 결심했다. 임상 현장을 떠나며 마취과 전문의를 내려놓기는 했지만, 내 사정상 집에서 태교에 집중하며 출산을 기다릴 형편이 아니었다. 내가 무슨 일을 할 수 있을까? 나는 마취과 전문의, 의사이다. 의사가 환자를 진료하지 않으면 할 수 있는 일이 거의 없다는 사실을 나는 이때 깨달았다. 내가 할 수 있는 일을 찾다 우연히 '혈액원'이라는 기관에서 의사를 구한다는 정보를 얻게 되었다. 진료하는 일보다는 급여는 적은 대신 일이 수월하다는 소문을 듣고 소개를 받아 혈액원에서 근무하기 시작했다.

혈액원은 혈액이 필요한 환자를 위하여 헌혈자의 몸에서 흘러나온 피를 항응고액이 들어 있는 작은 플라스틱 백에 담아 용도에 따라 실온에, 또는 냉장하거나 냉동하여 보관하고 있다가 환자에게 혈액이 필요할 때 병원으로 공급하는 기관이다. 설명으로 보면 매우 간단한 것 같지만, 사실 그 속을 들여다보면 너무나 길고 복잡한 과정이 숨어 있다. 헌혈을 해본 사람은 누구나 알고 있는 사실이지만, 일면식도 없는 누군가를 위해 어떤 대가 없이 내 피를 제공한다는 것은 쉬운 일이 아니다. 누군가를 돕는 일이라고 해서, 헌혈을 많이 하는 것이 좋은 것도 아니다. 만약 에이즈 환자가 선의의 행동으로 헌혈을 한다면, 그의 의도와 달리 그의 피를 수혈받은 환자는 오히려 에이즈라는 질병에 걸릴 수도 있다. 그렇기에 헌혈이라는 이 과정에도 다양한 윤리적인 문제들이 숨어 있다.

나는 임상 현장에서 마취과 전문의로서 수없이 많은 혈액을 환자에게 수혈하였다. 전공의 수련 중에는 한 환자에게 100단위 이상의 적혈구농축액 수혈을 했던 경험도 있다. 그럼에도 불구하고 당시에 나는 그 혈액이 사람으로부터 나온 신체 일부라는 즉 생명의 일부라는 생각을 전혀 하지 못했다. 의사인 나에게 혈액은 환자에게 주입하는 수액과 다름없이 처방을 내리면 오는 하나의 치료제에 불과하였다. 혈액원에 근무하며 과거에 내가 환자를 살리기 위해 수혈한 그 많은 혈액들은 손과 가슴이 따뜻한 선의를 가진 사람의 몸으로부터 나온 신체의 일부임을 비로소 알게 되었다.

혈액원에서 근무하며, 임상 현장에서 느끼던 것과 다른 종류의 갈등을 경험하게 되었다. 내가 혈액원에 근무할 당시는 상당 부분이 고등학교 단체 헌혈을 했다. 고등학생들이 단체로 헌혈하는 광경을 보면, 도대체 어른들은 뭐하고 한창 자라나는 청소년들을 상대로(스스로 동의하는 것을 인정해주지도 않는 미성년자들에게) 피를 구하러 다니나? 나는 이 아이들의 피를 팔아 받는 내 월급에 합당한 만큼 일을 하고 있는가? 어디 그뿐인가? 왜 도시에 그 많은 사람들을 두고 나라를 지키는 어린 신병들의 피를 뽑기 위해 강원도로 백령도로 피를 구하러 군부대를 가야 하나? 헌혈 후 훈련을 면제해주는 예비군 대상의 헌혈은 진짜 헌혈인가? 헌혈로 발생하는 후유증에 대한 책임은 누가 지는 것인가? 헌혈하고 받는 문화상품권은 돈과 무엇이 다른 것인가? 매혈(賣血)이 비윤리적이라고 금지하면서 극장표는 왜 가능한가? 그랬다. 임상현장에서도 그렇게 끝도 없는 질문과 갈등 속에 혼란스러웠는데, 혈액원에서도 다른 종류의 갈등과 질문들이 떠올라 나를 힘들게 했다. 그렇게 나는 가는 곳마다 모습이 다른 생명윤리와 슬픈 인연으로 만났다.

3. 생명윤리법 제정에 발을 담그다

나는 의과대학을 졸업하고 지금까지 10여 가지의 일을 했다. 길게는 몇 년 짧게는 몇 달, 일하는 장소와 분야가 자주 달라졌다. 지금이야 이직이 일반적이지만, 당시만 하더라도 평생직장 개념이 일반적인 시대여서 나처럼 부정기적으로 하는 일이 바뀌는 경우는 드물었다. 계산을 해보면 한 가지 일에 집중한 시기가 평균 2~3년 정도 된다. 그러던 중 나는 「생명윤리 및 안전에 관한 법률」(생명윤리법)을 만나게 되었다. 2000년

초 모르는 사람으로부터 한 통의 전화를 받았다. 그 당시 나는 하던 일을 자의 반 타의 반으로 그만두고, 내가 가치를 두고 할 수 있는 일이 어떤 일이 있을까 고민하던 중이었다. 전화를 주신 분은 서울교구에서 일하시는 신부님이셨다. 신부님은 지인으로부터 우연히 나에 대한 이야기를 전해 들으셨고, 같이 일할 수 있는 좋은 사람으로 생각되어 전화번호를 받으셨다고 했다. 수화기 너머 나의 이야기를 들으시면서, 신부님은 함께 일할 수 있으면 좋을 것 같다는 확신이 드셨단다. 그 짧은 통화를 하며, 나는 그 일이 무엇인지도 모른 채 망설임 없이, '그 일'을 하겠다고 했다. 이 짧은 시간에 그렇게 나는 천주교서울대교구 한마음한몸운동본부의 생명운동부장이 되었다. 생명운동(Pro-life movement)[1]이 무엇인지도 모르는 내가, 생명운동을 책임지고 앞장서는 일을 맡게 된 것이다. 막상 일을 시작하고 보니, 그 생명운동부에서 해야 하는 주요 업무는 낙태와 배아복제를 반대하며 올바른 생명윤리법 제정을 촉구하는 일 등이었다. 그렇게 나는 갑작스럽고도 우연히 생명윤리법과 인연이 시작되었다.

나는 천주교서울대교구의 한마음한몸운동본부의 생명운동부장이 되기 전까지 배아복제가 무슨 기술인지, 어떻게 사용되는 것인지, 그 재료가 무엇인지 전혀 알지 못했다. 혈액원을 그만두고 나온 시기였기에, 그저 나의 관심사는 어떻게 하면 적십자가 독점하고 있는 혈액 사업을 다원화해서 헌혈자들을 보호하고 환자들에게 양질의 혈액을 제공하는 방법을 찾아낼 수 있을까 하는 것이었다. 이제 생명운동부장이라고 하니, 배아복제가 무엇인지도 모르면서 일을 할 수 없었기에 관련 공부를 시작했다. 의과대학 시절 보던 발생학 책을 다시 꺼내 들고 배아가 무엇인지 복제란 어떤 의미인지를 다시 알아갔다. 그런데 공부를 하면 할수록 이건 굉장히 중요한 일이고, 인간의 근원과 관련된 중요한 주제라는 생각이 들었다. 또한 그 근저에는 난자를 제공해야 하는 여성의 인권이 존

---

1 생명운동이란 생명의 시작은 수정란부터라고 받아들여 낙태를 해서는 안 된다는 것을 널리 알리는 일이다.

재하고 있다는 사실을 알게 되었다. 나는 천주교 한마음한몸본부 생명운동부장으로 생명윤리법의 제정을 촉구하는 업무담당자이기도 하지만, 동시에 몸속에 난자를 품고 살아가는 여성이었다. 배아복제의 문제는 남의 일이 아니라 나 자신의 문제였던 것이다. 질병 치료 목적으로 배아복제를 시도한다지만, 결국 이것은 여성의 난자 없이는 불가하다. 그렇기에 배아복제를 이용한 치료제의 개발은 여성의 난자를 원료로 삼아 여성의 몸을 도구화시키는 것이다.

세상에는 할 수 있는 일이 있고, 할 수 없는 일이 있다. 그리고 또 한 가지 할 수 있어도 해서는 안 되는 일이 있다. 배아복제는 할 수 있어도 해서는 안 되는 일이다. 비록 희귀난치병을 치료할 수 있는 치료제를 배아복제를 통해 개발한다 하더라도, 여성의 난자를 원료로 삼는다는 것은 여성의 가치와 정체성을 목적을 위한 도구로 전제하는 것이다. 결국 여성은 한 인간으로서 존중받아야 하는 존재가 아닌, 치료제 개발을 위한 도구로 전락하는 것이다. 생명운동부장 역할에 충실하기 위해 시작된 배아복제 공부는 나에게 한 여성으로서 한 인간으로서 분노하게 한 계기가 되었다. 이 계기를 통해 나는 종교단체 생명운동부장이며, 여성으로서 배아복제를 반대하며 올바른 생명윤리법 제정이 필요함을 절감했고, 운명처럼 그 소용돌이 속으로 빨려 들어가게 되었다.

2001년 7월 19일 세종문화회관에서 올바른 생명윤리기본법 제정을 촉구하는 기자회견을 열고 '조속한 생명윤리기본법 제정 촉구 공동 캠페인단(이하 '공동캠페인단')'이 공식 출범하였다. 나는 이 공동 캠페인단의 천주교 측의 공동 간사를 맡게 되었고, 운명처럼 시작된 소용돌이 속에서 올바른 생명윤리법 제정을 위하여 동분서주했다. 지금 회상해보면, 생명윤리법 제정을 위한 공동캠페인단의 활동은 매우 다양하고 활동적이었던 것으로 기억된다. 2001년 8월 20일 명동성당 들머리에서 생명윤리기본법 제정을 촉구하는 집회 개최를 시작으로, 국내의 인간 복제 시도와 관련된 공동성명서 발표, 생명윤리법 제정에 관한 정부 입장을 밝힐 것을 요구하는 공개질의서 발송, 생명윤리법 제정운동을 위한 내부

간담회 등을 진행하였다. 또한 생명윤리기본법 제정운동을 대중적으로 전개하고자 하는 노력의 일환으로 법 제정을 촉구하는 100만 인 서명운동, 대중 홍보물 제작 · 배포, 인터넷 사이트 제작 · 운영 등을 추진했다.[2]

생명윤리법 제정에 있어서 가톨릭의 역할은 매우 컸다. 그 당시 가톨릭신학대학교 교수였던 이동익 신부를 비롯하여 많은 관계자들이 올바른 생명윤리법 제정을 위해 물심양면으로 노력하였다. 한국천주교협의회 및 한국천주교중앙협의회의 의장 정진석 주교는 복제양 돌리의 발표가 있자마자 1997년 3월 10일 청와대와 국회 통신과학기술위원회에 인간복제 관련실험을 금지하는 입법조치를 촉구하는 "인간복제 관련실험 금지법 제정에 관한 입법진정"을 제출했다. 또한 한국천주교주교회의(Catholic Bishop's Conference of Korea) 생명윤리연구회를 설치하고 주기적이고 지속적으로 생명윤리와 생명윤리법의 제정에 관하여 논의하고 실행방안을 마련하였다. 또한 천주교 관련 단체들은 서울교구의 한마음한몸운동본부를 중심으로 지속적으로 올바른 생명윤리법 제정을 촉구하는 세미나 개최 등 각종 행사를 마련하여 생명윤리법 제정의 중요성을 알렸다. 뿐만 아니라 보건복지부 과천 청사 앞에서 1인 시위 및 전단지 나누어주기 등 적극적으로 활동하며, 생명윤리법 제정의 중요성을 우리 사회에 전달하기 위해 노력하였다, 또한 가톨릭 신자들을 대상으로 올바른 생명윤리법 제정을 촉구하는 서명운동을 시행하였는데, 무려 100만 명 이상의 서명을 받아 국회에 제출하기도 하였다. 더불어 올바른 생명윤리법의 제정을 위해서는 교회의 정신에 입각한 생명윤리법이 되어야 한다는 판단 아래 신자 국회위원을 통한 독자 입법을 추구하기도 했다. 실제로 천주교 신자인 김덕규 의원을 통해 독립적인 생명윤리법안을 만들어 발의하였다.

내가 올바른 생명윤리법 제정 운동을 하면서 느낀 것은 우리 여성들

---

2 김환석, 우리나라 생명윤리법 제정의 경과와 쟁점, 2002.10.05. 시민과학. https://www.peoplepower21.org/Solidarity/733369.

이 자신의 몸에 대해서 너무 무지하고 자신들의 정체성에 대한 고민이 부족하다는 것이었다. 일부 여성들은 헌혈도 하는데 난자 기증을 왜 못하냐고 나서기도 했다. 헌혈과 난자 기증은 비교할 수 없는 층위의 사건이다. 헌혈은 누구나 할 수 있고 헌혈을 하면 없어진 피는 한달 내에 바로 생성이 된다. 반면 여성의 난자는 무한정 있는 것이 아니다. 평생 400~500개의 난자만을 난소에서 배란할 수 있는 것이다. 또한 헌혈은 정맥을 천자하고 약 400cc의 혈액을 5~10분 안에 작은 비닐 봉지에 받으면 되지만 난자를 얻기 위해서는 한 달간의 긴 시간이 필요하다. 과배란 유도제를 맞고, 각종의 혈액검사를 하고, 배란 여부를 확인하기 위하여 초음파 검사를 하고 과배란이 가능한 시점에는 수술대에 누워 침습적인 행위로 때로는 마취를 당하면서 해야 하는 위험한 과정이다. 그 과정에는 상당한 후유증과 부작용이 가능하다. 심지어는 이러한 부작용으로 인해 사망할 가능성도 있다. 복잡하고 전문적인 과학 이론과 실제 과정에 대한 지식은 보편적 언어로 설명하기도 어렵고 이해하기도 어려워 마치 외국어와 유사한 측면이 있다. 기본적인 과학 지식이 없이는 충분한 설명을 한다 한들 그 과정과 결과를 모두 완전히 이해하기 힘들다. 그러므로 전문가들의 솔직하고도 충분한 설명이 필요하다. 긍정적인 측면과 함께 반드시 존재하는 부정적인 부작용이나 후유증에 대하여서도. 자율적인 결정에 의한 동의는 반드시 충분한 설명을 전제로 이루어져야 하는 것이다.

한편 정부(과학기술부)는 2001년도에 생명윤리자문위원회가 기초한 생명윤리법 기본골격을 발표하였다. 그런데 2002년 7월에는 생명윤리자문위원회의 시안과는 다른 내용으로 「인간복제금지 및 줄기세포연구 등에 관한 법률」 입법추진현황을 언론에 배포하면서 사회적 반향을 일으켰다. 반면 보건복지부는 2001년 한국보건사회연구원에 "생명과학관련 국민보건안전 윤리확보를 위한 정책개발 및 인프라 구축방안"이라는 연구용역을 통해 생명윤리법 시안을 마련하고 2002년 7월 15일 공청회를 개최하여 「생명윤리 및 안전에 관한 법률안」을 밝혔다. 그러나 2002

년 7월 관계 차관회의를 통해 그동안 과학기술부와 보건복지부로 이원화되어 추진되던 생명윤리법 제정을 보건복지부가 주관하여 제정하기로 한 후 보건복지부가 중심이 되어 최종 입법예고안을 다시 마련하였다. 마련된 법률안의 주요 내용은 ① 인간개체 복제를 금지하고, ② 임신목적의 인간배아 생성을 허용하고 임신에 사용하고 남은 잔여배아를 연구목적으로 이용하는 것을 허용하며, ③ 생명윤리 관련 위원회를 설치한다는 것이었다.

보건복지부가 마련한 입법예고안은 보건사회연구원의 연구결과에 근거해 마련한 시안과는 다르게 체세포핵이식행위의 연구를 생명윤리위원회를 통해서 예외적으로 허용하게 하고, 임신 이외의 배아 생성을 원칙적으로 금지하나 예외적인 인정이 법으로 가능하도록 하였다. 이에 공동캠페인단은 2002년 7월 15일 성명을 통해 이종교잡금지원칙을 주장하며 생명윤리위원회를 통해 결정하려는 정부의 안에 대하여 강하게 반발하였다.[3] 생명윤리법 제정을 위해서는 총리실 산하 규제개혁위원회의 규제심의를 통과하여야 하였다. 그 규제심의 회의에서 생명윤리법안에 찬성하는 진술인 1명 반대하는 진술인 1명의 진술을 듣기로 했다. 찬성하는 입장에는 많은 희귀난치병 환자들의 가족과 함께 나타난 황우석 교수가 추천되었고, 반대하는 쪽의 진술인으로는 내가 추천되었다. 내가 최종 반대 진술인으로 추천된 이유는 추측하건데, 시민단체이자 종교단체 소속이고, 여성이며, 또한 의사로서 과학자의 입장을 함께 가지고 있었기에 추천받은 게 아닌가 싶다. 그 당시 생명윤리법 제정 촉구를 위한 공동캠페인단은 참여연대, 여성민우회, 다양한 종교단체로 구성되어 있었다. 이 공동캠페인단은 생명윤리법 제정을 촉구하기는 하나 배아복제에 대한 입장이 약간씩 달랐다. 그럼에도 불구하고 최종진술인은 2명(찬성 1명, 반대 1명)에 한정했다. 그러니 여러 요인을 모두 갖고 있는 내가 최종 반대 진술인으로 나가는 것이 정부의 판단이었던 것 같다.

---

3 이은정, 생명윤리관련법안 쟁점검토, 국회사무처 법제실, 2002.10.

국회는 김홍신 의원이 대표발의한 「생명윤리 및 안전에 관한 법률안」, 김홍신 의원이 소개한 「생명윤리 및 안전에 관한 법률청원」, 이원형 의원이 발의한 「인간복제금지 및 줄기세포연구 등에 관한 법률안」, 김덕규 의원이 발의한 「생명윤리기본법안」, 정세균 의원이 발의한 「인간배아보호법 제정에 관한 법」, 정부가 제출한 「생명윤리 및 안전에 관한 법률안」을 병합하여 정부 제출안을 중심으로 대안을 마련하는 형식으로 2004년 1월 29일 15대 국회를 통과하며 정부가 원하는 내용을 중심으로 생명윤리법이 제정되었다.[4]

4. 제정 생명윤리법의 내용 및 문제점

정부는 생명윤리법의 제정이유를 "급격히 발전하고 있는 생명과학기술에 있어서의 생명윤리 및 안전을 확보하여 인간의 존엄과 가치를 보장하고, 국민의 건강과 삶의 질 향상을 위하여 질병치료 및 예방 등에 필요한 생명과학기술을 개발·이용할 수 있는 제도적 장치를 마련하려는 것"으로 들고 있다.[5] 생명윤리를 앞장세워 일부 우려되는 연구가 합법적으로 가능하도록 하려는 의도를 입법 목적을 기술하는 제1조에서부터 명시하고 있는 것이다. 생명윤리는 가치와 철학의 문제이다. 생명과학기술에 있어서 안전의 문제는 특정 영역에 있어서 과정(process)과 관리(management)의 문제이다. 또한 생명윤리는 체세포배아복제나 유전자 검사와 치료에만 국한하지 않고 생명의 시작부터 사망에 이르기까지의 전 생애에 관련된 윤리 문제를 포괄한다. 그러나 생명윤리법은 체세포배아복제와 유전자 검사치료에 관련된 내용만을 담으면서 생명윤리를 법명에 붙임으로써 생명윤리를 대상이 한정된 분야에 국한시키는 오류를 범하고 있다. 생명윤리는 생명과학기술의 개발이나 이용을 전제로

4 생명윤리 및 안전에 관한 법률 및 청원에 관한 검토 보고서, 2003. 11. 보건복지위원회 수석전문위원.

5 국가법령정보센터, '생명윤리 및 안전에 관한 법률'.

해서 논의될 수 있는 것이 아니다. 생명윤리법이 생명 그 자체가 가지는 존엄성과 가치를 보존하는 것이라면 할 수 있는 일이어도 하지 않을 수 있는 장치를 분명히 마련하였어야 한다. 제정 생명윤리법에서는 생명과학기술에 있어서의 생명윤리 및 안전에 관한 사항을 심의하기 위하여 대통령 소속하에 국가생명윤리심의위원회를 설치하도록 하고 있으나 과학계와 윤리계와 함께 정부의 7개 부처 장관이 당연직 위원으로 구성되어 있어 언제든 무엇이든 정부가 원한다면 위원회의 결정이 그들이 원하는 대로 이루어질 수 있는 구조를 취하고 있다.

또한 국가생명윤리심의위원회가 독립적으로 심의를 충실히 할 수 있기 위해서는 지원조직이 필요한데, 생명윤리법에서는 지원조직 없이 보건복지부가 수석간사를 맡도록 되어 있어 결국 정부가 위원회 활동의 주도권을 쥐고 있어 해당 위원회가 활성화되기 어려운 구조로 되어 있다. 결국 국가생명윤리심의위원회 심의는 정부의 주도로 이루어지는 요식적인 절차에 불과할 수밖에 없는 우려가 상당하다고 볼 수 있다. 생명과학기술의 연구·개발 등을 함에 있어서 생명윤리 및 안전을 확보하도록 하기 위하여 배아연구기관·유전자은행·유전자치료기관 등에는 기관생명윤리심의위원회를 두도록 하였으나, 실제 인간개체 복제의 발생 가능성이 큰 배아생성의료기관인 불임시술기관은 그 범위에서 제외되었다.

제정 생명윤리법에서는 인간을 복제하기 위하여 체세포복제배아를 자궁에 착상·유지 또는 출산하는 행위를 금지하고 있다. 그러나 이러한 행위가 발생할 수 있는 의료현장에 대한 관리감독에 대한 시스템을 마련하지 않아 실제 체세포복제배아에 의한 출생이 발생하더라도 인지하기 어렵다. 또한 임신 외 목적으로 배아를 생성하는 행위, 특정의 성을 선택할 목적으로 정자와 난자를 선별하여 수정시키거나 사망한 자 또는 미성년자의 정자와 난자로 수정시키는 행위 및 매매의 목적으로 정자 또는 난자를 제공하는 행위 등을 금지하고, 배아생성의료기관과 배아연구기관은 보건복지부령이 정하는 시설·인력 등을 갖추고 보건복지부장관으로부터 지정을 받고 보건복지부장관에게 등록하도록 하였다. 그러나 상시적인 관리감독과 관련한 내용이 법률에 포함되지 못해 입법의 실효성을 담보할 수 없다. 보존기간이 경과된 잔여배아를 불임치료법 및 피임기술의 개발을 위한 연구 또는 근이영양증 그 밖에 대통령령이 정하는 희귀 · 난치병의 치료를 위한 연구목적으로 이용할 수 있도록 하고 있는데, 이때 희귀 · 난치병의 범위에 대한 명확한 정의가 없어 대통령령을 통해 거의 모든 질병이 연구가 가능할 수 있게 되었다. 결국 제정 생명윤리법은 인간의 존엄과 가치를 보존하고 고양하기 위한 것이 아니라 희귀 · 난치병 등의 질병치료를 위한 배아연구 및 체세포배아복제 연구를 합법화하기 위한 출구였던 것이다.

5. 황우석 스캔들 이후 생명윤리법의 개정

2005년 말 MBC PD수첩에서 황우석 교수팀의 줄기세포 연구 관련 의혹이 보도되었다. 해당 보도에서 제시된 의혹은 ① 연구에 쓰여진 난자는 불법 매매에 의한 것이었고, ② 체세포복제배아 유래 줄기세포 연구 결과물인 체세포배아줄기세포는 존재하지 않는다는 것이다. 이 2가지 의혹은 내부 공익제보자에 의해 제기되었다. 보도 이후 서울대학교에서는 조사위원회가 구성되었고, 조사 결과 맞춤형 체세포배아줄기세포를 만들었다는 증거를 확인하지 못하며 제기된 의혹은 모두 사실로 드러났다. 체세포배아줄기세포가 없다고 최종 결론지어진 후 희귀난치병 환자의 우상이었던 황우석 교수는 서울대에서 파면되었다.

이후 정부는 황우석 사태를 통해 드러난 문제점들을 보완하기 위하여 2008년 6월 5일 생명윤리법을 일부 개정하였다. 배아생성의료기관에 난자 제공자에 대하여 건강검진을 실시하도록 의무를 부과하고, 난자채취 빈도를 대통령령으로 제한할 수 있도록 명문화한 것으로 대통령령으로 난자 채취는 생애 통산 3회로 한정하고 있으며 난자의 채취 간격을 6개월 이상으로 제한하여 난자 제공자의 안전을 강화하도록 한 것이다. 또한 난자 기증자에게 실비보상이 가능하도록 하여 난자기증자에게 최소한의 보상을 줄 수 있도록 하였다. 더불어 황우석 사건을 조사하는 과정에서 밝혀진 바와 같이 기관생명윤리심의위원회가 실질적인 역할을 하지 못한 것을 개선하기 위하여 국가가 기관생명윤리심의위원회의 지원과 기관생명윤리심의위원회에 대한 조사 · 평가, 소속 위원에 대한 교육 및 지원업무를 수행하도록 기관생명윤리심의위원회의 질을 높일 수 있도록 하였다.[6]

6. 전부 개정된 생명윤리법으로 다시 만나다

고되고 어렵던 생명윤리법 제정이 결국 정부의 의도대로 이루어졌다. 그리고 나는 40개월의 긴 시간을 올바른 생명윤리법 제정을 위해 일한 천주교 한마음한몸운동본부를 사직했다. 내 마음 속에 남아 있던 하나의 숙제, 혈액 사업을 다원화해서 헌혈자들을 보호하고 환자들에게 양질의 혈액을 제공하는 방법을 찾아내기 위해 다시 길을 떠나기로 했다. 그 여정의 목적은 민간혈액원 설립이었고, 나는 이 사업을 성공적으로 완수하기 위해 혈액사업 전반에 대해 공부하고자 미국으로 연수를 떠났다. 미국으로 떠남과 동시에 생명윤리법과 나의 인연은 끝이라 생각했다.

미국에서 돌아온 나는 2009년부터 새로이 설립된 민간혈액원인 한마음혈액원에 들어가 헌혈과 혈액관리에 관한 일을 시작했다. 그렇게 생명윤리법 제정을 위한 4년여간의 긴 여정은 그저 나의 추억 속에 묻히는 듯했다. 그런데 2011년 말 갑자기 '국가생명윤리정책연구원'이 생긴다는 소문이 돌았다. 돌이켜보니 의사가 된 이후 인턴으로 응급실에 근무하면서, 마취과 전문의로서 중환자실에 근무하면서, 혈액원에서 헌혈자들을 살피면서, 장기기증단체에서 장기기증을 독려하면서, 조직은행에서

---

6 법제처 국가법령정보센터, 생명윤리 및 안전에 관한 법률 (시행 2008.12. 6.)(법률 제9100호, 2008. 6. 5. 일부개정) 제정 · 개정 이유 참조.

기증자들의 시체를 보면서, 천주교 한마음한몸운동본부에서 생명운동을 하면서, 늘 현장에서 생명윤리 딜레마로 힘들고 괴롭던 일들이 떠올랐다. 현장의 경험과 나의 윤리적 갈등과 딜레마에 대한 고민을 연구보고서에 담아 기록으로 남기고 싶었다.

나는 한 치의 고민도 없이 보건복지부에 연락했다. 내가 설립되는 '국가생명윤리정책연구원(현 국가생명윤리정책원)'의 연구원으로 참여하고 싶다는 의사를 밝혔고, 그들은 일언지하 거절했다. 그리고 2012년 1월 2일 국가생명윤리정책연구원은 재단법인 비영리기관으로 내가 참여하지 않은 채로 개원을 했다. 그리고 그 일을 잊고 몇 개월이 흘렀다. 어느 날 보건복지부에서 연락이 왔다. 연구원으로 참여하고 싶다고 한 생각이 변하지 않았냐고 물었다. 물론, 나의 마음은 변하지 않았다. 그리고 돌아온 대답은 채용공고가 게시될 것이니 한번 응모해보라고 했다. 채용공고에 따라 채용접수를 마쳤고, 2012년 4월 1일 국가생명윤리정책연구원에 연구부장으로 다시 한 번 생명윤리법을 만나게 되는 10년이 시작되었다. 국가생명윤리정책연구원은 생명윤리정책을 연구하고 생명윤리법에 따른 사업을 시행하는 곳으로, 그야말로 우리 생명윤리정책의 시작과 끝인 곳이다. 내가 다시 만난 생명윤리법은 2004년 제정된 생명윤리법이 아니었다. 2012년 2월 전부 개정되어 제정법과는 사뭇 달라진 모습으로 등장했다.

정부는 황우석 스캔들 이후 생명윤리 분야의 새로운 정책과 제도가 필요하다고 판단을 했는지 2009년 생명윤리법 개정과 관련하여 연구용역을 실시했다. 연구용역 결과를 바탕으로 한 정부 주도 생명윤리법 전부 개정이 시작되었고, 2012년 2월 1일 국회를 통과해 2013년 2월 2일 시행되었다. 전면개정된 법률은 생명윤리법 제정 당시 일부 생명과학기술 분야에 한정되어 있던 생명윤리정책 영역을 인간 및 인체유래물에 관한 연구까지로 확대하였다. 확장된 범위까지로 생명윤리 및 안전기준을 적용함으로써 연구대상자 등의 권리와 건강을 보호하고, 국가 및 기관 생명윤리위원회 등 생명윤리 인프라 확대를 위한 법적 근거를 강화하고자 하였다.[7] 2012년 2월 1일 전면 개정된 생명윤리법의 큰 틀의 변화를 살펴보면 다음과 같다. 첫째, 법의 적용 범위를 인간 및 인체유래물에 관한 연구로 확대하고, 그에 따라 목적, 정의규정 및 기본원칙 규정 등을 보완하며, 생명윤리정책에 관한 전문적인 조사 등을 위하여 생명윤리정책연구센터를 지정하도록 하였다. 둘째, 인간대상연구 또는 인체유래물연구기관의 경우 기관생명윤리위원회를 설치하도록 의무화하였다. 또한 소속기관이 없는 연구자나 기관생명윤리위원회를 설치하기 어려운 기관의 연구자들이 이용할 수 있는 공용생명윤리위원회를 지정하여 편의를 제공하도록 하였다. 셋째는 인간대상연구를 하려는 연구자들에게 연구 시작 전에 연구계획서에 대하여 기관생명윤리위원회의 심의를 받는 것과 연구를 하기 전에 연구대상자로부터 서면동의를 받는 것을 의무화하였다. 넷째는 황우석 스캔들로 알려진 단성생식에 의한 배아생성의 가능성과 관련하여 단성생식배아연구에도 체세포복제배아연구와 같은 수준으로 규제하도록 하였다. 다섯째, 새로이 도입된 인체유래물 연구의 경우 인체유래물 기증자로부터 서면동의를 받도록 하였다. 여섯째, 유전자은행을 인체유래물은행으로 변경하고, 인체유래물은행이 연구에 쓰일 인체유래물을 채취하거나 채취 의뢰 시 기증자로부터 서면동의를 받도록 하였다. 전부 개정된 법률은 제정 생명윤리법과 달리 보편성을 띠고 있어 대부분의 병원, 학교, 연구소 심지어는 연구가 가능한 기업도 포함되는 커다란 변화를 이끌어냈다. 그러나 설치 의무를 위반할 시 기관장에게 500만 원 이하의 과태료 처분을 할 수 있도록 하고 있어 실제로 설치 의무를 대상 기관들이 이행할 것인지가 매우 의문스러웠다. 또한 인간대상 또는 인체유래물 연구자들에게 연구를 시작하기 전에 연구계획서에 대한 사전 심의를 의무화하였으나 실제로 이 의무를 이행하지 않았을 때 처벌 조항이 없어 과연 실제 시행 시에 얼마나

7 법제처 국가법령정보센터, 생명윤리 및 안전에 관한 법률 (시행 2013. 2. 2.)(법률 제11250호, 2012. 2. 2. 전부개정) 제정 · 개정 이유 참조.

이행이 가능할지 알 수 없는 실익을 담보하지 못하는 상징적인 선언에 불과한 점도 간과할 수 없다.

국가생명윤리정책연구원에서 처음 시작한 일은 개정된 생명윤리법의 하위법령을 만드는 연구였다. 그리고 개정된 법률의 내용을 해당 기관과 관련된 자들에게 알리는 교육 관련 일을 수행했다. 개원한 지 채 몇 개월이 되지 않은 신생 기관에서, 고작 10여 명의 직원으로 감당하기에는 너무도 벅찬 일이었다. 마련된 하위법령으로 보건복지부 생명윤리정책과와 검토하고, 법제처 심사를 받고, 정말이지 하루 24시간이 모자라는 상황이었다. 그 와중에 개정 법률 설명회를 개최하면 참석한 사람들이 모두 아우성이었다. 개정 법률이 말도 안 되는 내용을 담고 있고, 이런 일을 대체 왜 해야 하느냐고! 설명회 말미에 있는 질의 응답시간에는 질의가 아니라 원망이 끝도 없이 쏟아졌다. 한번은 이런 일이 있었다. 소위 빅5 안에 든다는 큰 병원 연구자들이 방문 설명회를 요청하기에 그들을 상대로 설명회를 한 적이 있다. 그런데 설명회가 끝나고 이런저런 질문이 오가던 중 내가 "선생님이 궁금해하시는 사항은 생명윤리법을 찬찬히 읽어보시면 다 잘 나와 있습니다"라고 대답했다. 그랬더니 대답을 들은 그분은 "우리같이 바쁜 사람들이 그걸 언제 읽고 있냐"며 나에게 벌컥 화를 내는 것이었다. 그래서 내가 말했다. 바쁘시더라고 인간대상연구 또는 인체유래물연구를 하시려면 이 법을 소상히 아셔야 하고, 바쁘다는 것이 법을 지켜야 하는 사람들이 법을 몰라 발생하는 문제에 면죄부를 주지 않는다고 대답했다. 내 대답이 끝나자 설명회 분위기가 썰렁을 지나 얼음장같이 차가워졌다. 이 상황이 바로 당시 연구자들이 가지고 있는 생명윤리에 대한 인식 수준이었다. 바쁜 그들에게는 법을 읽고 인지할 시간이 없기에, 생명윤리라는 것은 여유가 되면 지키면 좋고 바쁘면 안 지켜도 되고! 그런 그들에게는 액세서리에 불과했던 것이다.

생명윤리법 제정 8년 만에 전면 개정된 생명윤리법이 우여곡절의 준비과정을 겪으면서 시행되었다. 국가생명윤리정책연구원에 공용기관생명윤리위원회가 마련되어 기관에 소속되지 않는 연구자들도 사전심의를 받을 수 있도록 그 역할을 수행하기 시작했다. 인간대상연구를 수행하는 기관들은 기관생명윤리위원회를 설치 등록하는 등 개정 생명윤리법 취지에 따라 법률 적용 범위는 점차 확대되어 가는 듯했다. 그러나 전부 개정의 생명윤리법은 인간대상연구와 인체유래물 연구에 대한 심의 의무와 기관에 설치의무를 선언적으로 주었을 뿐 그 의무를 제대로 수행하는지를 관리감독하는 시스템을 두고 있지 않아 실제 개정 생명윤리법의 취지에 맞게 법률이 시행되고 국제적인 연구윤리 수준에 맞는 연구자들의 인식개선이 이루어지고 있는지는 알 수 없는 것이 현실이다. 이후에도 제3기 국가생명윤리심의위원회가 무의미한 연명치료 중단을 위한 논의를 하고 연명의료 결정과 관련된 권고를 정부에 제시하여 연명의료결정법을 제정하는 등 국가생명윤리심의위원회 역할 확대에도 불구하고 사무국 등 지원조직의 부재로 업무에 제한점이 많아 2014년에는 위원회 지원 업무를 수행하는 전문기관을 지정할 수 있도록 개정하였다. 2015년에 유전자치료의 정의 변경 및 유전자치료 관련 제도를 변경하는 등 작은 개정들이 지속적으로 이루어졌다. 대통령령과 복지부령을 개정하는 일도 수시로 있었다. 그때마다 개정의 이유는 규제개혁이었다.

7. 생명윤리 및 안전에 관한 법률이 아니라 생명윤리기본법이 되어야

생명윤리법을 다시 만난 지 10년이 지나고 있다. 2017년에는 국가생명윤리정책연구원은 '국가생명윤리정책원'으로 기관명칭을 변경하였고, 그동안 우리 사회에서 생명윤리에 대한 인식도 많이 변화하였음을 느낀다. 그럼에도 불구하고 생명윤리법 관련 일을 하면서 지울 수 없는 인상은 관련자 대부분이 생명윤리를 과학기술이 발전하는 데 발목을 잡는 규제로 인식하고 있다는 것이다. 생명윤리법을 우리 사회가 지켜야 하는 규범적 성격의 기본법으로 생각하는 이는 거의 없다. 많은 이들은 생명윤리는 생명윤리법에서 언급되고 있는 기관과 그 관련자들에게만 해당되는 특별법 성격의 제한적인 법률이라고 생각하고 있다. 심지어 정부조차도 그와 다르지 않다. 왜 사람들은 생명윤리를 과학의 발목을 잡는 규제라고 생각하고 생명윤리법은 개혁의 대상이라고 생각하는 것일까?

나는 그 원인을 생명윤리법 제정 당시 환경과 제정 과정에 있다고 생각한다. 1997년 영국의 에딘버러대학교 로슬린 연구소의 이안 윌멋(Ian Wilmut)과 키스 캠벨(Keith Campbell)은 1996년에 이루어진 체세포핵이식에 의한 복제배아로 출생한 '복제양 돌리'에 대한 발표를 했다. 이 발표에 대해 전 세계는 인간 개체의 체세포핵이식에 의한 복제배아의 가능성으로 인해 커다란 우려를 표명하고, 일부 국가에서는 관련 법률을 마련하기 시작하였다. 우리나라의 경우도 복제양 돌리의 발표에 대해 종교계나 시민사회에서 인간개체 복제에 대한 우려를 표명하였다. 이후 종교계와 시민사회 단체 여성계를 중심으로 인간개체 복제를 금지할 것을 요구하면서 생명윤리법의 제정을 정부에 강하게 요구하였다.[8] 이 시기에 생명윤리에 대한 사회적 인식이나 전문성이 없이 갑작스레 입법 시도가 이루어지기 시작했다. 그 과정에 2001년부터 국회에서 인간복제 금지 관련 법안이 마련되기도 했다. 그러면서 생명윤리법은 마치 인간복제금지법이면 되는 것으로 일반적으로 생각하는 측면이 있었다. 또한 제정 생명윤리법의 내용이 인간개체복제 금지와 체세포배아줄기세포 연구에 주로 한정되고 유전자 분야만을 다루고 있어 생명윤리는 그 분야에 한정되는 것으로 인식되게 되고 관련 기관은 당연히 규제로 인식할 수밖에 없는 상황이 발생된 것이다. 더불어 당시 법률제정 의도가 인간의 존엄과 가치의 보존을 위한 생명윤리 함양과 실천이 주가 아니라 법률이 없는 상태에서 이루어지고 있는 일부 연구를 생명윤리법 제정을 통해 합법화하고 제도 안으로 들어오게 하고자 하는 것이었기 때문이기

8 김환석, "생명공학 논쟁과 과학자의 논리", 과학과 기술 32(1), 1999.

도 하다. 이렇게 본다면, 제정 생명윤리법은 진정한 의미의 생명윤리법이라기보다는 인간개체복제는 금지하면서 체세포복제 배아줄기세포 연구를 합법화하고 증진시키고자 하는 법이라 하여도 과언이 아닐 것이다.

2012년 전부 개정으로 인간대상연구 및 인체유래물 연구로 법률의 적용 범위가 넓어졌다. 개정으로 인해 인간대상연구 및 인체유래물 연구에 대한 윤리적 안전장치는 마련이 되었을지 모르지만, 기관생명윤리위원회를 설치해야 하는 기관의 범위가 체세포복제배아연구 관련기관과 유전자 관련기관에 불과하던 것이 병원, 대학, 연구소 등으로 확대되어 관련자가 증가하였다. 그들 입장에서는 갑자기 개정된 법률로 인해 하루아침에 의무를 이행해야 하니, 이들이 보기에 생명윤리법은 그저 의무를 지우는 규제라는 인식이 강해지게 된 측면도 있다고 생각된다.

생명윤리법은 인간복제, 체세포복제 배아줄기세포 연구, 유전자검사와 치료, 인간대상연구 등 일부 분야에 한정되는 것이 아니다. 생명윤리의 대상은 인간 생명에 대한 과학기술의 개입으로 인해 인간 존엄성이 침해되고 인간으로서의 가치를 존중받지 못하게 만들 위험성이 있는 모든 분야이다. 그러므로 생명윤리법은 어떤 특정 분야를 규율하는 법이 되어서는 안 된다. 생명에 대한 인위적인 개입이 가능한 출생부터 뇌사와 식물상태, 연명의료 등의 죽음 회색지대까지가 모두 포함되어야 한다. 그러므로 생명윤리법은 윤리적 기본적인 원칙과 국가생명윤리위원회의 역할과 위상 등 국가 차원의 생명윤리 담론을 이끌어 갈 거버넌스에 대한 내용이 반드시 담겨야 한다. 또한 생명에 관여되는 연구 또는 생산, 시술을 하는 사람들이 윤리적 생각과 태도, 그들이 일을 수행할 수 있도록 양성하고 교육하는 것과 관련된 내용을 담아야 한다. 가장 중요한 것은 사람이다. 잘 만들어진 규정과 지침이 있다고 하여 윤리적으로 일이 수행되는 것은 아니다. 그 규정과 지침을 사람이 만들었지만, 그것을 따르고 지키는 것도 사람이다. 그렇기에 생명윤리가 과학의 발목을 잡는다고 생각하고 말하고 다니지 않는 사람을 만드는 것이 가장 중요하다.

생명윤리법으로 생명윤리가 함양되어 인간이 진정 존중받고 함께 사는 사회가 되게 하려면 '생명과학기술을 개발 · 이용할 수 있는 제도적 장치를 마련'하기 위해 제정된 지금의 「생명윤리 및 안전에 관한 법률」이 사라져야 한다. 일부 생명과학분야에 한정된 법률이 아니라 인간의 삶과 죽음을 아우르는 기본법으로 다시 제정되어야 한다. 생명윤리기본법을 제정하고 생명윤리와 연관이 있는 분야는 생명윤리기본법의 내용을 토대로 분야별로 관련 사항들을 좀 더 정치하게 담아 개별 입법하도록 하여야 할 것이다. 이제 곧 질긴 생명윤리법과 나의 인연도 머지않아 끝날 것이다. 그러나 생명윤리기본법이 제정되기를 바라는 나의 소망은 기본법이 제정되는 그날까지 끝나지 않을 것이다.

낙태 줄이는 낙태법 개정이 시급하다

최안나

국립중앙의료원 산부인과 전문의

Ⅰ. 들어가는 글

헌법재판소가 낙태죄 헌법불합치 결정을 한 2019년은 필자가 「진정으로 산부인과를 걱정하는 의사들 모임, 약칭 '진오비'」의 대변인으로 '불법 낙태 근절 운동'을 시작한 2009년으로부터 10년이 되는 해였다. 동료 산부인과를 고발하는 초강수를 쓰며 낙태 실태를 개선하자고 우리 사회에 강력하게 호소했지만 10년이 지나는 동안 법과 제도의 개선은 없었고 낙태를 여성의 자기결정권과 태아의 생명권이라는 서로 대립할 수 없는 두 생명의 싸움으로 몰고 가는 사회 인식은 여전하다.

낙태 시술하다 적발된 산부인과 의사의 낙태죄 위헌소원으로 2019년 헌법재판소가 낙태죄 헌법불합치를 결정하며 입법자는 늦어도 2020년 12월 31일까지 개선 입법을 이행하라고 주문했지만 지금까지 법 개정은 논의조차 제대로 이뤄지지 않고 있다. 이로써 우리나라는 2021년 1월 1일부터 낙태죄 조항들의 효력이 상실되어 낙태법 공백 상태에 빠져 있다.

이에 낙태법 개정 경과와 낙태법 공백 상태의 문제, 개정의 필요성 및 개정 방향에 대해 살펴본다.

형법상 용어인 '낙태'와 모자보건법상 용어인 '인공임신중절'은 같은 행위이므로 이 글에서는 혼용해서 사용한다.

II. 펼치는 글

1. 낙태법 개정 경과

형법 제27장 '낙태의 죄'는 1953년 처음 형법이 제정될 때부터 입법되었다.

> **형법 제27장 낙태의 죄**
>
> 제269조(낙태)
>
> ① 부녀가 약물 기타 방법으로 낙태한 때에는 1년 이하의 징역 또는 200만 원 이하의 벌금에 처한다.
>
> ② 부녀의 촉탁 또는 승낙을 받어 낙태하게 한 자도 제1항의 형과 같다.
>
> ③ 제2항의 죄를 범하여 부녀를 상해에 이르게 한 때에는 3년 이하의 징역에 처한다. 사망에 이르게 한 때에는 7년 이하의 징역에 처한다.
>
> 제270조(의사 등의 낙태, 부동의낙태)
>
> ① 의사, 한의사, 조산사, 약제사 또는 약종상이 부녀의 촉탁 또는 승낙을 받어 낙태하게 한 때에는 2년 이하의 징역에 처한다.
>
> ② 부녀의 촉탁 또는 승낙없이 낙태하게 한 자는 3년 이하의 징역에 처한다.
>
> ③ 제1항 또는 제2항의 죄를 범하여 부녀를 상해에 이르게 한 때에는 5년 이하의 징역에 처한다. 사망에 이르게 한 때에는 10년 이하의 징역에 처한다.
>
> ④ 전 3항의 경우에는 7년 이하의 자격정지를 병과한다.

낙태한 부녀와 촉탁 낙태를 한 의사를 처벌하는 형법으로 인해 우리나라는 낙태를 엄격하게 법으로 규제하는 국가로 구분된다. 그러나 그동안 실제로는 사유의 제한 없이 어떠한 절차도 거치지 않고 우리 사회는 광범위하게 낙태를 해 왔다. 이는 1973년 정부가 당시 높은 출산율을 낮추려는 인구 억제 정책의 목적으로 모자보건법 제14조 '인공임신중절의 허용한계'를 제정한 결과다. 이 법은 독일의 나치즘의 영향을 받은 일

모자보건법

제2조(정의)

7. "인공임신중절수술"이란 태아가 모체 밖에서는 생명을 유지할 수 없는 시기에 태아와 그 부속물을 인공적으로 모체 밖으로 배출시키는 수술을 말한다.

제14조(인공임신중절수술의 허용한계)

① 의사는 다음 각 호의 어느 하나에 해당되는 경우에만 본인과 배우자(사실상의 혼인관계에 있는 사람을 포함한다. 이하 같다)의 동의를 받아 인공임신중절수술을 할 수 있다.

1. 본인이나 배우자가 대통령령으로 정하는 우생학적(優生學的) 또는 유전학적 정신장애나 신체질환이 있는 경우
2. 본인이나 배우자가 대통령령으로 정하는 전염성 질환이 있는 경우
3. 강간 또는 준강간(準强姦)에 의하여 임신된 경우
4. 법률상 혼인할 수 없는 혈족 또는 인척 간에 임신된 경우
5. 임신의 지속이 보건의학적 이유로 모체의 건강을 심각하게 해치고 있거나 해칠 우려가 있는 경우

② 제1항의 경우에 배우자의 사망 · 실종 · 행방불명, 그 밖에 부득이한 사유로 동의를 받을 수 없으면 본인의 동의만으로 그 수술을 할 수 있다.

③ 제1항의 경우 본인이나 배우자가 심신장애로 의사표시를 할 수 없을 때에는 그 친권자나 후견인의 동의로, 친권자나 후견인이 없을 때에는 부양의무자의 동의로 각각 그 동의를 갈음할 수 있다.

제28조(「형법」의 적용 배제)

이 법에 따른 인공임신중절수술을 받은 자와 수술을 한 자는 「형법」 제269조 제1항 · 제2항 및 제270조 제1항에도 불구하고 처벌하지 아니한다.

본의 우생보호법을 거의 그대로 차용하여 만들었는데 당시 우리나라는 계엄 통치 중으로 여성의 성 건강이나 태아의 생명 보호에 대한 사회적 논의 과정 없이 국회가 아닌 비상국무회의를 통해 모자보건법상 '인공임신중절의 허용한계'가 제정되었다.[1] 일본은 1996년에 우생보호법을 모체보호법으로 변경하고 반인권적인 우생학적 조항을 삭제하였으나 우리는 지금까지 그대로 유지하고 있다.

모자보건법상 낙태 허용 사유는 변경된 적이 없고 2009년에 허용 시기를 임신 28주 이내에서 임신 24주 이내로 개정하였다. 모자보건법 제2조의 정의상 인공임신중절수술은 태아가 모체 밖에서는 생명을 유지할 수 없는 시기에 하는 것으로 1973년 제정할 때의 의학 수준에 맞춰 임신 28주 이내로 허용되던 것이 이후 의학의 발달로 미숙아 신생아 생존율이 높아지면서 24주 이내로 줄이게 된 것이다. 이후에도 신생아 의학은 계속 발달하여 우리나라에서도 임신 22주의 미숙아들의 생존 보고가 이어지고 있다.[2]

낙태죄는 2012년에 낙태하다 적발된 조산사의 위헌소원으로 헌법재판소의 합헌 결정이 있었는데 2019년에 헌법불합치로 결정이 바뀌었다. 그런데 낙태 현실은 낙태죄가 합헌 결정을 받은 2012년이나 헌법불합치 결정을 받은 2019년이나 크게 달라진 바가 없다. 지난 수십 년간 우리 사회에서 낙태는 법과 현실이 괴리된 무법천지였다. 이제 그나마 있던 법마저 효력이 정지되었으니 국민들과 의사들은 아무런 기준 없이 각자 알아서 선택하고 있는 상황이다.

---

1 김동식 등, 2014 피임과 낙태 정책에 대한 쟁점과 과제: 여성의 재생산권과 건강권을 중심으로, 한국여성정책연구원.

2 한국신생아네트워크(Korean Neonatal Network: KNN) 연차보고서 2017.

2. 모자보건법이 낙태 실태에 미친 영향

모자보건법 제14조는 사실상 인구를 줄일 목적으로 낙태를 전면적으로 허용하는 법이었다. 따라서 반인권적인 우생학적 사유와 치료의 대상인 전염성 질환을 낙태의 사유로 포함하고 특히 "임신의 지속이 보건의학적 이유로 모체의 건강을 심각하게 해치고 있거나 해칠 우려가 있는 경우"라는 불명확한 기준을 어떠한 절차도 없이 낙태 허용 사유로 하고 있어 사실상 모든 사유의 낙태를 허용하였다.

또한 정부가 1974년부터 가족 계획 사업의 일환으로 초기 낙태를 '월경조절술'이라고 피임의 한 방법처럼 홍보하며 목표량까지 정하고 장려하여[3] 우리 국민들은 낙태가 아이를 죽이는 것이라는 인식보다는 피임의 한 방법처럼 생각하고 수없이 반복하는 경우가 많았다. 필자는 1991년에 의사 면허를 취득했는데 당시 가임기 여성들의 산과력을 들어보면 열 번 이상 낙태한 경우도 있었고 몇 번 했는지 기억 못하는 여성들도 많았다. 그 결과 우리나라는 전 세계적으로 유래를 찾아볼 수 없이 성공적으로 인구 증가율을 낮춰 1973년 모자보건법 제정 당시 합계 출산율 4.1에서 10년 만인 1983년 합계 출산율이 인구대체수준 이하인 2.08로 저하되었다. 이후 출산율 감소는 지속되어 저출산의 위기가 예견되었지만 출산 억제 정책은 지속되었고 정부의 출산 억제 정책의 첨병이었던 대한가족계획협회는 2005년 합계 출산율이 1.08로[4] 저출산이 심각한 당면문제가 되고서야 협회의 목적을 출산 억제에서 출산 장려로 전환하고 2006년 협회 이름을 인구보건복지협회로 바꾸어 지금은 출산 장려 정책에 앞장서고 있다.[5]

1977년 대한가족계획협회의 연보에 따르면 가족계획 시술 실적 중 월

3 동아일보 1976. 12. 8, 매일경제 1976. 12. 6.

4 통계청 출생 통계.

5 인구보건복지협회 연혁.

경조절술이 정관수술 등 다른 피임 시술 건수보다 많아, 민간 의료기관에서 이뤄진 시술까지 고려하면 낙태가 출산율 저하의 가장 주요한 수단으로 광범위하게 시행되었음을 알 수 있다.

월경조절술이란 월경이 제때 나오지 않아 임신 가능성이 있는 임신 초기에 자궁 내 조직을 흡입하여 제거하는 시술로 임신 상태면 낙태 시술이고 임신이 아니면 자궁 내막만 손상시킬 뿐 할 필요 없는 시술로 현재는 하지 않는 시술이다. 만약 정상 임신이 아니고 자궁 외 임신 상태면 '월경조절술'로 유산된 줄 알고 방치하다가 자궁 외 임신이 파열되어 복강 내 출혈로 여성이 사망할 수도 있다. 그러나 윤리적인 이유로 낙태 수술에 마음의 부담을 느끼는 여성들은 임신 여부를 확실히 알기 전에 '월경조절술'을 받아 마음의 부담을 덜라고 홍보하며 정부 기관이 앞장서서 권장하였다.[6]

이렇게 국민을 기만한 '월경조절술'이라는 용어가 아직도 인공임신중절수술의 요양급여기준에 그대로 남아 있다. 원래 '가족계획사업에 의거 월경조절술을 시행하는 경우'라고 되어 있어 정부가 가족계획사업 즉 피임의 한 방법으로 인공임신중절수술을 시행했다는 걸 보여준다. 2004년 개정 때 '가족계획사업에 의거'한다는 표현은 삭제되었지만 여전히 '인

〈표 1〉 가족계획 시술 실적 표

가족계획 시술	전국 건수 합계
정관 수술	15,442
난관 수술	950
루프 시술	7,769
먹는 피임약	27,749
콘돔	23,148
월경조절술	16,343

* 자료 출처: 가족계획년보, 1977년(제16권).

6 대한가족계획협회, 『알기 쉬운 가족계획문답집 백문백답』, 1975.

공임신중절수술'의 한 종류로 '월경조절술'이라는 용어를 사용하고 있어 삭제가 요망된다.

서구의 여러 나라들이 낙태를 여성의 자기결정권 쟁취 투쟁의 결과로 제도에 반영해 온 것과 달리 우리나라는 오로지 인구 조절의 목적으로 낙태 쉬운 사회를 정책적으로 유도하여 낙태를 만연하게 만들고 여성의 성 건강을 도외시해 왔다. 더 이상 출산율에 따라 낙태 정책을 달리해서는 안 되며 낙태의 본질적인 문제인 여성의 성 건강과 생명 윤리의 관점으로 법과 제도를 만들어야 한다.

3. 헌법 불합치 판결 이전의 낙태 문제

(1) 불법이어도 의사가 하고 은폐하는 낙태

낙태가 불법인 많은 국가에서 의사들이 낙태를 하지 않기 때문에 의료 기관 밖에서 위험한 시술을 받거나 국외로 가서 낙태해야 하는 문제들이 있어 낙태법 개정 논의가 현실적으로 진행되어 왔다. 그러나 우리나라는 불법이어도 대부분의 낙태를 산부인과 의사들이 해 왔고 시술 의사나 여성들이 불법 낙태로 처벌받는 경우가 거의 없었기 때문에 실제로는 낙태를 아무런 제한 없이 낙태가 합법인 나라보다 더 쉽고 광범위하게 수십 년간 계속해 왔다. 그러다 보니 우리 국민들은 낙태가 아기를 죽이는 것이라는 인식보다 원치 않는 임신을 해결하는 피임의 한 방법처럼 여기는 경향이 컸고 이는 의사들도 마찬가지였다. 2000년대에 들어 출산율 저하로 산부인과의 경영란이 심해지면서 전문적으로 낙태를 하고 '미혼여성 임신', '임신 수술' 등의 키워드로 인터넷 광고를 하며 비밀을 보장한다고 낙태 환자를 유인하는 산부인과가 생겨났지만 당국의 단속은 없었다.

일각에서는 낙태가 불법이면 여성들이 비전문가로부터 위험한 시술을 받거나 해외로 원정 낙태를 간다고 주장하나 이는 우리나라에는 맞지 않는 허구의 주장이다. 불법이라고 의사들이 안 하는 나라가 아니기 때문이다. 2010년 2월 4일에 진오비가 불법 낙태를 하는 산부인과 3곳을 고발하여 일시적으로 산부인과 병의원들이 낙태를 중단하였으나 그때도 계속 낙태 하는 산부인과들로 환자들이 몰렸고 고발당한 산부인과들이 처벌받지 않으면서 불법 낙태 중단 노력은 흐지부지되었다.

어느 산부인과를 가든 당일에 쉽게 낙태할 수 있었던 시절에서 진오비 활동 이후에는 낙태하는 산부인과를 찾아야 하는 불편감이 생긴 정도다. 불법인 나라에서 이 정도도 문제라고 할 수 있는가? 이후에도 낙태하는 병원을 찾지 못하는 나라가 된 적은 없고 낙태가 합법인 나라들에 비해서도 접근성이 좋았다.

우리나라에서 낙태가 불법이어서 발생하는 문제는 안전하게 낙태를 못 한다는 데에 있는 게 아니고 이를 은폐하는 행태에 있다. 낙태하는 많은 의사들이 병원 실사에 대비해 의무 기록을 낙태가 아닌 것처럼 허위로 작성하고 수술 동의서는 없애기도 했다. 불법인 줄 알면서도 모두가 했고 실상을 감추어 왔기 때문에 낙태 실태와 합병증 등 문제점들이 드러나지 않아 사회적으로 낙태를 줄여야 한다는 필요성조차 논의되지 않았다.

또 그 많은 낙태아가 어떻게 처리되었는지에 대해서 조사된 바가 없다. 모든 인체 적출물은 적법한 절차를 거쳐 처리해야 하고 임신 16주 이후의 태아는 「장사 등에 관한 법률(약칭: 장사법)」에 의해 매장되어야 한다. 그러나 그 많은 낙태아들을 어떻게 했는지 아무도 관심 없는 사회에서 적법하게 되었을 것이라고 기대하긴 어렵다. 과거에 서울대병원이 불법 낙태로 얻은 사산 태아의 장기를 해외로 수출한 충격적인 사건이 의학연구기여와 수출장려의 명분으로 무역거래법 시행령에 의해 합법적으로 허가되기도 하였고[7] 한때 불법 낙태된 사태아의 태반 등 조직이 의약품의 원료로 사용된다는 소문도 있었으나 조사된 바가 없다. 낙태아에게 아무도 관심이 없었고 의사가 알아서 처리하는 것에 우리 사회는 눈감은 것이다. 2010년 태국 방콕의 한 사찰에서 불법 낙태된 태아의 시신 2,000여 구가 발견되었을 때[8] 이 뉴스를 접한 우리 국민들은 경악을 금치 못했는데 그래도 태국은 아기들을 사찰에 묻어주며 명복을 빈

7 경향신문, "낙태아 콩팥 등 장기까지도 수출", 1970. 11. 27.
8 조선일보, "방콕의 사찰 영안실서 태아 시신 2000여구 무더기 발견", 2010. 11. 22.

것이다. 우리의 그 많은 낙태아들은 이렇게 대우받지 못했고 헌법불합치가 된 이후에도 달라진 것이 없다.

(2) 성감별에 의한 낙태 문제

1980년대에 들어 정부가 "둘도 많다, 하나만 낳자"라고 더 강력한 출산 억제 정책을 펴니 아들 하나만 낳겠다는 사람들의 요구에 맞추어 성감별에 의한 여아 낙태가 성행하였다. 남아선호사상에 산전 초음파 기술과 양수 검사, 융모막 검사 등 태아 성감별 기술이 더해진 결과 1990년대에는 여아 출생 100명당 남아 출생비가 116까지 올랐고 영남 등 일부 지역에서는 130까지 치솟았다.[9] 이 성비 불균형은 가임 여성 인구의 급감, 결혼 문제 등 심각한 사회 문제로 이어지고 있다.

2004년 "태아성감별을 금지한 의료법 제20조는 부모의 알 권리와 행복추구권을 침해해 위헌"이라며 아기 아버지(변호사)가 헌법소원을 제기하여 2008년 헌법재판소에서 헌법불합치 결정이 내려져 임신 32주부터는 태아의 성을 알려주도록 개정되었다. 산부인과에서는 태아의 성별을 궁금해 하는 임부들에게 성별을 알려주는 경우가 많은데 이 법을 위반하여 처벌받은 경우는 2008년 이후 10년 동안 1명뿐이었다.[10]

이제 남아선호사상이 많이 없어져서 딸을 원하는 경우도 많아졌지만 딸이든 아들이든 원하는 성별을 골라서 낳고 싶은 욕망이 사라지긴 어렵다. 사유의 제한 없이 낙태를 허용하면 성감별에 의한 낙태도 증가할 우려가 크다. 이를 막으려면 낙태 허용 주수는 현재의 의료 기술로 성감별이 안 되는 임신 10주 미만으로 해야 한다.

---

9 통계청 출생 성비.

10 중앙일보 2018. 4. 13.

(3) 태아 이상으로 인한 낙태 문제

1980년대에 들어 정부의 출산 억제 정책은 "둘도 많다. 딸 아들 구별 말고 하나만 낳자."로 더욱 강화된다. 하나만 낳으라니 정상이 아닌 아이는 당연히 못 낳는다는 인식이 팽배해졌고 산전 검사 기술의 발달이 더해져 원하는 아이를 골라서 낳는 풍조가 생겼다.

낙태를 허용하는 모자보건법은 우생학적 개념을 바탕으로 부모가 문제 있는 경우 그 자식을 낙태하게 하는 조항들만 있어 건강한 부모의 태아가 이상이 있는 경우의 낙태는 해당되지 않는다. 그러나 건강한 아이만 출산을 원하는 환자들의 요구에 맞추어 초음파 검사나 양수 검사 등에서 이상이 나오면 낙태하는 것을 의사들도 당연하게 여겼다. 이로 인해 우리나라는 산전 검사의 목적이 이상이 있는 태아를 걸러내는 과정으로 여겨졌고 그 결과 다른 어느 나라보다 더 열심히 태아 이상에 대한 검사를 많이 하는 나라가 되었다.

태아 이상으로 인한 낙태가 불법임을 아예 모르는 국민들이 대다수고 태아 이상이 확진된 것도 아니고 단지 약을 먹어 태아에 이상이 있을까 우려된다는 이유만으로도 낙태하는 경우가 2005년 인공임신중절 실태

조사에서 9.6%이었다.[11] 태아 이상은 대부분 약물 복용과 무관하게 발생하는데 불안하다는 이유로 태아 이상이 진단되지도 않았는데 낙태하는 비율이 10%나 되는 것이다.

의사들도 태아 이상을 이유로 낙태하는 것은 합법이라고 잘못 아는 경우가 많았는데 1999년 다운 증후군 아이를 낳은 부모가 산부인과 의사의 오진으로 인해 부모의 낙태 결정권이 침해당했다며 손해배상을 청구한 소송에서 다운증후군은 산전에 진단하였어도 이를 이유로 낙태할 권리가 부모에게 없다는 판결이 나자[12] 산부인과 의사들 중에도 다운 증후군 아이의 낙태가 불법이냐고 묻는 경우가 있었다.

이렇듯 산전 검사의 목적이 이상 있는 아이를 색출하여 태어나지 못하게 하는 데에 맞춰지다 보니 다른 나라에 비해 이상이 있는 출생아 비율이 우리나라는 현저하게 적다. 특히 산전 초음파로 진단되기 쉬운 아이들이 주로 낙태되는데 생존 가능성이 높은 이상도 진단되면 태어나 치료받을 기회로 이어지는 게 아니라 낙태되어 온 것이다.[13]

한때 초등학교 교과서에 책 『오체불만족』의 주인공 오토다케 히로타다의 이야기가 실렸는데 팔 다리 없이 태어났어도 이를 극복하는 정신을 배우라는 뜻일 것이다. 오토다케의 어머니는 출산할 때까지 아이의 상태를 몰랐다. 일본은 우리와 달리 초음파 검사를 많이 받지 않는다. 출생 전 한 번의 초음파 검사로도 알 수 있는 이런 이상을 가진 아이가 우리나라에서 태어날 확률은 제로에 가깝다. 우리나라에서는 태어날 기회조차 허용되지 않는 사람을 우리 아이들에게 본받으라고 가르친 것이다.

일각에서는 이상이 있는 아이는 낙태하는 것이 출생 후 어렵게 살아가야 하는 아이를 위하여 바람직하다는 주장을 하기도 하는데 이는 장애가 있으면 살아갈 가치가 없다고 주장하는 것과 같다. 타인의 삶에 대

---

11 김해중 등, 『인공임신중절 실태조사 및 종합대책 수립』, 2005.

12 대법원 1999. 6. 11. 선고 98다22857 판결.

13 The impact of the prenatal ultrasonography on birth of babies with Korean pediatric surgical index diseases. Jae Ho Shin, Seok Joo Han, J Korean Surg Soc 2011; 81:54-60.

해 죽는 게 사는 것보다 낫다는 판단을 누가 할 수 있는 것일까? 부모라도 그럴 권리가 있는 것인가?

생존이 어려운 문제가 있으면 그 문제가 심각할수록 조기에 자연 유산이 된다. 태어날 때는 태어날 만해서 태어나는 것이다. 이상을 가지고 태어나는 아이들은 자연 유산되는 아이들에 비해 경한 문제다.

2013년 평창 동계 스페셜 올림픽에서 애국가를 부른 박모세 씨는 두개골 형성 이상으로 생존가능성이 1%도 안 된다며 그의 어머니는 임신 4개월부터 의사들로부터 낙태 권유를 받았다고 한다. 그러나 그의 부모는 아기가 살아 있는 한 잘 키우겠다고 출산을 했고 박모세 씨는 출생 후 대뇌의 70%, 소뇌의 90%를 절제하는 수술을 받고 의사들로부터 얼마 살지 못할 것이라고 진단받았지만 성악가로 성장하여 백석예술대학교 성악과를 졸업하였다. 절제 수술을 받은 뇌도 성장 중이라고 한다. 의사들도 경험하지 않은 질환에 대해서는 잘 모른다. 이런 이상도 낙태되지 않고 태어나야 예후를 알 수 있고 치료법이 발전한다. 이상이 있는 아이들도 축복받으며 태어나서 잘 살 수 있는 사회가 일반인들도 잘 살 수 있는 세상이다.

태아 이상에 대한 선별검사는 임신 10주부터 할 수 있는데 성별은 물론이고 사는 데 이상이 없는 유전자 이상까지 발견하는 기술이 개발되어 시행되고 있다. 임신 10주 이후에도 제한 없이 낙태를 허용하면 잘 살 수 있는 아기들도 산전 검사에 의해 낙태될 위험이 커진다. 따라서 무분별한 낙태를 막으려면 사유의 제한 없는 낙태는 임신 10주 미만으로 제한해야 한다.

4. 낙태죄 헌법불합치 결정과 개정 발의안

2019년 4월 11일 헌법 재판소(이하 헌재)는 낙태죄 위헌 소원에서 임신한 여성의 자기 낙태를 처벌하는 형법 제269조 제1항과 의사가 임신한 여성의 촉탁을 받아 낙태하는 경우를 처벌하는 형법 제270조 제1항의 의사에 관한 부분은 모두 헌법에 합치되지 않으며, 이 조항들은 2020년 12월 31일까지 적용한다고 선고했다. 이 주문은 입법부를 포함한 모든 국가 기관을 기속한다. 그동안 1973년 제정된 모자보건법 제14조 '인공임신중절수술의 허용한계'의 5개 사유에 의해 태아가 모체 밖에서 생명을 유지할 수 없는 시기(2009년 임신 24주 이내로 시행령 개정)에 배우자 동의를 받아 시행하는 경우는 처벌받지 않는 형법 적용 배제 대상이었는데 2021년 1월 1일부터 형법의 효력이 상실되어 모자보건법의 허용범위를 넘는 낙태도 형법으로 처벌되지 않는 것이다. 즉 허용 시기와 사유에 대한 법 개정이 이뤄지지 않는 한 이제 우리나라는 의사에 의한 낙태는 임신 전체 기간에 거쳐 막달까지 사유 불문하고 허용된 것이다.

헌재는 선고문에서 형법이 "임신기간 전체를 통틀어 모든 낙태를 다 금지하고 있어 여성의 결정권을 제한한다."는 한편 "태아도 헌법상 생명권의 주체가 되며 국가는 헌법에 의해 태아의 생명을 보호할 의무가 있다."며 헌법불합치 선고를 한 이유에 대해 "태아의 생명을 보호하기 위해 낙태를 금지하고 형사 처벌하는 모든 경우가 다 헌법에 위반되는 것이 아니기에 단순 위헌 결정을 하면 임신 기간 전체에 걸쳐 모든 낙태를 처벌할 수 없게 되고 이는 용인하기 어려운 법적 공백이 되는 것이다." 라고 밝혔다. 그리고 입법자는 태아의 생명 보호와 임신한 여성의 결정권을 최적화하는 결정가능기간과 사회적 경제적 사유를 어떻게 조합할 것인지, 상담요건이나 숙려 기간 등 절차를 어떻게 할 것인지 등 입법재량을 가지고 2020년 12월 31일까지 개선 입법을 하라고 선고했다. '결정가능기간'에 대한 헌법불합치 의견에서 "태아가 모체를 떠나 독자적으로 생존할 수 있는 임신 22주 내외에 도달하기 전이면서 출산 여부에 관한 결정권을 행사하기에 충분한 시간이 보장되는 시기까지 국가는 생명보호의 수단과 정도를 달리할 수 있다."고 했고 단순 위헌 의견으로 임신 1삼분기에는 어떠한 사유를 요구함이 없어 여성의 숙고와 판단에 의해 낙태할 수 있게 해야 한다고 하며 임신 2삼분기에는 태아의 성별이나 기형아 여부를 알 수 있어 2삼분기에도 여성의 의사만으로 낙태할 수 있게 하면 성별이나 기형을 이유로 선별적 낙태가 이뤄질 위험이 있어 일정한 한계도 지워져야 한다고 했다. 따라서 헌법재판소의 헌법불합치 결정의 취지는 결코 임신 전체 기간에 걸쳐 사유의 제한 없이 모든 낙태를 법적으로 허용하자는 것이 아니다. 특히 성별이나 태아 이상을 이유

〈표 2〉 의무 상담 국가의 숙려기간 규정

국 가	상담 및 숙려기간
독 일	임신갈등법상 상담소 상담 의무, 상담확인서 발급. 상담 후 3일의 숙려기간
헝가리	상담 의무, 가족보호서비스 상담, 상담 후 최소 3일의 숙려기간
이탈리아	• 1978년 낙태법에 따른 가족상담원 상담 의무 • 첫 번째 상담 이후 7일의 숙려기간(단, 상담의사 등 의사가 긴급한 인공임신중절의 조건을 확인하고 인증서를 발부하는 경우 기간 단축 가능)
라트비아	임신 12주 이내 여성의 요청에 의한 경우 상담 의무, 상담 후 72시간의 숙려기간
룩셈부르크	산부인과 상담 후 3일의 숙려기간
네덜란드	의사 상담 의무, 상담 이후 5일의 숙려기간(태아의 이상 등과 같은 심각한 상황에서는 기간은 단축될 수 있음)
폴란드	상담의무, 의사의 상담 인증서 발부, 상담 후 3일의 숙려기간
포르투갈	• 상담의무, 가족계획상담(보건기관) • 첫번째 상담 당일부터 3일 이상(여성의 낙태 요청과 상담 사이 5일을 경과해선 안 됨)
슬로바키아	의사의 정보제공을 확인하는 통보를 국립보건정보센터에 보낸 후로부터 48시간 숙려기간
스페인	임부에게 시술, 권리, 지원에 대한 정보가 서면으로 제공, 이후 3일의 숙려기간
영국령 저지	• 12주 이내 여성의 조건이 정신적 고통을 유발하는 경우 상담 의무가 있음 • 첫번째 상담후 7일(정신적 고통 주장) 이후 낙태 시술 권한을 가진 의사와 상담해야 함

* 자료 출처: 장다혜(한국형사정책연구원), 해외 임신중단 관련 법률을 통해 본 성과 재생산 건강 정책의 쟁점, 2019.

로 한 선별적 낙태를 허용해서는 안 된다는 것이 결정 취지다.

정부는 헌재의 결정에 따라 모자보건법에 있던 허용한계를 형법으로 옮겨 낙태의 허용 요건을 신설했는데, "임신 14주 이내에 의사에 의해 의학적으로 인정된 방법으로 이뤄지면 사유의 제한 없이 모든 낙태를 처벌하지 않는다."고 해서 시술자를 의사로 명시했고 배우자 동의는 삭제했다. 또한 임신 15주부터 24주(기존 모자보건법의 허용 한계) 이내의 낙태 허용은 기존의 우생학적 사유나 전염성 질환 사유는 삭제하고 강간과 근친상간, 임신 지속이 여성의 건강을 심각하게 해치는 경우는 유지하며 사회 · 경제적 사유를 추가했는데, 사회 · 경제적 사유는 모자보건법이 정한 상담을 받고 24시간의 숙려기간을 갖도록 했다. 상담과 숙려기간을 거치더라고 사회 · 경제적 사유가 허용되면 사실상 모든 사유가 24시간의 숙려기간을 거쳐 허용되는 것으로 볼 수 있다. 24시간은 숙려기간을 법적으로 규정한 국가 중에 가장 짧은 숙려기간이다. 낙태 시술 전 금식 시간 등이 필요해서 현실적으로 상담 당일 시술은 어려운 점을 고려할 때 24시간의 숙려기간은 형식적인 규정으로 볼 수 있다.

또한 정부의 낙태 허용 시기가 헌재의 결정문에 명시한 임신 22주 내외보다 넓게 현대 의학으로 생존 가능한 임신 24주까지 허용하고 있고 의료계의 반발을 사고 있다.[14]

국회에서는 국민의 힘의 조해진 의원과 서정숙 의원이 형법상 낙태죄 유지를 기본으로 하는 개정안을 발의했고, 민주당 권인숙 의원과 박주민 의원, 정의당 이은주 의원안은 형법상 낙태죄를 폐지하는 개정안을 발의했다. 특히 권인숙 의원과 이은주 의원, 남인순 의원은 그동안 인공임신중절이 "태아가 모체 밖에서는 생명을 유지할 수 없는 시기"에 하도록 한 모자보건법상 정의를 삭제해서 사실상 임신 전 기간의 낙태를 허용하는 개정안을 발의했다. 의사의 진료 거부권에 대해 정부안과 조해진 의원안, 서정숙 의원안은 명시했고 권인숙 의원안은 원칙적으로 거

14 대한산부인과학회 대국민 호소문, 2020. 12. 28.

부 금지 조항을 넣었다.

〈표 3〉「형법 일부개정법률안」 및 「모자보건법 일부개정법률안」 주요 내용

7개 발의안	정부안	권인숙(민) 의원안	이은주(정) 의원안	박주민(민) 의원안	조해진(국) 의원안	서정숙(국) 의원안	남인순(민) 의원안
제안일	2020.11.18/25	2020.10.12.	202.11.5.	2020.11.27.	2020.11.13.	2020.12.1.	2021.1.14.
형법 상 낙태죄	유지	삭제			유지		-
허용 범위	[형법] 의사에 의해 의학적인 방법으로 14주 이내 허용, 15~24주 이내 사회경제적 사유 허용 (상담 후 24시간 경과 후)	[모자보건법] 정의 '태아가 모체 밖에서는 생명을 유지할 수 없는 시기' 삭제 : 임신 전 기간의 낙태 허용		[모자보건법] '태아가 모체 밖에서는 생명을 유지할 수 없는 시기에' 유지	「형법」심박동이 감지되기 이전인 임신 6주 이내 허용. 10주 이내 사회 경제적 사유 (상담 후 7일 이상 경과), 20주 이내 강간 및 준강간, 여성의 건강 또는 생명을 심각하게 해치는 경우 허용	「형법」임신 지속이 임부 생명 위태롭게 하는 경우 임신 기간 제한 없이 지정 의료기관에서 허용. 그 외의 사유는 10주 이내 (상담 후 72시간 경과)	[모자보건법] '태아가 모체 밖에서는 생명을 유지할 수 없는 시기' 삭제
배우자 동의	삭 제						
약물 낙태	허용	허용	허용	허용	허용	-	허용
낙태에 대한 정보와 상담서비스 등 제공 기관	임신・출산 지원 기관 및 임신・출산 종합상담기관	중앙·지역 재생산건강 지원 센터	중앙·지역 임신·출산 건강안전센터	-	현행 모자보건기구 (보건소 설치 원칙) 상담원 – 의료인 한정	임신・출산 지원기관 및 임신・출산종합상담 기관	-
상담 목적	임신유지 및 종결에 대한 자기결정지원	인공 임신 중단 지원			태아 생명과 여성의 건강 보호 및 임신의 지속 격려		
의사의 설명 의무	의학적 설명 강화 (과태료300만원 이하)	상담 및 지원 등 설명 의무		-	의학적 설명 강화 (과태료 300만원 이하)		-
의사의 진료거부	명시	거부 금지	-	-	명시	명시	-
기타		의료비 지원			시술의료기관 지정 (3년 이하의 징역)	시술의료기관 지정. 낙태 알선,광고 금지	보험급여

이 외에도 국민의힘 양금희 의원과 민주당 김승원 의원이 의료인의 낙태 거부권만 인정하고 있는 다른 개정안과 달리 의료기관도 낙태 시술을 거부할 수 있는 의료법 개정안을 발의하여 상당수의 산부인과 전문의를 배출하고 있는 가톨릭 의료원 등에서 낙태를 하지 않을 수 있게 발의하였다.

♣ 양금희 의원(국) 의료법 일부개정법률안(2020.12.9.) ♣

제15조의2 신설(인공임신중절수술의 거부 등)

① 의료인 또는 의료기관 개설자는 제15조 제1항에도 불구하고「모자보건법」제2조 제7호에 따른 인공임신중절수술(이하 "인공임신중절수술"이라 한다) 요청을 받으면 이를 거부할 수 있다.

② 보건복지부장관은 인공임신중절수술을 받으려는 사람이 참고할 수 있도록 이를

실시하는 의료기관을 조사하여 고시할 수 있다.

♣ 김승원 의원(민) 의료법 일부개정법률안(2021.7.28.) ♣

제15조의2 신설(인공임신중절수술의 거부 등)

① 의료인 또는 의료기관 개설자는 제15조 제1항에도 불구하고 인공임신중절수술이 양심에 반한다는 사유로 이를 거부할 수 있다.

② 제1항에 따라 인공임신중절을 거부하는 의료인과 의료기관의 개설자는 보건복지부장관에게 사전에 의견을 제출하고 이를 등록하여야 한다. 등록의 절차 등에 관한 구체적인 사항은 보건복지부령으로 정한다.

③ 제2항에 따라 등록한 의료기관 소속의 의료인은 의료기관 개설자의 의사에 반하여 인공임신중절수술을 할 수 없다.

④ 국가 또는 지방자치단체가 설립한 상급종합병원은 제1항에도 불구하고 인공임신중절수술을 실시할 수 있는 인력 · 시설 · 장비를 갖추어야 하며, 인공임신중절수술 환자에 대하여는 요양 급여를 실시하여야 한다.

김승원 의원안은 국가 또는 지방자치단체가 설립한 상급종합병원은 거부권을 행사하지 못하고 인공임신중절수술을 실시할 수 있는 인력 · 시설 · 장비를 갖추어야 하며, 인공임신중절수술 환자에 대하여는 요양 급여를 실시하여야 한다는 조항을 신설하여 공공의료기관에 의한 접근성을 보장하고 있다.

그러나 국회는 2020년 12월 8일에 법제사법위원회에서 한 차례 공청회를 연 것 외에는 낙태법에 관하여 더 이상 논의를 하고 있지 않다. 이 공청회도 회의 직전에 논란이 많은 공수처법을 통과시키며 국민의힘 의원들이 모두 퇴장한 가운데 진행되어 국회가 낙태법에 얼마나 무관심하고 무책임한지를 국민들에게 보여줬다.

5. 산부인과 의료계의 입장

대한산부인과학회와 대한산부인과의사회, (직선제)대한산부인과의사회, 모체태아의학회는 2019년 헌재의 헌법불합치 선고 후 공동으로 낙태법특별위원회를 구성해서 "의사의 낙태 진료 선택권 법적 보장" 등 낙태법 개정과 관련한 의료적 사항에 대해 산부인과의 입장을 발표했고, 2020년 10월 정부의 개정안이 입법 예고된 후 바로 산부인과의 입장을 정부와 국회, 언론에 배포하고 공동 기자회견과 언론사 투고, 방송 등을 통해 국민들에게 적극적으로 알렸다. 필자는 이 위원회의 간사를 맡고 있다.

여성과 태아의 안녕을 모두 책임지고 있는 산부인과 의료계의 의견은 안전한 낙태를 위한 허용 요건을 법에 명시하자는 것이다. 안전한 낙태와 무분별한 낙태를 막기 위해 사유의 제한 없는 낙태는 비교적 합병증이 적고 태아에 대한 선별 검사가 시작되기 전인 임신 10주 미만으로 제한해야 한다. 임신 10주까지 아기는 장기와 뼈가 완성되어 사람의 형태를 갖추고 활발하게 팔 다리를 움직인다. 낙태는 태아가 성장할수록 과다출혈과 자궁 손상 등 합병증 발생 위험이 증가한다. 따라서 사유의 제한 없는 낙태는 임신 10주 미만에 해야 안전하다. 또한 임신 10주부터는 태아 DNA 선별검사 등 각종 태아 검사가 가능해 우생학적 사유로 아이가 낙태될 위험이 있다. 날로 발전하는 태아 검사가 무분별한 낙태로 이어지지 않으려면 임신 10주 이후의 낙태는 불가피한 사유에 의한 것으로 제한해야 한다.

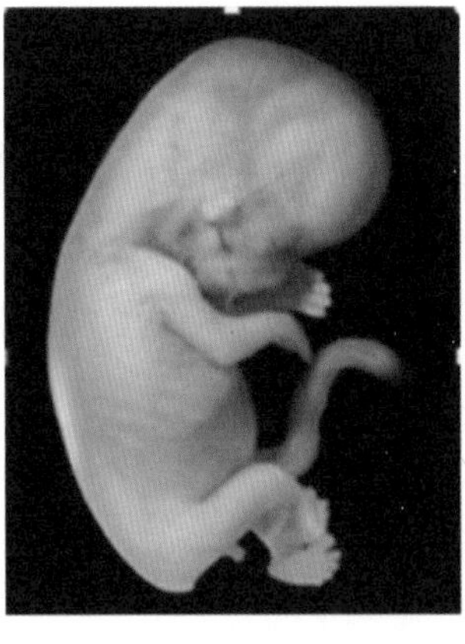

임신 10주 (70일)

2018년과 2021년의 보건사회연구원의 인공임신중절 실태 조사에 의하면 우리나라 낙태는 평균 6주에 시행되고 약 90%가 10주 이내에 시행되는데 산부인과 전문의에게 진료받기 어려운 다른 나라와 달리 우리나라는 의료 접근성이 워낙 좋아 대부분의 낙태가 임신 초기에 이뤄지고 있다. 이런 상황에서 정부의 개정안과 같이 임신 14주 이내에 사유의 제한 없이 모든 낙태를 허용하면 사실상 거의 모든 낙태를 허용하는 것으로 법 개정의 의미가 없다.

임신 10주 이후의 약 10%에 해당하는 낙태에 대한 산부인과 의료계의 입장은 살릴 수 있는 아기는 살리자는 것이다. 즉 법이 정하는 상담 절차와 충분한 숙려기간을 거쳐 출산할 수 있도록 정부가 적극적으로 지원하고 도저히 임신 유지가 어려운 경우는 산부인과 전문의에 의해 안전하게 시술받도록 해야 한다.

그리고 태아가 생존 가능한 임신 22주 이후에 임신부의 건강에 심각한 문제가 생기는 등 의학적 사유로 임신을 중단해야 하는 경우는 낙태가 아닌 조산으로 낙태법의 대상이 아니고 임신부와 태아를 모두 살리는 의학적 조치를 다해야 한다는 것이다.

또한 의사의 낙태 진료 선택권을 반드시 법적으로 보장하여야 하며 무자격자에 의한 낙태는 처벌을 강화하여 안전한 의료 체계 안에서 여성들이 낙태하도록 개정하자는 것이다.

낙태가 합법화된 국가들도 형법 또는 특별법으로 낙태의 허용 요건을 정해 이를 충족하지 못하는 낙태는 처벌하고 있다. 특히 프랑스와 덴마크 등은 낙태 허용 요건 위반 시 여성은 처벌하지 않고 시술자만 처벌하는데 우리 산부인과 의료계도 이와 같은 법 개정을 제안한다.

헌법재판소가 정한 시한 내에 법 개정이 되지 않아 2021년부터 법 공백 사태를 앞두고 2020년 12월 28일 산부인과 단체들은 다음과 같은 '선별적 낙태 거부' 지침을 회원들에게 공지하고 대국민 호소문을 발표했다.

여성의 안전을 지키고 무분별한 낙태를 막기 위해 산부인과 의사들은
'선별적 낙태 거부'를 시행합니다.

1. 아무 조건 없이 **임신한 여성이 자기 결정권을 가지고 요구할 수 있는 낙태는 임신 10주+0주**(70일: 초음파 검사로 측정한 임신 일수 기준) 미만에만 **시행할 것입니다.**

2. **태아의 장기와 뼈가 형성되고 합병증 발생 위험이 증가하는** 임신 10+0주부터 22+0주 미만에는 낙태 되는 주수의 태아의 발달 정도와 발생 가능한 합병증 등에 대해 의사는 충분한 설명을 하고, 여성이 신중한 결정을 할 수 있도록 충분한 숙려 기간을 갖도록 한 후에 낙태를 시행할 것입니다.

3. **태아가 생존 가능성이 있는 시기에 의사가 낙태를 하여 태어난 아기를 죽게 하면 현행법과 판례상 살인죄로 처벌받을 수 있으므로** 임신 22+0주부터는 낙태의 요구에 응하지 않을 것입니다. **임신 22+0주 이후에 의학적 사유로 인해 임신 중단이 필요한 경우에는 태아의 생명을 무조건 빼앗는 낙태가 아닌 조산으로 간주하여, 임신부와 태아에 대하여 그에 적합한 의학적 처치를 하도록 하겠습니다.**

그러나 이는 산부인과 단체들의 자율적인 규정이라 현장에서 얼마나 지켜지고 있는지는 알 수 없고 지금도 많은 의사들이 법 공백 상태에서 혼란스러운 진료를 하고 있다.

6. 낙태법 공백의 문제점

(1) 만삭 임신까지 사유의 제한 없는 낙태 허용과 생존 낙태아 문제

임신 4주(수정 후 2주)면 혈액검사나 소변검사로 임신 여부를 할 수 있고 임신 5주에 초음파로 자궁 내 임신 여부가 확인된다. 임신 6주면 아기의 심박동을 초음파로 확인할 수 있고 임신 7주에 아기 크기는 1cm 정도 되고 임신 8주부터는 초음파로 아기의 움직임이 관찰된다. 임신 10주면 장기와 뼈가 형성되고 활발하게 움직이는 완연한 사람의 모습이고 임신 12주가 되면 자궁이 골반 밖에서 만져질 정도로 커진다.

낙태란 수술로 하든 약물로 하든 아기와 태반, 양수 등 임신 산물을 모두 임부의 자궁 밖으로 나오게 하는 과정이다. 수술은 마취를 하고 의사의 시술로 단시간에 끝나는 과정으로 수술과 마취의 위험이 있는 반면에 약물 낙태는 수술로 인한 합병증 위험은 피할 수 있지만 약물로 태아와 태반 등이 자궁 밖으로 다 나오게 자궁 수축을 일으켜야 해서 이로 인한 통증과 출혈이 수일에서 길게는 수 주 동안 지속되어 과다 출혈을 일으킬 수 있으며 이는 임신 주수가 커질수록 심해지고 불완전 유산의 위험도 증가한다. 임신 중기 이후에는 유도 분만과 같은 과정으로 출산하듯이 낙태를 하게 된다. 임신 20주 이후에는 아기가 살아서 분만되어 곧 사망하기도 하지만 수 시간 생존하기도 하고 임신 22주부터는 조산아 치료를 받으면 생존 가능성이 커진다. 지금도 수많은 신생아과 의사들이 한 명의 아기라도 더 살리려고 밤을 새워 노력하고 있다. 그런데 우리사회는 지금 만삭아들의 낙태까지 허용하고 있는 것이다. 생존 낙태아를 일부러 죽게 하는 것은 살인죄다(2019. 3. 14. 조선일보, "낙태 도중 울음 터뜨린 아이 익사시킨 의사 … 대법서 살인죄 확정").

우리 사회가 임신 중기 이후의 낙태도 허용하려면 생존 낙태아를 어떻게 해야 하는지 정해야 한다. 아기가 살기를 바라지 않는 부모가 키워야 하는지 아니면 국가가 보호해야 하는지. 이 경우 조산으로 인한 후유증 치료는 누가 부담해야 하는지, 또는 부모와 함께 우리 사회도 생존 낙태아가 살기를 바라지 않는다면 인간의 존엄성을 최대한 보호하면서 아기를 사망에 이르게 하는 방법을 찾아야 한다. 현재 연명의료결정법은 임종 과정에 있는 환자의 연명의료와 연명의료 중단 등 결정 및 그 이행에 필요한 사항을 규정함으로써 환자의 최선의 이익을 보장하고 자기결정을 존중하여 인간으로서의 존엄과 가치를 보호하는 것을 목적으로 한다. 이 법에 자기결정이 불가한 신생아도 대상으로 하여 생존 낙태아도 짧은 생이지만 인간의 존엄을 보호받도록 해야 한다.

(2) 일반인에 의한 낙태 조력(형법 제269조 제2항)도 형벌 효력 상실

여성의 자기 낙태죄인 형법 제269조 제1항이 헌법불합치 되면서 이와 형이 같았던 일반인에 의한 낙태 조력을 처벌하는 형법 제269조 제2항도 형벌 규정의 효력이 상실되었다. 온라인을 통해 일반인에 의한 낙태약 불법 유통이 급증하고 있는데 이들을 낙태죄로는 처벌하지 못하고 약사법 위반으로만 처벌이 가능한 것이다.

헌법 재판소 결정 이후 불법 낙태약을 집에서 혼자 먹고 낙태된 아기를 낙태약 판매자들의 지시에 의해 변기에 빠뜨려 죽이거나 유기하는 등 참담한 사건이 연이어 보도되고 있다.(2020. 10. 8. 동아닷컴, "낙태약 먹고 조산한 아기, 변기 빠뜨려 사망케 한 20대", 2021. 3. 24. 대전CBS, "불법 낙태 시도 후 태어나자 살해, 유기 … 집행유예 석방", 2021. 4. 23. 채널A, "불법 낙태약 먹고 쓰레기 더미 속 미숙아 유기", 2022. 1. 19. 중앙일보, "낙태약 먹고 출산 '아기 변기에 넣어라' 끔찍 범행", 2022. 3. 3. 국민일보, "낙태약 먹고 아기 태어나자 마자 변기물에 빠뜨려 … 20분만에 숨져")

2020년 국정감사 자료에 따르면, '낙태 유도제'의 불법 온라인 판매는 2015년 12건에서 2019년 2,365건으로 200배 가까이 폭증했다. 여성과 태아의 생명을 위협하는 불법 낙태약 판매자들이 비아그라 불법 유통과 같은 수준의 처벌만 받아서는 안 된다. 낙태죄로도 처벌받도록 해서 무자격자에 의한 불법 낙태가 근절되도록 해야 한다. 대부분의 OECD 국가들도 합법적인 낙태 시술자의 자격을 지정하고 있으며 자격 없는 자에 의한 낙태는 형사 처벌하고 있다. 또한 기존에 수술만 허용하고 있는 낙태법을 약물로도 할 수 있도록 개정하여 환자 상태에 따라 약물 낙태도 산부인과 의사에 의해 안전하게 투약하도록 해야 한다.

7. 낙태 실태 조사

그동안은 낙태가 불법이다 보니 현황 파악조차 되지 않아 연간 수백만 건이라는 주장부터 수만 건이라는 주장까지 낙태 건수에 대해 다양한 주장들이 맞서 왔다. 헌법불합치가 선고된 이후에도 실태 파악이 제대로 안 되고 있는 것은 마찬가지이다.

한국보건사회연구원에서 3년마다 '전국 출산력 및 가족보건 실태조사'를 하여 인공임신중절 현황을 보고하였으나 유배우 부인들만을 대상으로 하여 정확한 실태 파악이 안 되었다.

2005년 저출산 문제가 심각해지고 정부는 처음으로 전국 규모의 낙태 실태조사를 하였다. 고려대학교 의과대학 김해중 교수팀이 실태조사를 담당하였는데 조사에 동의한 201개의 산부인과를 대상으로 직접 조사표를 작성하는 전향적 방식으로 실태조사를 하여 연간 342,433건으로 하루에 약 1,000건 이상의 낙태가 매일 이뤄짐을 알 수 있었다. 인공임신중절률은 1,000명당 29.8로 추정되었다.

일반적으로 낙태할 수밖에 없다고 생각하는 사유인 강간에 의한 임신 낙태는 0.2%, 15세 미만의 낙태는 0.03%에 불과했다. 성인들의 합의된 성관계에 의한 임신을 낙태하는 것이 대부분을 차지하며 이는 현재도 마찬가지다.

2011년 정부는 두 번째 인공임신중절 실태 조사를 하였다. 연세대학교 보건대학원 손명세 교수팀이 실시하였는데 2005년 첫 번째 실태조사에서 산부인과를 대상으로 전향적 방식으로 조사했던 것과 달리 가임기 여성들에게 후향적인 웹 설문 방식으로 낙태 건수를 조사하였다. 2009년 10월부터 시작된 진오비 소속 산부인과 의사들의 '불법낙태근절운동'으로 상당한 사회적 파장이 있는 가운데 실시된 실태 조사여서 응답자들이 솔직하게 답하였다고 보기는 어렵다.

이 실태조사에서 만 15세 이상 44세 이하의 가임기 여성 전체의 인공임신중절건수는 168,738건, 인공임신중절률은 15.8로 추정되었는데 조사 방법과 당시 사회 분위기상 2005년과 2011년 두 실태 조사의 낙태 건수를 비교하여 반으로 감소하였다고 보기는 어렵지만 감소 추세라고 볼 수 있다.

이후 2018년과 2021년 한국보건사회연구원에서 후향적 온라인 설문조사 방식의 실태조사가 있었는데 2018년까지 지속적으로 감소 추세를 보이다가 헌재의 헌법불합치 판결이 있은 2019년과 2020년의 낙태 건수가 소폭 상승하여 법 공백 상태에서 낙태가 증가하는 것을 알 수 있다. 낙태법 개정을 외면하고 있는 국회의 책임이다.

인공임신중절 추정건수 및 인공임신중절률[15]

(단위: 건, 천 명당 건)

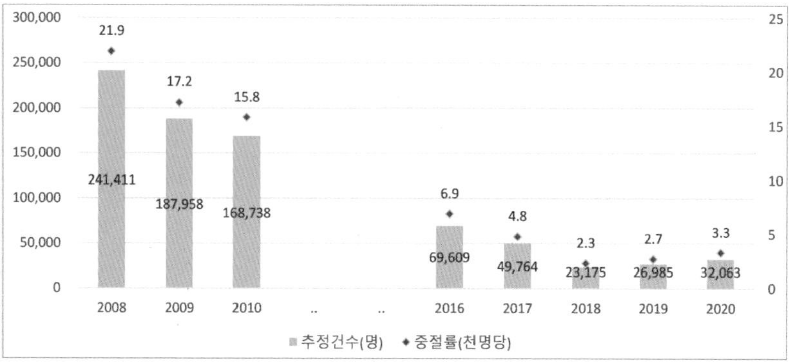

* 자료 출처

1) 2008~2010년 수치: 손명세 외. (2011). 전국 인공임신중절 변동 실태조사. 서울: 보건복지부, 연세대학교.

2) 2016~2017년 수치: 이소영 외. (2018). 인공임신중절 실태조사. 세종: 보건복지부, 한국보건사회연구원.

3) 2018~2020년 수치: 변수정 외. (2021). 인공임신중절 실태조사의「여성의 성 건강 관련 실태조사」원자료 분석.

여성의 자기낙태죄가 헌법불합치 판결을 받은 상황에서도 온라인 설문조사 방식으로 실태를 파악한다는 것은 어불성설이다. 여성들이 무슨 사유로 임신 몇 주에 어떤 방법으로 낙태를 하고 무슨 문제가 발생하는지에 대한 실태 파악이 제대로 되어야 이를 예방할 수 있는 대책을 세울 수 있다. 우리나라의 우수한 의료 제도 안에서 합법적인 낙태를 시행하면 정확한 실태를 즉시 파악하여 이에 근거한 정책을 펼칠 수 있다. 이를 위한 낙태법 개정이 시급하다.

15 인공임신중절 실태조사(2021년, 한국보건사회연구원).

8. 선택유산 문제

일반적인 낙태 문제와 별개로 다태아 임신에서 선택유산 문제도 제도 개선이 필요하다.

우리나라는 1985년 최초로 서울대학교 산부인과 교실에서 체외수정으로 인한 쌍둥이 임신에 성공한 이후 난임 치료술이 비약적인 발전을 하였다. 이 과정에서 임신 성공률을 높이려고 과배란 유도와 다배아 이식을 하다 보니 다태아 임신 비율이 증가하였다. 다태아 임신은 조산의 위험성이 있어 선택유산을 하기도 하는데 이는 아이를 원하는 난임 치료 과정에서 발생하는 낙태라는 점에서 아이를 원치 않아서 하는 일반적인 낙태와 다른 문제들이 있다.

우선 시술에 있어서 자궁 내 아기와 임신 산물을 모두 제거하는 일반적인 낙태와 달리 선택유산은 살리려는 아기에게 영향이 없도록 낙태되는 아이만 유산시켜야 한다. 시술은 보통 임신 8~9주 사이에 초음파 유도하에 낙태할 아이의 심장을 조준하여 질벽이나 복벽을 통해 천자바늘을 찔러 심장의 피를 뽑아내는 방법으로 유산시킨다.

대개 바늘이 들어가는 곳에서 가까운 아이가 낙태 대상으로 선택되는데 한 번의 천자로 바로 심장이 멎는 경우도 있지만 이 시기는 아기의 크기가 2cm 전후밖에 안 되어 정확한 천자가 어려워 여러 차례 찔러야 하는 경우도 있고 천자 후에도 심박동이 바로 멎지 않고 서서히 저하되어 사망을 확인할 때까지 수일이 걸리기도 한다. 그 과정에서 아이를 간절

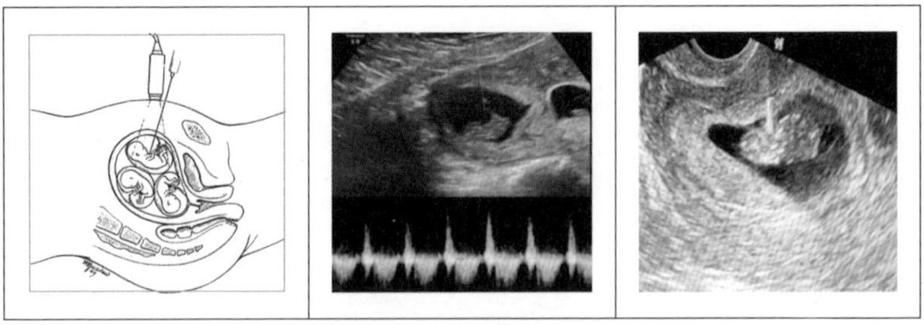

히 원하며 난임 치료를 받은 여성의 정신적 고통은 매우 크다. 또한 시술 후 감염이나 출혈로 인하여 전체 아이가 모두 유산되는 합병증이 진행되기도 한다. 선택유산 후에 남은 아이에게 문제가 발견되면 부모들은 건강한 아이를 선택유산시킨 것이 아닌가 하며 후회하는 경우도 있다.

2017년 대한모체태아의학회 연구회 심포지움에서 다태임신위원회는 삼태임신에서 태아감소술 즉 선택유산을 한 경우가 하지 않은 경우보다 조산의 위험이 더 낮아지지 않았다고 발표하였다. 더 많은 연구가 필요하나 다태임신에서 조산의 위험이 선택유산으로 낮아진다고 단정할 수 없고 시술로 위한 위험을 고려할 때 신중한 법 규정이 필요하다.

그런데 2017년 10월 그동안 비급여 시술이던 보조생식술이 건강보험 적용이 되면서(보건복지부 고시 제2017-170호) "보조생식술 후 모자보건법 제14조 및 동법 시행령 제15조의 규정에 해당되어 시행하는 선택적 유산은 비급여"라고 고시하였다.

다태아 임신에서 조산의 위험, 즉 태아 사유로 유산하는 것은 기존 모자보건법에 해당되지 않는다. 굳이 해당되는 조항을 찾는다면 "5항 임신의 지속이 보건의학적 이유로 모체의 건강을 심각하게 해치고 있거나 해칠 우려가 있는 경우"인데 이에 해당하는 치료적 유산은 급여 대상임에도 선택유산을 비급여로 분류한 것이다. 이에 대해 당시에 건강보험 심사평가원에 질의한 결과 "선택유산은 일반적인 낙태술과 다른 시술이고 치료적 목적이 아니어서 비급여"라는 답변이었다. 치료적 목적이 아니면 모자보건법에 해당되지 않아 낙태죄 위반이며 치료적 목적이면 급여가 되어야 하는데 모순되는 답변인 것이다.

또한 모든 신의료기술이 시행되기 전에 거쳐야 하는 안전성 및 유효성에 대한 검토를 거치지 않고 선택유산에 대한 행위 규정 없이 비급여 시술이 된 것도 문제다. 심사평가원은 일반적으로 선택유산을 하지 않는 쌍둥이도 선택유산의 대상이 된다고 밝혔다. 비급여 시술이다 보니 시술 대상에 대한 규정이 없어 발생하는 문제다.

낙태죄 헌법불합치 판결 이후 모든 사유의 낙태가 허용되었으니 다태아 임신의 선택유산도 법적인 문제는 없다. 그러나 자연 임신이 아닌 의학적 개입에 의해 발생한 다태아 임신의 선택유산을 허용하려면 의학적 필요에 의한 허용 기준이 명확해야 한다. 즉 쌍둥이도 대상이 되는지 여부, 세쌍둥이 이상인 경우 몇 명을 선택유산하는 것이 타당한지 등에 대한 의학적, 법적 검토가 필요하다.

또한 선택유산은 난임 치료를 받지 않았으면 생기지 않았을 문제이기 때문에 환자 안전을 위해 다태 임신 예방을 위한 선행노력을 우선하는 제도적 보완이 필요하다. 즉 체외수정에서 단일배아 이식이나 과배란유도를 하지 않는 자연주기 인공수정의 경우 건강보험적용 혜택을 추가하여 성공률보다 안전성을 우선하는 난임 치료를 유도해야 한다.

9. 낙태법 개정 방향

임신 전 기간에 거쳐 모든 낙태가 허용된 혼란이 지속되고 있는 대한민국에서 낙태법 개정은 더 이상 미룰 수 없는 시급한 과제다.

낙태법 개정 방향은 분명하다. 어떻게 낙태를 줄일 것인가? 또 여성들이 안전한 의료 체계 안에서 낙태하도록 어떻게 지원할 것인가?

헌재도 결정문에서 어떻게 하면 여성의 자기 결정권을 보장하면서도 낙태를 실질적으로 감소시켜 태아의 생명을 보호할 것인지를 결정하여야 한다고 하였다.

(1) 어떻게 낙태를 줄일 것인가?

낙태법 폐지를 주장하는 분들도 낙태가 좋은 것이니 우리 국민들이 더 많이 하게 되기를 바라지는 않을 것이다. 여성들이 더 쉽게 낙태하게 하는 것이 여성들을 돕는 것이 아니고 여성들이 낙태 안 해도 되는 사회를 만드는 것이 낙태 문제의 해결 방향이다. 그렇다면 개정 낙태법에는 국가가 어떤 지원을 해서 국민들이 낙태의 위험을 피하게 할지에 대한 대책이 담겨야 한다. 낙태 전 상담 절차와 충분한 지원으로 살릴 수 있는 아기들은 살리고 불가피하게 낙태를 선택하는 여성들은 안전한 의료제도 안에서 시술받도록 보장해야 한다. 이를 위해 가장 중요한 것은 합리적 절차의 마련과 시행이다. 현재 발의된 개정안들 간에 여러 차이가 있지만 허용 범위보다 절차에 대한 논의가 더 중요하다. 많은 논란 끝에 허용주수나 사유가 어떻게 정해지든 간에 지금까지 해 왔던 것처럼 지켜지지 않으면 낙태법을 개정하는 의미가 없다. 그동안 우리 사회가 낙태 무법천지가 된 것은 법적 절차 없이 환자와 시술자의 상담만으로 시술되었기 때문이다.

또한 혼전 임신 등 여성은 출산을 원해도 배우자나 가족들로부터 낙태를 강요당하는 일이 많은데 낙태의 허용범위가 넓어지면 특히 사회경제적으로 취약한 여성들이 주위로부터 낙태를 강요받을 위험이 커진다. 따라서 여성들을 보호하고 자기결정권을 지원하도록 다음과 같은 절차와 제도적 장치가 필요하다.

1) 의료인으로부터 낙태에 대한 객관적인 정보를 충분히 듣고 위기 임신 상담 자격이 있는 상담가로부터 심리 지원과 낙태하지 않는 경우의 정부 지원에 대해 자세한 설명을 들은 후에 숙고 절차를 거쳐 여성 자신의 선택으로 시술을 결정하도록 한다. 십대 여성의 경우도 성인 여성과 같은 권리가 보장되어야 하며 배우자나 가족에 의한 낙태 청원이 우선되어서는 안 된다. 낙태 문제에 있어서는 임신한 여성의 권리 보호가 무엇보다 중요하다.

2) 모든 절차와 시술은 정부에 보고되어 정확한 실태를 파악하고 정부는 여성들이 낙태를 선택하는 원인에 대한 대책을 마련하여 낙태보다 출산을 선택하는 것이 개인이나 가정에 더 득이 되도록 지원을 확대해야 한다.

3) 이런 절차를 만들기 위해 합법 낙태에 대해서는 지금처럼 건강 보험이 적용되어야 하며, 낙태 시술은 국공립 병원이나 지자체에서 허가된 병의원에서 하는 것으로 한정해야 실효성 있는 상담과 숙고 절차 및 보고 체계를 기대할 수 있다.

4) 미혼부의 부양책임을 법제화하여 미혼모가 경제적 어려움으로 출산을 포기하는 일이 없도록 해야 한다. 미혼부가 부양능력이 없는 경우는 국가가 우선 지원하고 구상권을 청구하도록 한다. 또한 여성이 임신했다는 이유로 학습권이나 직업선택의 자유가 박탈되지 않도록 보장해야 한다. 그리고 선천적 이상을 가진 아이에게 충분한 의료적 지원을 해서 태아 이상을 이유로 낙태하지 않도록 해야 한다.

(2) 안전한 의료 제도 안에서 낙태

낙태를 원하는 여성은 낙태과정과 낙태 후 발생할 수 있는 건강상의 문제에 대해 정확한 정보를 받아야 하고 출산을 선택했을 때 국가로부터 받는 지원에 대해서도 충분히 설명 듣고 심사숙고할 수 있는 시간과 기회가 주어져야 낙태에 대한 자기 결정권을 제대로 행사할 수 있다. 충분한 정보 제공과 지원 없이 선택하게 하는 낙태는 여성의 권리 보호가 아니다.

또한 더 이상 낙태가 이윤 추구의 대상이 되어 여성의 건강과 태아의 생명을 위협하지 않도록 무자격자에 의한 낙태를 강력하게 처벌하여 근절해야 한다. 일반인에 의한 낙태 조력(형법 제269조 제2항)은 기존의 낙태법에서 여성의 자기 낙태죄(형법 제269조 제1항)와 형이 같았고 현재의 헌법불합치 선고 이후 지금은 아예 낙태법에 의해 처벌되지 않고 있다. 여성의 안전을 위해 낙태 시술자는 산부인과 의사로 한정하고 무자격자에 의한 낙태와 이로 인한 임부의 치사상죄는 기존보다 처벌을 강화하는 것이 헌법재판소 판결에 부합하며 여성의 안전을 위해서 타당하다.

법이 개정되면 시행되는 곳은 의료 현장이며 낙태 허용 주수에 대한 기준은 여성의 안전을 우선해야 한다. 이를 위해 이른바 '안전한 낙태'를 담당하는 산부인과의 의견을 반영하여 법이 개정되어야 한다. 비의학적 사유의 낙태 허용은 여성의 건강상 위해가 적고 의학적 개입에 의한 선별 낙태의 위험을 막을 수 있는 임신 10주 미만으로 해야 한다. 그리고 현대 의학으로 태아가 모체 밖에서 생존이 가능한 시기에 의학적인 문제로 불가피하게 임신을 중단하는 경우는 낙태가 아닌 조산으로 임부와 태아를 모두 살리는 노력을 해야 한다.

그런데 이와 같은 허용 기준이 지켜지기 위해서는 건강보험 제도 안에서 시행되어야 한다. 우리나라 의료 제도상 성형 수술과 같은 비급여 의료 행위는 허용 기준을 정할 수 없고 실태 파악도 어려우며 산업화 우려가 있다. 그런데 비의학적 사유의 낙태에 건강 보험을 적용하는 것에 대해 의료계에서도 찬반 의견이 있고 인공임신중절 건강보험 수가가 비합리적인 저수가인 것도 문제다. 이에 기존의 모자보건법상 합법 낙태에 적용되는 건강보험 수가부터 우선 개선하고 적용 범위에 대한 논의를 병행해야 한다.

더하여 의료 제도를 통한 여성의 성 건강 증진과 낙태 예방이 필요하다. 우리나라는 피임에 대한 상담은 물론 피임약 등 모든 의료적 피임법에 건강보험적용이 안 된다. 저출산 시대에 피임에 건강보험을 적용하는 것은 안 된다는 주장도 있지만 피임 실패가 출산이 아닌 낙태로 이어져 여성의 성 건강에 악영향을 미치는 것을 고려하면 피임 상담과 피임약 등에 건강보험 적용이 필요하다.

여성들에게 낙태는 피할 수만 있다면 피하고 싶은 덫이다. 건강한 계획 임신과 낙태 예방을 위한 정책적 지원은 여성의 성 건강을 위해 무엇보다 중요하다. 또한 월경통, 월경불순, 월경 전 증후군 등 가임기 여성들의 부인과 질환 치료 목적으로 피임약을 복용하는 경우도 건강보험적용이 되지 않아 여성들의 의료비 부담이 큰 것은 문제다. 여성들의 성보건 증진을 위한 정책 개선이 필요하다.

(3) 낙태 진료 선택권의 법적 보장

대한산부인과학회와 대한모체태아의학회, 대한산부인과의사회와 (직선제)대한산부인과의사회에서는 '낙태법특별위원회'를 공동으로 구성하여 우리 사회의 낙태법 개정 논의를 돕고자 낙태와 관련한 의료적 문제에 대해 산부인과의 입장을 정리하여 발표한 바 있다.[16][17][18] 산부인과가 가장 중요하게 주장하는 것은 낙태 진료 선택권에 대한 법적인 보장이다. 산부인과 의사는 여성의 건강과 태아의 생명을 지키는 것이 소임이다. 따라서 비의학적 사유의 낙태를 거부하는 의사들에게 불이익이 가해져서는 안 되며 낙태 시술 기관으로의 연계 등 낙태와 관련한 어떠한 의무도 부과해서는 안 된다.

그런데 의료법 제15조 제1항에 "의료인 또는 의료기관 개설자는 진료나 조산 요청을 받으면 정당한 사유 없이 거부하지 못한다."며 진료거부 금지를 규정하고 있어 개정되는 낙태법에 의료인의 '낙태 진료 선택권'을 반드시 명시해야 한다.

환자가 원하는 대로 다 해주는 것이 의료인의 임무는 아니며 비의학적 사유의 낙태를 일반적인 의료 행위로 의료인에게 강제해서는 안 된다. 환자가 처한 사회, 경제적 문제를 의사가 해결할 수는 없어도 자살을 시도하는 환자를 일단 살려야 하듯이 낙태 위기에 처한 여성과 태아를 살리고자 하는 의료인의 노력을 지지하는 사회가 되어야 한다. 일반인에게도 낙태는 개인의 소신 차이가 크듯이 의료인도 마찬가지로 낙태 시술은 원하는 의료인만 하도록 해야 한다.

또한 산부인과 의사들은 불가피한 낙태의 안전한 시술도 담당하고 있다. 따라서 법이 정한 허용 범위 안에서 합법적인 낙태를 하는 산부인과를 비난하거나 방해해서는 안 된다.

---

16 낙태법 개정 관련 의료적 이슈와 산부인과의 입장. 한국모자보건학회지 2020; 24(1): 9-17.

17 낙태법 개정에 대한 산부인과의 입장. 산부인과 단체 합동 보도자료 2020. 10. 8.

18 낙태 관련 법 개정은 여성의 안전성을 우선해야 한다. 산부인과 단체 합동 보도자료, 2020. 10. 19.

Ⅲ. 끝내는 글

그동안 우리의 낙태 현실은 무엇이 문제였나? 1953년에 만들어진 형법상 낙태죄가 여성들을 처벌해서 문제였나? 아니면 1973년에 제정된 모자보건법상 인공임신중절 허용 범위가 좁아서 여성들이 원치 않는 아기를 많이 낳게 되어 문제였나? 둘 다 아니다.

법과 상관없이 우리 국민들은 주로 산부인과 의사에 의해 낙태를 원할 때 어느 나라보다 쉽게 제한 없이 해 왔다. 우리나라의 낙태 문제는 법적, 제도적 체계 안에서 이뤄지지 않고 임신 갈등 상황에 처한 위기의 여성들과 불법 낙태를 하는 의사들의 문제로 방치해 온 게 문제다.

낙태를 합법화한 대부분의 국가들도 낙태법을 폐지한 게 아니라 사회적 합의 과정을 거쳐 정한 범위와 절차 안에서 허용하고 있고 허용 범위를 넘어서는 낙태는 처벌 대상이 된다. 낙태법을 폐지하자거나 태아가 생존 가능성이 있는 임신 중기 이후의 낙태도 허용하자는 주장은 낙태의 실상을 잘 알고 있는 산부인과 의사들이 받아들일 수 없다. 이는 의사들에게 살인을 요구하는 것이다.

그동안 우리 사회는 여성들의 자기 결정권을 존중해서가 아니라 낙태의 출구만 활짝 열어놓고 출산에 이르는 길은 좁혀서 여성들이 낙태할 수밖에 없게 몰아왔다. 이런 낙태는 여성의 권리 보호가 아니라 사회적 강요다. 낙태의 사회경제적 사유란 결국 우리 사회가 여성들에게 낙태하도록 사회적, 경제적 압박을 하는 것이다. 이런 사회를 더 이상 우리 자식들에게 물려주어서는 안 된다.

산부인과 의사들은 낙태한 여성들이 처벌받는 것을 원치 않는다. 그러나 모든 아기들이 건강하게 태어나기를 바라며 여성들이 낙태 안 해도 되는 세상이 빨리 오기를 바란다. 그리고 의사들이 경제적인 이유가 아니라 소신에 의해서만 낙태하도록 제도가 마련되기를 바란다.

진오비의 대변인이었던 필자는 불법 낙태 근절 운동이 한창이던 2010

년도에 포항에 거주하는 한 여성으로부터 전화를 받았다. 결혼 전에 계획하지 않은 임신을 했지만 아기를 출산하기 원하는데 시부모들이 반대하여 낙태하는 산부인과에 끌려가다시피 했다는 것이다. 그런데 마침 진오비 활동으로 그 산부인과가 낙태를 중단해서 복덩이 아기를 살릴 수 있었다는 감사 인사를 받았다. 진오비 활동으로 낙태하기 어려워졌다는 비난을 받을 때마다 나는 복덩이 엄마와 그때 살았을 아기들을 생각한다. 죽어가는 사람을 살리는 것은 얼마나 어려운 일인가? 죽어가는 사람을 살리지는 못해도 살 수 있는 생명을 포기하지 않도록 돕는 것은 먼저 태어난 우리 모두의 사명이다. 살 수 있는 아기는 살리는 낙태법을 만들자.

찾아보기

저자 약력

김일수	고려대학교 명예교수
Gunnar Duttge	괴팅엔대학교 교수
신동일	국립한경대학교 교수
정재우	가톨릭대학교 교수
구인회	(전) 가톨릭대학교 교수
김명희	국가생명윤리정책원장
최안나	국립중앙의료원 산부인과 전문의

법과 생명윤리 총서 1

Jus Vitae I (생명의 법)

—

초판 인쇄 2022년 11월 25일
초판 발행 2022년 12월 5일

—

편 자 루멘 비테 · 크레도
발행인 이방원

—

발행처 세창출판사
신고번호 제1990-000013호
주소 03736 서울시 서대문구 경기대로 58 경기빌딩 602호
전화 02-723-8660 팩스 02-720-4579
이메일 edit@sechangpub.co.kr 홈페이지 www.sechangpub.co.kr
블로그 blog.naver.com/scpc1992 페이스북 fb.me/sechangofficial 인스타그램 @sechang-official

—

ISBN 979-11-6684-137-8 93360